"十二五"职业教育国家规划教材
经全国职业教育教材审定委员会审定
21世纪全国高职高专旅游系列规划教材

酒店信息化与电子商务(第2版)

主　编　袁宇杰
副主编　张　颖　肖　磊
参　编　李　芊

北京大学出版社
PEKING UNIVERSITY PRESS

内 容 简 介

本书是根据教育部对酒店管理专业人才培养目标的规定，结合酒店信息化与电子商务发展的实际与趋势，按照酒店行业具体部门与岗位的要求编写而成。本书力求培养学生酒店信息化系统的操作能力，开拓学生酒店电子商务视野。

本书在编写过程中，参考了国家人力资源和社会保障部对电子商务师职业资格要求的标准，借鉴了相关电子商务教材的成果与经验，以案例为教学核心内容，系统、全面地介绍了酒店信息化与电子商务的基础知识。本书共分为 8 章，分别是酒店信息化概论、酒店门锁信息管理、酒店前厅部信息管理、酒店餐饮服务信息管理、酒店财务信息管理、酒店采购信息管理、酒店电子商务常识、酒店网络营销。本书取材广泛、内容丰富、难易适中，结合酒店工作岗位介绍基础理论知识与模拟技能训练，实现了“教、学、做”一体化的教学理念。

本书既可作为酒店管理专业的信息化与电子商务课程教材，也可作为酒店相关知识的培训教材。

图书在版编目(CIP)数据

酒店信息化与电子商务/袁宇杰主编. —2 版. —北京：北京大学出版社，2014.8

(21 世纪全国高职高专旅游系列规划教材)

ISBN 978-7-301-24481-4

Ⅰ. ①酒… Ⅱ. ①袁… Ⅲ. ①饭店—商业企业管理—管理信息系统—高等职业教育—教材②饭店—商业企业管理—电子商务—高等职业教育—教材 Ⅳ. ①F719.2

中国版本图书馆 CIP 数据核字(2014)第 150977 号

书　　名：酒店信息化与电子商务(第 2 版)

著作责任者：袁宇杰　主编

策 划 编 辑：刘国明

责 任 编 辑：刘国明

标 准 书 号：ISBN 978-7-301-24481-4/F・3989

出 版 发 行：北京大学出版社

地　　址：北京市海淀区成府路 205 号　100871

网　　址：http://www.pup.cn　　新浪官方微博：@北京大学出版社

电 子 信 箱：pup_6@163.com

电　　话：邮购部 62752015　发行部 62750672　编辑部 62750667　出版部 62754962

印 刷 者：北京富生印刷厂

经 销 者：新华书店

787 毫米×1092 毫米　16 开本　11.75 印张　270 千字

2012 年 8 月第 1 版

2014 年 8 月第 2 版　2017 年 6 月第 3 次印刷

定　　价：26.00 元

第 2 版前言

近年来，现代信息技术在移动互联网、“三网融合”、计算机的硬件性能与软件开发等方面的发展突飞猛进。现代信息技术发展促进了企业管理信息化水平的提高，培养了人们的在线消费方式。在信息社会与网络经济发展的大背景下，酒店、餐饮、景区，以及旅游行政主管部门等旅游相关企事业单位都在加强信息化建设、推进电子商务发展。与旅游业界、管理部门的需求相对应，旅游教育界在专业人才培养课程体系中越来越重视有关信息化与电子商务的课程建设，而相关教材建设也成为当前课程建设的重点。

酒店业是旅游业的传统三大支柱行业之一，也是旅游业中较早开展信息化建设，并且企业管理信息化水平较高的行业。目前已有一些酒店信息化与电子商务专业教材，这些教材具有三种倾向：①专业技术倾向，较多采用计算机专业术语，介绍酒店相关系统与网站的开发技术；②理论研究倾向，大量列举酒店信息化与电子商务的案例，阐述相关概念、战略与策略；③实践操作倾向，主要介绍某款酒店管理软件的操作，一定程度上属于软件操作手册的改版。

上述教材分别侧重于培养学生的酒店信息化与电子商务的软件开发、理论分析与操作技能，本书编者希望在此基础上，针对酒店业界的实际需求和学生发展的长远目标，能在三种倾向之间寻找到一个平衡点，使本书结构设计合理、内容涉及广泛、教学目标明确。为了实现这个目标，本书设计有以下特点。

(1) 对于酒店信息化与电子商务所涉及的技术条件、基础理论与发展趋势，通过案例分析来传授这些知识。

(2) 酒店信息化建设的目的是要提高企业管理与经营的效率、完善酒店产品与服务的质量、提升顾客满意度，同时酒店信息化建设的成果需要各部门员工的实际操作来体现。因此，酒店信息化的教学内容侧重于介绍不同软件系统的具体操作。

(3) 酒店电子商务属于信息化建设的主要内容与高级阶段，是在网络环境下面向消费者的信息化。因此，酒店电子商务的教学内容侧重于网络营销理论的案例分析，并且兼顾基本的网页优化技术。

本书编写借鉴了相关电子商务教材的成果与经验，以案例为教学核心内容，系统、全面地介绍了酒店信息化与电子商务的基础知识；以各种信息化系统为主要实践平台，强化了学生熟悉、掌握酒店信息化基本技能的训练。每章开篇由“学习目标”模块明确知识点及其要求的掌握程度，通过“导入案例”模块启发学生思考相关问题；每章设置“经典人物”“操作技巧”“基础知识”和“课堂案例”模块，便于学生了解事物发展、锻炼操作技能、理解基础理论；每章结尾有“延伸案例”模块，期望读者综合运用所学知识，独立或小组完成案例分析，达到举一反三的学习效果。每章结束后还设有“本章小结”“思考题”与“操作练习”模块，有助于学生课外复习知识点、拓宽思路与锻炼技能。本书总体上结构合理、取材广泛、内容丰富、难易适中，结合酒店工作岗位介绍基础理论知识与模拟技能训练，实现了“教、学、做”一体化的教学理念。

本书由山东青年政治学院旅游学院袁宇杰博士担任主编，山东青年政治学院旅游学院张颖、山东旅游职业技术学院肖磊担任副主编。各章节的完成情况如下：第1～4章由袁宇杰编写，第5～6章由张颖编写，第7～8章由肖磊编写，编写过程中河北工业职业技术学院的李芊提供了部分建议，编写了部分案例。最后由袁宇杰对全书进行审阅、修改和定稿。

由于编者水平有限，书中难免有疏漏之处，诚恳欢迎同行专家和读者批评指正，并提出宝贵建议。

编者

2014年4月

目　录

1

酒店信息化概论

学习目标

1．熟悉信息化概念
2．掌握酒店信息化的概念
3．了解酒店信息化的发展

导入案例

希尔顿酒店铺上网络的迎宾毯

请想象以下情境：一位商人次日将前往芝加哥出差，他登录希尔顿酒店集团(Hilton Hotel)的网站，决定入住该酒店旗下 9 个连锁品牌之一的家木套房酒店(Home-wood Suites)。接下来，他浏览家木套房酒店的数字化楼层平面图，了解还有哪些空房。他选择了一间位于顶层的房间，远离游泳池而靠近电梯。打定主意后，他直接在网站上办理了入住登记手续。第二天，当这位商人抵达酒店时，房间钥匙已在前台静候他的到来，前台接待员也亲切地称呼他的名字并表示欢迎。当他走进房间后，发现自己喜欢的鹅毛枕和芝加哥当地的报纸也都已在房间准备好。

希尔顿酒店集团在经营方面的过人之处，就在于它利用 IT(信息技术)来辅助客户服务。从功能齐全的客户信息系统，到酒店大堂里的自助式服务亭，再到内容丰富的交互式网站，该集团的唯一目标就是让客户满意，成为回头客。希尔顿酒店集团首席信息官(Chief Information Officer，CIO)蒂姆·哈维(Tim Harvey)表示，虽然希尔顿酒店的收费比竞争对手高，但总是宾客如云，成功的秘诀之一就是其强大的高科技组合。希尔顿品牌酒店每间客房的收入要比业界平均水平高出 7%，而汉普顿旅店(Hampton Inn)每间客房的收入甚至比业界平均水平高出 28%。蒂姆·哈维说：“客户宁愿花更多的钱也要住在希尔顿酒店里，IT 就是我们的幕后功臣。”

希尔顿酒店集团并没有把IT看做成本中心，反而将其视为所有业务流程的推动力。该集团负责客户关系管理及定价技术的副总裁查克·斯科金斯(Chuck Scoggins)说：“IT团队会给自己制造挑战，他们会自问‘我们怎样才能超越传统的 IT 角色？我们要为企业创造何种附加价值？’”每年，希尔顿酒店集团对 IT 部门的投入高达 3.09 亿美元。希尔顿酒店集团的 IT 团队包括 800 名专业人员，另外还有 400 名接受外包业务的编外人员。

希尔顿酒店集团的标志性 IT 项目是 OnQ 平台。该平台主要在企业内部开发，包括物业管理、客房预订、电子商务、客户关系管理、人力资源、电子学习以及商业智能等功能模块。它混合使用了现有技术和企业专门开发的技术，开发时间长达 6 年，于 2003 年正式投入使用。

OnQ 平台中包含的 3.5TB(1TB＝1024GB)数据，涵盖了 2250 万名客人的信息，该集团还计划投入 2000 万美元将该系统扩展到全球。蒂姆·哈维对 OnQ 平台大加赞赏，通过使用该平台，希尔顿酒店集团只花费 1000 万美元就打造出可以用来批量预订房间及会议中心的预约系统，而且该系统还提前完工。OnQ 平台推动了大批新技术的产生，如在集团内部 400 家酒店里设置的能用信用卡激活的服务亭，客人可以在这些服务亭里自助办理入住及离店手续、升级房间以及打印登机牌。

近年来，客人越来越多地利用网络浏览酒店细节并预订房间，每年酒店业务的在线交易量增长 30%以上，这为希尔顿酒店集团的后台网络服务器和数据库造成了压力。为解决这一问题，希尔顿酒店集团将其低版本的 UNIX 预约系统分解为一组红帽 Linux 服务器，用分布式有效引擎(Distributed Availability Engine)来处理预订请求。由于该引擎采用了多线程方式，每次能处理更多的请求，高峰时每秒可以处理1200笔交易，工作量是前几年的3倍。与此同时，系统对订房者的响应时间几乎缩短了一半。

希尔顿酒店集团的另一个重大 IT 项目是将所有网站用单个内容管理系统整合起来。集团的国际网站由一家印度公司负责开发和管理，并将内容、风格和语言本地化。在该系统内添加新酒店是一个非常耗时的流程，而且国际网站看起来与希尔顿的北美站点风格迥异。毕竟，北美站点的灵活性不够，想要稍作修改就变成国际网站并不容易。北美站点和国际站点各有一套内容管理系统，虽然相互独立，但内容却盘根错节地交织在一起，增加了在线管理的难度。

为此，希尔顿酒店集团投入了一个 50 多人组成的 IT 团队，几年来一直致力于开发用于整合两套管理系统的“盘古大陆”(Pangea)项目。通过盘古大陆系统，酒店的客人就能利用希尔顿网站强大的搜索功能，根据酒店地点、房间价位等选择项挑选自己需要的房间；自助预订房间，包括将房间信息下载到 Outlook；一次性预订多套房间；查看当地的天气信息；使用一键通或留号回复功能与客服取得联系。

正是由于希尔顿酒店集团持续不断地增强网站的互动性，他们才能让顾客像乘飞机时挑选座位一样，根据家木套房酒店的楼层平面图选择房间。家木套房酒店的客人通常住店时间较长，但过去该酒店在网络和电话预约方面的服务相对落后。查克·斯科金斯回忆道：“过去人们在网站上煞费苦心地搜索，但就是找不到想要的信息。”

为客人提供楼层平面图的任务一开始看起来相当艰巨：IT 团队手里没有现成的数字化楼层平面图，也没人知道酒店能否提供这些图纸。家木套房酒店品牌管理高级副总裁丽贝卡·怀亚特(Rebecca Wyatt)说：“当时我们都认为这是个异想天开的想法。”后来，丽贝卡·怀亚特去拜访了希尔顿酒店集团的设计部门和施工部门，她注意到每间客房的门口都贴着供消防安全用的楼层平面图。于是，IT 团队将这些平面图转换成互动式 JPEG 格式图片，然后将其整合进启用 OnQ 平台功能的网上预订和物业系统，从而打造出了客房选择工具。蒂姆·哈维表示，如果没有 OnQ 平台，客房选择功能的耗资将增加十几倍，达到数百万美元。

客房选择功能于 2006 年在网站上推出，客人们可以利用该系统从楼层平面图中选择房间、浏览房间照片，并可在抵达前预订某个房间。酒店为客人保留房间的时限长达 36 小时。在接受希尔顿酒店集团调查的受访者中，超过一半的人表示，客房选择功能改善了他们的旅行体验。目前，家木套房酒店的客人中有 22%的人选择在线办理登记入住手续，这个数字位居希尔顿旗下连锁品牌酒店中的前两名。

希尔顿酒店集团还推出了其他面向客户的 IT 项目，包括还在测试中的室内自助服务亭(客人可以在那里打印登机牌和呼叫客房服务)、连接 iPod 和数码照相机的接口，以及供客人观看的电视录像节目。

当然，也有一些面向消费者的技术由于太过别出心裁，可能永远不会从实验室走进现实。希尔顿酒店集团每年在 IT 项目研发上的投入为 500 万美元，眼下，它正考虑把微软公司的多点触摸屏桌面终端设置在大厅里，供客人玩游戏和点餐。此外，客人利用带无线射频识别(Radio Frequency Identification，RFID)功能的信用卡，可以不需要与前台人员交流就可直接入住。

无论未来怎样变化，希尔顿酒店集团相信，IT 在服务客户和提高客户忠诚度方面必将发挥核心作用。

资料来源：http://tech.sina.com.cn/it/2008-12-22/21152680003.shtml

请思考：

1．在网络时代的现实生活中，自己及周围人们的消费有何变化？

2．面对信息技术与互联网的发展，酒店服务与管理的机遇与挑战是什么？

3．酒店实施 IT 项目需要考虑哪些方面的成本？

1.1 信　　息

1.1.1 信息定义

“信息”是人们日常使用频率很高的词语，但是对报纸、期刊与书籍中所包含的信息，人们往往只能评价其信息量很大，或者有用的信息量很少，却很难说清楚到底有多少信息。例如，一本 10 万字的教材与一本 20 万字的教材各自包含多少信息量，很难评估。20 世纪以来，随着电报、电话、传真、电视、雷达等通信技术的发展，如何计量通信信号中信息量的问题被提上日程。

1948 年，克劳德・艾尔伍德・香农(Claude Elwood Shannon)发表了《通信的数学理论》(*A Mathematical Theory of Communication*)，这标志着信息论(Information Theory)的创立。香农指出，任何信息都存在冗余，冗余大小与信息中每个符号(数字、字母或单词)的出现概率或者说不确定性有关，他借鉴热力学概念将信息中排除冗余后的平均信息量称为“信息熵”，并给出了信息熵(H)的数学计算公式为

$$H=-\sum p(x_i)\log(p(x_i)),\qquad (i=1,2,3,\cdots,n)$$

如果计算公式中的对数 log 是以 2 为底的，那么计算出来的信息熵就以比特(bit)为单位。当今计算机和通信领域中广泛使用的字节(Byte)、KB、MB、GB 等词都是从比特演化而来。“比特”的出现标志着人类知道了如何计量信息量。通俗地理解，当信息中冗余越少，信息熵就越低；反之，信息中冗余越多，信息熵就越高。不仅如此，从信息传播的角度来看，信息熵还可以表示信息的价值。当一种信息出现概率更高的时候，表明它被传播得更广泛，或者说，被引用的程度更高，某种程度上这种信息的价值就更大。

在技术层面上，香农明确地把信息量定义为随机不定性程度的减少，这表明了他对信息的理解：信息是用来减少随机不定性的东西。香农在通信领域的最初研究目标是去除电话中的噪声，他给出了电话的通信速率上限，这个结论后来用到光纤与无线通信上。人们如今能够清晰地打越洋电话或卫星电话，这也都与通信信道质量的改善密切相关，其中要归功于信息论及数字通信时代的奠基人——香农。

1948 年，作为信息论的前驱与控制论的创始人，诺伯特・维纳(Norbert Wiener)出版了《控制论》，揭示了机器中的通信和控制机能与人的神经、感觉机能的共同规律。

维纳认为信息是人们在适应外部世界，并且这种适应反作用于外部世界的过程中，同外部世界进行互相交换的内容的名称，并指出信息就是信息，既不是物质，也不是能量。维纳对信息的定义包含了信息的内容与价值，从动态角度揭示了信息的功能与范围。维纳信息定义的逆则进一步区分了物质、能量与信息三个元素，即“信息是物质、能量、信息及其属性的标示”(邓宇等，2006)。

经典人物

信息论创始人：克劳德·香农

克劳德·艾尔伍德·香农(1916—2001年)诞生于美国密歇根州的佩托斯基，他做出了两大贡献：一是信息理论、信息熵的概念；二是符号逻辑和开关理论。虽然他在公众中并不是特别知名，但他是使世界能进行即时通信的少数科学家和思想家之一。他是美国科学院院士、美国工程院院士、英国皇家学会会员、美国哲学学会会员。他获得过许多荣誉和奖励。例如，1949年获无线电工程师协会奖章、1955年获弗兰克林协会奖章、1966年获美国国家科学奖章、电气电子工程师协会(Institute of Electronical and Electronics Engineers，IEEE)的荣誉奖章、1985年基础科学京都奖，并被多所大学(密歇根大学、普林斯顿大学、爱丁堡大学等)评为荣誉博士。著名的信息论和编码学者理查德·布拉胡特(Richard Blahut)在香农塑像落成典礼上这样评价他：“在我看来，两三百年之后，当人们回过头来看我们这个时代的时候，他们可能不会记得谁曾是美国的总统，他们也不会记得谁曾是影星或摇滚歌星。但是学校里仍然会讲授信息论，学生们仍然会知晓香农的名字。”

1.1.2 信息的传播模式与特征

1948年，哈罗德·D. 拉斯韦尔(Harold D. Lasswell)在《传播在社会中的结构与功能》(*The Structure and Function of Communication in Society*)一文中提出信息传播的5W模式(又称香农-韦弗模式)，即在信息传播的线性过程中，“谁(who)”对“谁(whom)”通过“什么渠道(which channel)”、“说什么(say what)”，并取得“什么效果(what effect)”。5W模式的示意图如图1.1所示。

图1.1 信息传播的5W模式

因为拉斯韦尔是从研究政治传播和宣传的角度研究信息传播过程，所以5W模式将信息传播视为某种说服过程，即传播者试图影响接受者，并且总能取得一定效果。作为经典与精练的信息传播模型，5W模式忽略了传播过程中外部环境的影响，也忽略了信息接受者的反馈。香农与韦弗构建的信息传播模式考虑了传播过程中噪声所造成的信息损失，德福勒(Defleur)在5W模式上进一步改进，增加了接受者的反馈机制，并强调噪声能够影响整个信息传播过程，而不仅仅局限于信息渠道环节。德福勒模式的示意图如图1.2所示。

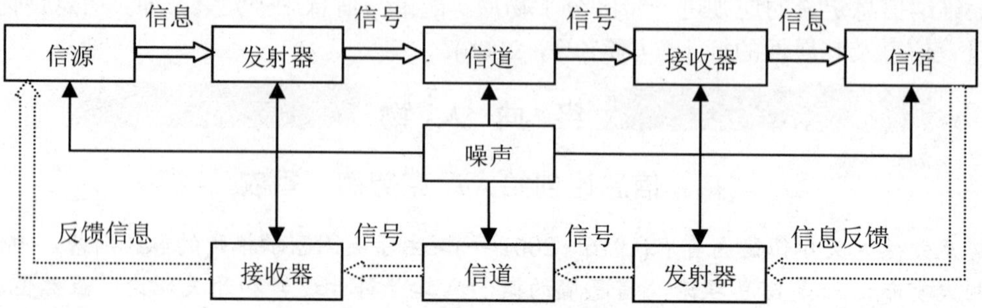

图 1.2　信息传播的德福勒模式

1954年，在查尔斯·E. 奥斯古德(Charles E. Osgood)的观点基础上，威尔伯·施拉姆(Wilbur Schramm)在《传播是怎样运行的》(*How Communication Works*)中提出信息传播循环模式，又称为奥斯古德—施拉姆模式。奥斯古德—施拉姆模式则更强调信息传播是一个不断反复循环的过程，不存在传播者和接受者的主客体概念，传播过程中各方都是主体，他们在传播过程的不同阶段依次扮演着译码者(执行接收和符号解读功能)、解释者(执行解释意义功能)和编码者(执行符号化和传达功能)的角色，并相互交替着这些角色。奥斯古德—施拉姆模式的示意图如图1.3所示。

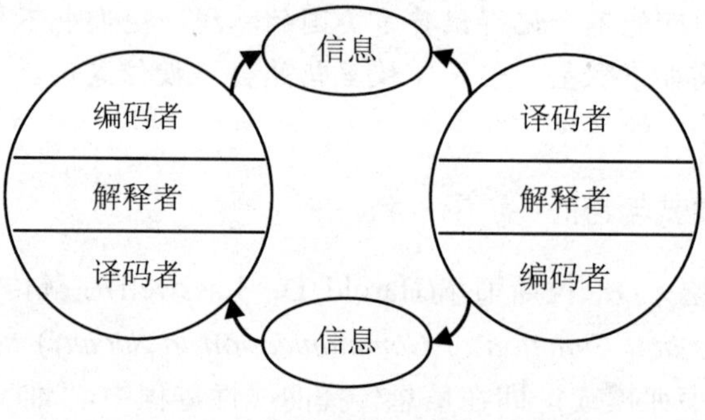

图 1.3　信息传播的奥斯古德—施拉姆模式

比较上述三个信息传播模式，可见5W模式与德福勒模式体现了点对点与点对面的传播特征，符合大众传播的过程，而奥斯古德—施拉姆模式体现了面对面传播的特点，适合人际传播的过程，却不能适合大众传播的过程。

上述信息传播模式表明，信息具有以下一般特征。

(1) 可传递。信息最基本的特征是可传递，这也是信息最根本的目标。伴随着物质与能量，信息传递可以跨越空间与时间，从远古岩画到卫星电话，人类信息传递方式的演化也表明信息可传递的广泛性与即时性如今得到了极大的改善与提高。

(2) 可存储。信息不仅随着物质与能量而传递，还可以载入物质与能量之中而被存储。从结绳记事到光盘刻录，人类信息存储方式的演化正说明信息可存储的持久性与安全性已有极大的改善与提高。信息的可传递与可存储意味着其对物质与能源的依赖性。

(3) 可转换。同一信息可以选择不同的传递方式与存储方式，即信息具有可转换的特征。例如，一次会议通知可以用信函与传真等方式传达，也可以通过广播与电视即时传达，还可以通过口头及电话方法一对一传达。

(4) 可处理。人们与计算机都可以对信息进行检索、整理与加工，通过概括与归纳使信息压缩，或者通过补充与完善使信息扩充。

(5) 可共享。信息作为一种资源，具有为不同个体或群体在任意时间与地点共同享用的可能。在能量守恒和物质不灭定律之下，物质交流与能量交换过程中总是一方有所得，另一方有所失，总体上属于"零和"交流。信息交流过程却不会造成一方拥有信息而另一方失去信息，信息本身也不会因交流、使用次数的累加而损耗。恰恰相反，信息共享还有利于新信息的创造。

1.1.3 数据、信息与知识

探讨数据(Data)、信息(Information)与知识(Knowledge)三个概念的联系有助于理解信息概念。1998 年，世界银行出版了《1998 年世界发展报告——知识促进发展》，其中阐述了数据、信息与知识的区别。报告指出：数据是未经组织的数字、词语、声音、图像等；信息是以有意义的形式加以排列和处理的数据(有意义的数据)；知识是用于生产的信息(有意义的信息)。"数据—信息—知识"属于三元关系，分别从语法、语意以及效用三个层面反映人们认知的深化过程，如图 1.4 所示。

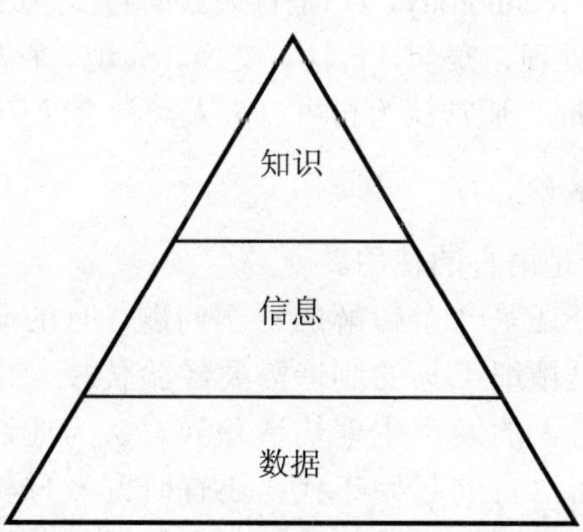

图 1.4 "数据—信息—知识"三元关系

简而言之，数据是基础原料，而信息是有规律的数据，知识则是有价值及效用的信息。例如，"2011 年 8 月 7 日星期日，北京晴，最高气温 33℃"。在这句表述之中，"2011、8、7、33"属于数字，"年、月、日、星期日"是有关时间的词语，"北京"是有关地点的词语、"晴、最高气温"属于气象专业词语，"℃"是温度单位。上述数字、词语等字符经过有序排列形成有逻辑的数据流，并且用来描述一个客观事物和另一个客观事物的关系，此时的数据流可称为信息。据此，可得出一个公式为

信息＝数据＋(符合逻辑、有意义的)处理

数据是对客观事物的数量、属性、位置及其相互关系的抽象记录，通过字符和定义而表达。这些字符的定义涉及使用范围与标准，按照不同使用范围或标准，同一事物存在不同的数据记录。例如，“2011 年 8 月 7 日”是按公历的数据记录，同一天也可按农历记录为“辛卯年 丙申月 甲午日”，“星期日”可以称为“礼拜日”，“℃”可以转换为“℉”。显然，生成数据涉及标准化的选择。

知识又在数据与信息之上，因为知识与人们的决策相关，更接近于实践与行动。还以“2011 年 8 月 7 日星期日，北京晴，最高气温 33℃”这句话为例，如果一位北京居民在 2011 年 8 月 6 日从天气预报广播中接收到这个信息，并决定第二天出门时不用带雨伞，这个信息就成为一个有意义、有效用的信息，所触发的是“晴天不用带雨伞、怕晒可带遮阳伞”这样的知识(隐性知识)。如果他将这个信息及决定告诉邻居，这个知识又通过某种信息传播方式变成信息(显性知识)。据此，可得出另一个公式为

知识＝信息＋(符合经验、有效用的)决策

从“数据—信息—知识”三元关系可知，信息具有中介功能与联结功能。信息的产生不仅需要以数据为基础，处理数据的过程还需要掌握相关的知识；信息的运用不仅能够累积形成新知识，还会进一步促使人们对数据产生新的需求。

1.2 信息技术

信息技术(Information Technology，IT)是有关数据与信息的应用技术，其内容包括数据与信息的采集、表示、处理、安全、传输、交换、显现、管理、组织、存储、检索等。有关信息技术的历史与发展，通常认为自古以来人类社会经历了五次信息技术革命。

1. 第一次信息技术革命

第一次信息技术革命是语言的使用。

人类语言的起源至今还是一个待解的科学问题。有的研究者按照石器时代工具的精细程度划分，认为更精细工具的制造需要经验传授，由此可推断语言的起始年代；有的研究者分析猿与人的发声生理构造差异，认为通过研究古人类化石中发声部位的进化，从而可推断语言的起始年代；还有研究者分析人类有关发声及语言功能的基因，根据基因科技推断语言的起始年代。虽然目前还没有一个公认的语言起始时间，但是根据人类走出非洲的时间推断，人类开始使用语言发生在距今约 35 000～50 000 年前。

语言属于人类的创造。尽管许多动物也能够通过发出声音表达感情，或者是在群体中传递警报等信息，但是这都属于一些固定的程式，只有人类拥有真正的语言。人类能够把无意义的语音按照各种方式组合起来，从而构成有意义的语素，再把为数众多的语素按照各种方式组合起来，进而构成话语，用无穷变化的形式来表达变化无穷的意义。在 2009 年上映的好莱坞电影《阿凡达》中，南加利福尼亚大学教授保罗·弗洛莫(Paul Frommer)负责创造潘多拉星球上“纳美人”的语言。目前“纳美语”已经有

1000 多个词汇，弗洛莫还在不停地扩充“纳美语”的词汇量。

2. 第二次信息技术革命

第二次信息技术革命是文字的创造。

人类文字的起源也是一个有待解决的科学问题。以汉字起源为例，甲骨文属于成熟的文字已无异议，然而文字发展具有漫长的历史，考古新发现证实汉字起源应远在殷墟甲骨文之前。但是关于汉字起源具体起源时间，国内目前尚有不同认识。例如，郭沫若、于省吾、李孝定和李学勤等学者认为，距今 6000 年前的半坡陶文或距今约 4500 年前的大汶口陶文即为中国文字的源头。已知汉字是按照甲骨文—金文—大篆—小篆—隶书—草书—楷书—行书的路径演化，如图 1.5 所示。

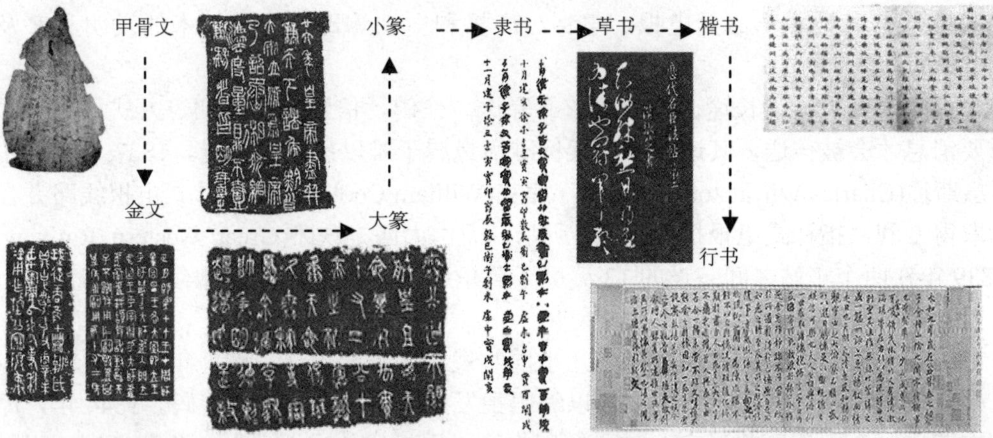

图 1.5 汉字的起源与演化

3. 第三次信息技术革命

第三次信息技术革命是印刷术的发明。

在我国独有的印章文化基础之上，由拓石和盖印两种方法逐步发展而诞生了印刷术。最早和最完整的中国雕版印刷实物是唐咸通九年印制的《金刚般若波罗蜜经》(公元 868 年)，如图 1.6 所示。

在唐朝初期出现了雕版印刷，到宋仁宗庆历年间(公元 1041～1049 年)，毕升发明了胶泥活字印刷术。元代科学家王祯(1260—1330 年)发明木活字版，并在《造活字印书法》(1298 年)记载了中国金属活字：“近世又铸锡作字，以铁条贯之，作行，嵌于盔内，界行印书，但上项字样，难以使墨，率多印坏，所以不能久行。”元朝已有双色红、黑套印的书籍。明朝时期出现了四色套印的印刷品，能印出多层次的彩色印刷品。

德国约翰内斯·谷登堡(Johannes Gutenberg)于 1454～1455 年使用的字母由铅、锌和其他金属的合金组成，能够快速冷却并承受住印刷时的压力，印刷使用转轴印刷法，印的是纸和羊皮纸。谷登堡在德国美因茨印刷了圣经最著名的古版书——《谷登堡圣经》，如图 1.7 所示，这标志着西方图书批量生产的开始。

图 1.6　唐代雕版印刷《金刚般若波罗蜜经》

图 1.7　《谷登堡圣经》

4. 第四次信息技术革命

第四次信息技术革命是电报、电话、广播和电视等现代通信技术的发明和普及应用。

电报未发明以前，长途通信主要依靠驿送、信鸽、信狗以及烽烟等方式，并且只有重要消息才会被传送，其速度按今天标准衡量属于难以忍受的缓慢。1837 年，查尔斯·惠斯通(Charles Wheatstone)及威廉·库克(William Cooke)发明指针式电报线路并在英国取得专利，指针式电报机如图 1.8 所示，而由大西方铁路(Great Western Railway)于 1839 年在两个车站之间装设的 13 英里(1 英里＝1609.344 米)长电报线路成为世界上首条投入使用营运的电报线路。

萨缪尔·摩尔斯(Samuel Morse)几乎同时发明了电报并于 1837 年在美国取得专利，他还发展出一套将字母及数字加以编码拍发的方法，即摩尔斯密码。1844 年，摩尔斯在美国国会大厦联邦最高法院议会厅作了“用导线传递消息”的公开表演，用一连串点、划构成的摩尔斯密码向 40 英里外的巴尔的摩城发出了一份电报，摩尔斯电报机如图 1.8 所示。

(a)指针式电报机　　(b)摩尔斯电报机

图 1.8　指针式电报机与摩尔斯电报机

1864 年，詹姆斯·麦克斯韦(James Maxwell)发表了《电与磁》(*Electricity and Magnetism*)，创立了电磁场理论。1887 年，海因里希·赫兹(Heinrich Hertz)第一个实现发射并接收电磁波，由此拉开了无线电传播信息的序幕。1895 年，俄国人波波夫(Popov)和意大利人马可尼(Marconi)分别成功地进行了无线电通信实验。无线电通信是将需要传送的声音、文字、数据、图像等电信号调制在无线电波上经空间和地面传至对方的通信方式。无线电通信技术使通信摆脱了对导线的依赖，极大程度上突破了距离限制。

电话的发明实现了长途即时语音通信。1876 年，美国专利商标局将电话的“永久专利权”授予亚历山大·贝尔(Alexander Bell)，但在 2002 年，美国国会决议确认安东尼奥·穆齐(Antonio Meucci)为电话的发明人。事实上，电话在 1876 年之后经历多次改进：碳粉话筒、人工交换板、拨号盘、自动电话交换机、程控电话交换机、双音多频拨号和语音数字采样等，新近技术包括 ISDN、DSL、网络电话、模拟移动电话和数字移动电话等。

广播的发明实现了通过无线或有线方式向大众传送声音信息。1906 年，费森登(Fessenden)和亚历山德逊(Alexandersson)在纽约附近设立广播站并进行了有史以来第一次广播。1910 年，李·德·福雷斯特(Lee De Forest)在费森登的播音系统上加装自己发明的三极管，在不失真情况下放大微弱信号使广播变得更实用。1920 年，在康拉德(Conrad)的指导下，美国匹兹堡威斯汀豪斯公司 KDKA 电台正式成立，这是第一家具有合法经营权的电台，它的播音标志着广播事业的正式诞生。

电视的发明实现了图像与声音信息的大众传播。1925 年，约翰·洛吉·贝尔德(John Logie Baird)在实验中“扫描”出了木偶的图像，这通常被视为电视诞生的标志，贝尔德也被称为“电视之父”。当然，如同许多发明一样，电视发明也是众人努力的共同结晶。人们早在 19 世纪时就开始讨论和探索如何将图像转变成电子信号，“television”(电视)一词也早在 1900 年就已经出现。

电视的发展纷繁复杂，几乎在贝尔德发明机械式电视的同时，菲罗·范斯沃斯(Philo Farnsworth)和维拉蒂米尔·斯福罗金(Vladimir Zworykin)已经分别着手研究全电子传输管。1931 年，斯福罗金设计了电子摄像管，使之成为美国的电视广播公司在 1936～1946 年使用的主要摄像管类型；1934 年，范斯沃斯演示了一套完整的全电子式电视系统，并取得电子式电视的专利。电子式电视很快取代机械式电视，成为现代电视的前身。

除了电报、电话、广播与电视，还有静电复印机、磁性录音机、雷达，这些都是第四次信息技术革命中的重要信息技术发明。

5. 第五次信息技术革命

第五次信息技术革命是计算机及其与现代通信技术的有机结合。

虽然从第一次信息技术革命到第四次信息技术革命，人类信息传播与存储的能力得到极大的提升，但是人类信息处理能力的提高还有待于计算机的发明。计算机(Computer)是一种用于高速计算的电子计算机器，可以进行数值计算，又可以进行逻辑计算，还具有存储记忆功能。

在许多教材中，世界上第一台计算机是 1946 年制造的“ENIAC”(Electronic Numerical Integrator and Computer，即电子数字积分计算机，中文简称为埃尼阿克)，而 1973 年美国明尼苏达州地方法院裁定的世界第一台计算机，是 1937～1941 年由艾奥瓦州立大学的约翰·阿塔纳索夫(John Atanasoff)和他的研究生克利福特·贝瑞(Clifford Berry)开发的“ABC”(Atanasoff-Berry Computer，ABC)。“ABC”采用二进位制的计算方式，电路系统中装有 300 个电子真空管执行数字计算与逻辑运算，并且使用电容器来进行数值存储，数据输入则采用打孔读卡方法。总之，“ABC”具备了现代电子计算机的基本特征。“ENIAC”与“ABC”如图 1.9 所示。

(a) “ENIAC”

(b) “ABC”

图 1.9 “ENIAC”与“ABC”

“ABC”标志着人类计算能力开始由模拟向数字挺进，“ENIAC”则标志着人类计算能力正式进入数字时代。因此，IEEE 向阿塔纳索夫，以及“ENIAC”开发小组的莫奇利(Mauchly)和埃克特(Eckert)授予了计算机先驱奖，这是比较客观和公正的。

自从 20 世纪 40 年代第一代真空管计算机诞生以来，计算机发展很迅猛。1956 年诞生第二代计算机——晶体管电子计算机，1959 年出现第三代计算机——集成电路计算机，1970 年进入第四代计算机——大规模集成电路计算机。90 年代之后，计算机向“智能”方向发展，可以代替人类部分脑力劳动，甚至在某些方面扩展了人类的智能，个人计算机因此被形象地称为“电脑”。

互联网发展始于 1968 年美国国防部组建的计算机网——阿帕网，这是建立在伦纳德·克兰罗克(Leonard Kleinrock)提出的“数据包网络”(Packet Networks)理论基础之上的去中心化，或者叫做分布式网络系统，美国据此可以在遭受核攻击时分散指挥中心被摧毁的风险。1974 年，罗伯特·卡恩(Robert Kahn)与文顿·瑟夫(Vinton Cerf)领导的研究组制定出 TCP/IP 协议标准。自从 1983 年 TCP/IP 协议成为阿帕网的正式网络协议标准后，大量网络、主机和用户连入阿帕网，阿帕网由此迅速发展。

1984 年，美国国家科学基金会(National Science Foundation，NSF)决定组建 NSFNET(NSF 网)，通过将美国六个超级计算机中心连接起来，从而实现资源共享。NSFNET 最初只是限于研究部门、学校和政府部门使用，除了直接服务于研究部门和学校的商业应用之外，其他商业行为是不允许的。20 世纪 90 年代初，Delphi、美国在线(AOL)、Prodigy 和 CompuServe 等公司开始提供在线网络服务，独立的商业网络开始发展起来，NSF 失去了互联网中枢的地位。

1989 年，蒂姆·伯纳斯·李(Tim Berners-Lee)开发出世界上第一个 Web 服务器和第一个 Web 客户机，蒂姆将其发明定名为 World Wide Web(简称 WWW，即万维网)。1991 年，WWW 首次在 Internet 上露面，立即引起轰动并获得极大成功与推广应用。《数字化生存》的作者、美国信息专家尼葛洛庞帝(Negroponte)教授认为，1989 年是 Internet 历史上划时代的分水岭，WWW 与 Web 浏览方式给 Internet 赋予了强大生命力。

1994 年，蒂姆倡导并创建了万维网联盟(World Wide Web Consortium，即 W3C 理事会，简称 W3C)。作为非营利组织，W3C 致力于创建 Web 相关技术标准并促进 Web

向更深、更广发展。自从 1997 年 W3C 发布 HTML3.2 参考规范以来截至 2011 年年底，W3C 已开发了 179 项技术标准，包括 HTML、HTTP、URIs、XML 等，也包括针对语义 Web 的 RDF、OWL 等。

互联网(internet)、因特网(Internet)与万维网的关系往往让人混淆，事实上，互联网包含因特网，因特网又包含万维网。由彼此能通信的设备组成的网络就是互联网，即使仅有两台机器，不论何种技术使其彼此通信，这个网络就称为互联网。互联网的国际标准写法是 internet，注意此处字母 i 一定是小写。因特网是互联网的一种，因特网使用 TCP/IP 协议实现不同设备间的通信，并且拥有一个公网地址。因特网的国际标准写法是 Internet，注意此处字母字母 I 是大写。TCP/IP 协议由很多协议组成，其中应用层的协议包括 FTP、SMTP、HTTP，只要因特网的应用层使用 HTTP 协议，此时网络就称为万维网。例如，在浏览器里输入百度网址就能看见百度网页，正是浏览器和百度网的服务器之间使用 HTTP 协议并交换了数据。

虽然我国互联网产生较晚，但是我国如今已成为世界最大的互联网用户群体。1987 年，中国科学院高能物理研究所建成我国第一条国际计算机通信线路，通过 X.25 专线与欧洲核子研究中心直接相连，率先进入国际互联网。1994 年，建于 1989 年的中国科学技术网(CNNET)第一次实现与国际互联网的全连接，这标志中国成为世界互联网大家庭中的一员。

1995 年，原邮电部电信总局开始通过电话网、DDN 专线以及 X.25 网等方式向社会提供 Internet 接入服务。2001 年，中国十大骨干互联网签署了互联互通协议，中国网民可以更方便、通畅地进行跨地区访问。中国互联网络信息中心(China Internet Network Information Center，CNNIC)发布的《第 34 次中国互联网络发展状况统计报告》显示，截至 2014 年 6 月底，中国网民规模达到 6.32 亿。

伴随着移动通信技术的进步，人们希望在移动过程中实现高速接入互联网，随时随地获取急需的信息。事实上，移动互联网正快速渗透到人们生活与工作的各个领域，短信、彩信、音乐、游戏、视频、支付、位置服务等移动互联网应用正在深刻改变网络时代的社会生活。在中国，截至 2011 年 6 月底，手机网民规模为 3.56 亿，手机网民占网民总数的 69.3%，已是中国网民的重要组成部分。

除了移动互联网，“三网融合”，又称“三网合一”(FDDX)，也是时下热门的信息技术之一，是指电信网、有线电视网和计算机互联网的相互渗透、互相兼容，并逐步整合成为统一的信息通信网络。“三网融合”能够实现网络资源共享，避免低水平重复建设。在这个适应性广、维护费用低、高速宽带的多媒体基础平台上，人们可用电视遥控器上网，在手机上看电视剧，随需选择网络和终端，只要通过网线或无线接入即完成通信、电视与上网等。

经 典 人 物

互联网之父：蒂姆·伯纳斯·李

蒂姆·伯纳斯·李(Tim Berners-Lee)爵士(1955 年出生于英国)是万维网的发明者，

被誉为“互联网之父”，荣获英王功绩勋章、不列颠帝国勋章，是英国皇家学会会员、英国皇家工程师学会会员、美国国家科学院院士。1989年3月，蒂姆正式提出万维网的设想，建立了世界上第一个网站(http://info.cern.ch/)，该网站于1991年8月6日上网，解释了万维网是什么，如何使用网页浏览器和如何建立一个网页服务器等。蒂姆是万维网联盟的创始人之一，他最杰出的成就是把万维网的构想免费推广到全世界，让万维网科技获得迅速发展，并深深改变了人类的社会生活面貌。

1.3 信息化

1.3.1 信息化定义

“信息化”概念源于日本。1963年，日本学者梅棹忠夫(Tadao Umesao)发表《论信息产业》，提出“信息化”是指通信现代化、社会计算机化和行为合理化的总称，其中，社会计算机化的程度是衡量社会是否进入信息化的一个重要标志。2003年，我国学者林毅夫与董先安发表《信息化与我国的经济增长及社会转型》，指出以信息与通信技术(Information and Communication Technologies，ICT)为核心的技术革命对包括中国在内全球各国的经济、社会与文化生活产生了复杂而深刻的影响，认为信息化是指建立在ICT产业发展与ICT在社会经济各部门扩散的基础之上，运用ICT改造传统经济和社会结构的过程。

我国一直高度重视信息化工作，在20世纪90年代相继启动了以金关、金卡和金税为代表的重大信息化应用工程，十五届五中全会更是把信息化提到了国家战略的高度。根据最新公布的《2006～2020年国家信息化发展战略》，信息化是指充分利用信息技术，开发利用信息资源，促进信息交流和知识共享，提高经济增长质量，推动经济社会发展转型的历史进程。

信息化是一个动态变化的过程，其中包含三个层面、七大要素。所谓三个层面，一是信息技术的开发和应用过程，是信息化建设的基础；二是信息资源的开发和利用过程，是信息化建设的核心与关键；三是信息产品的制造与发展过程，是信息化建设的重要支撑。所谓七大要素是指信息网络、信息资源、信息技术、信息产业、信息法规环境、信息人才与信息安全。在全球由工业社会向信息社会、工业经济向信息经济演化的动态过程中，三个层面相互促进、共同发展的过程，以及七大要素的相互作用过程就构成了信息化的全部内容。

信息化不仅可以在国家发展战略层次上，从经济与社会发展角度进行定义，还可以从其他学科角度给出定义。例如，从地理学角度定义，信息化是指新的信息与通信技术普及应用导致的信息传递时空阻碍性的消失，在信息基础设施到达的地方信息可获得性趋同，也被理解为与此相伴随的社会组织的形式及其属性。从管理学角度分析，信息化不仅要突破信息传递中的客观障碍——时空阻碍，还要突破信息传递中的主观障碍，如因信息传播主体的个体差异与社会差异所造成的人际障碍与文化障碍等。

1.3.2 信息化层次

进入21世纪，广泛应用、高度渗透的信息技术正孕育着新的重大突破，信息网络更加普及并日趋融合。信息资源也日益成为重要生产要素、无形资产和社会财富。信息化与经济全球化相互交织，推动着全球产业分工深化和经济结构调整，正在引发当今世界的深刻变革，重塑世界政治、经济、社会、文化和军事发展的新格局。可以说，信息化所产生的深刻影响从微观的产品层次到宏观的国民经济层次，遍布整个社会。

(1) 产品信息化包含两层含义：一是指产品所含，或称所附加的各类信息日益增多，产品逐渐由物质产品的特征向信息产品的特征迈进；二是指产品中越来越多地嵌入智能化信息部件，产品本身具有越来越强的信息传播与处理功能。

(2) 企业信息化实质上是将企业的生产、物流、保障与客户管理等经营环节数字化，通过各种信息系统与网络产生充足的信息资源，为企业各个岗位与层次的员工与管理者提供观察、洞悉各类业务流程的动态信息，从而有助于员工优化生产操作步骤、有利于管理者优化生产要素组合决策，最终提升企业的竞争力，获取最大的经济效益与社会效益。

(3) 产业信息化是指以信息技术改造和提升产业。产业信息化通过围绕物流、资金流与信息流，关注产品、企业与产业的生命周期，以信息化带动各项要素的有效流动，从而实现资源的优化配置与整合，以及投入与产出的过程优化重组。

(4) 国民经济信息化是强调在一国的经济系统内实现信息化，使得生产、流通、分配、消费这四个经济环节通过信息化得以优化，具体衡量指标是利用了信息资源而创造的劳动价值的国民生产总值中的比重逐步上升。

(5) 社会生活信息化意味着整个社会体系采用先进的信息技术、建设完备的信息网络，包括在经济、科技、教育、军事、政务、日常生活等各个方面，大力开发信息资源、充分保障信息安全，实现人类从工业社会向信息社会的迈进。

1.4 酒店信息化

1.4.1 酒店信息化定义

酒店信息化属于企业信息化，是充分利用信息技术，开发利用酒店内外部的信息资源，促进酒店员工、管理层与客户之间的信息交流和知识共享，增加酒店服务产品类型并提升其服务质量，优化酒店资源配置与管理效率，及时发现并切实满足客户需求，实现酒店经济与社会效益的最大化。

酒店信息化是应用信息技术及产品的过程。更确切地说，是酒店由局部到全局、由战术层次到战略层次全面应用信息技术的动态过程，是运用信息技术对有效数据、信息，乃至隐含知识的采集、传播与挖掘，从而完成酒店业务流程的再造与管理。在酒店信息化中需要强调的是：酒店信息化的基础是酒店经营与管理模式，而不是信息技术本身，信息技术仅仅是酒店信息化的实现手段。

酒店信息化是以业务流程的优化和再造为重点。酒店根据自身能力与资源，在一定的深度和广度上充分利用信息技术，通过对业务流程中的有效数据与信息进行系统化管理，实现酒店内外部信息的共享和有效利用，完成酒店经营活动中各种知识的挖掘、累积与传承，最终目标是提高酒店的经济效益、市场竞争力与树立企业形象。因此，酒店信息化不仅涉及酒店服务与管理流程的优化，还必将涉及员工服务与管理理念的创新，以及管理团队的重组和管理手段的创新。

酒店信息化是一项系统工程。酒店信息化建设的关键点在于梳理酒店信息流，将关键的、准确的、及时的数据集成，将有效的、分层次的信息传播给员工、管理者和客户，实现数据、信息与知识全面的、安全的共享。总之，酒店信息化是一项人机合一的系统工程，贯彻“理念—行为—产品—技术手段”四个层次，包括酒店管理者和员工理念的信息化、酒店服务操作与组织管理的信息化、酒店服务与管理手段的信息化，以及酒店服务产品设计与应用的信息化。

1.4.2　酒店信息化建设内容

酒店信息化是一个相对宽泛的概念，人们往往对于酒店信息化存在片面理解。例如，一些人认为购买一些计算机与网络等硬件设备，采购或开发一个酒店信息管理系统，培训员工使用岗位相关的硬件与软件系统，并对整个系统进行定期的管理与维护，就是实现了酒店信息化建设。这种观点过于强调酒店信息化中所应用的技术手段，某种程度上忽视了酒店信息化的员工因素，以及满足客户需求的产品设计。

如 1.4.1 中内容所述，从系统工程角度分析，酒店信息化建设内容可分为四个层次：理念、行为、产品和技术手段，如图 1.10 所示。

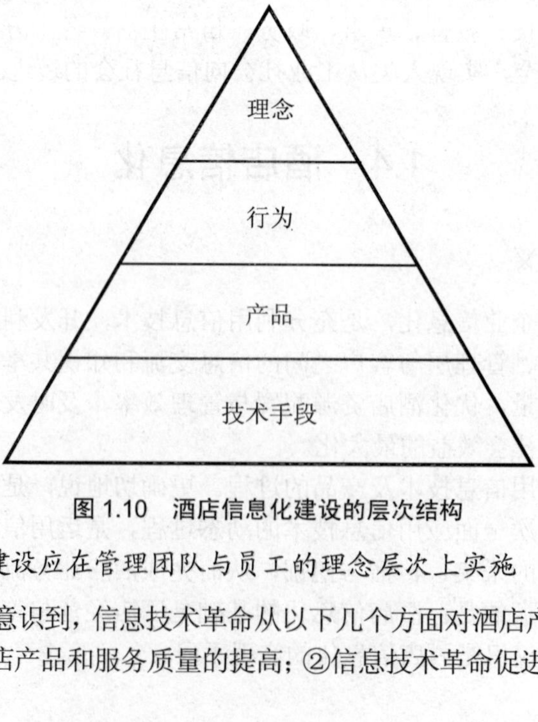

图 1.10　酒店信息化建设的层次结构

1. 酒店信息化建设应在管理团队与员工的理念层次上实施

酒店从业者必须意识到，信息技术革命从以下几个方面对酒店产生了直接影响：①信息技术革命有助于酒店产品和服务质量的提高；②信息技术革命促进了酒店服务产品的创新，并缩短酒店服务产品的开发周期与生命周期；③信息技术革命有利于酒店业务流程的再造，能够提高员工服务与管理团队的工作效率。上述信息技术革命的直接影响是酒店信息化的内在动力。

信息技术革命正在改变人们的社会生活方式。人们可以随时随地享受外界的各类信息服务，个人的信息传播能力也得到极大的提升，网络消费模式的日益普及对酒店市场营销与客户管理产生重大影响。一方面，酒店能够从客户消费数据中挖掘更多有价值的市场信息；另一方面，客户对酒店的消费体验具有更大评价权与影响力。此外，信息技术革命也在改变企业的市场竞争态势。例如，电子商务一方面使得酒店供应链中各类企业能够更紧密联系与合作，另一方面使得酒店走向互联网等开放环境，即企业间的竞争与合作从“一对一”或者“一对多”关系，日益变成“一对无限多”甚至“无限多对无限多”的关系。上述信息技术革命的间接影响是酒店信息化的外在压力。

尽管某些酒店信息化项目属于酒店管理层、领导者，甚至是所有者的决策意见，但是如果信息化项目实施过程中没有充分调动酒店员工与管理团队的积极性，使其了解信息化建设的意义与作用。那么，这些酒店在信息化建设结束之后，人机系统在实际工作与管理流程中往往遇到诸多阻力。酒店信息化建设是以业务流程的优化和再造为重点，这其中很大部分涉及人的因素，具体来说，涉及员工与各级管理团队在业务流程中的位置与作用。

2. 酒店信息化建设应加强在管理团队与员工的行为层次上规范

虽然系统供应商经常宣传，采用酒店信息管理系统对规范酒店业务流程会产生积极作用，但是这种信息化建设效果需要酒店管理团队与员工的积极配合。毕竟，“量体裁衣”还是“削足适履”是酒店信息化建设过程中必须解决的矛盾。酒店信息化建设的理想状态是按照酒店决策层的建设目标，结合酒店业务流程的实际情况，以及酒店管理团队与员工的执行力，选用恰当的酒店信息管理系统，从而有效提升酒店信息管理水平。

3. 酒店信息化建设应重视信息技术对酒店产品与服务的创新

酒店在提供产品与服务时应广泛运用信息技术，实现自动化控制、智能仪表等电子设备的运用，为客户体验增加附加值。酒店信息化建设的具体内容不是固有的，更不是一成不变的。因此，酒店信息管理系统项目仅仅是酒店信息化建设的一项内容，酒店信息化建设还应针对客户需求做出及时的调整。此外，酒店信息化建设内容与酒店的类型性质、规模大小相关，并且随着经济体制、市场格局、产业政策的变化，以及管理科学的发展、信息技术的进步而改变。

4. 酒店信息化建设应关注各种技术手段的应用与创新

除了面向客户需求的产品与服务设计与创新，酒店业务流程中存在大量数据，还有必要运用各种技术对生产、销售、财务等数据进行自动化与信息化处理，这是酒店最基础的信息化过程。在大量有效数据基础之上，信息化建设能够带来更高层次的辅助管理与辅助决策系统。例如，办公自动化(Office Automation，OA)、事务处理系统(Transaction Processing System，TPS)、管理信息系统(Management Information System，MIS)、决策支持系统(Decision Support System，DSS)、企业资源计划(Enterprise Resource Planning，ERP)、电子商务(Electronic Commerce，EC)和企业网站等。

总之，处于信息时代，酒店信息化是发展趋势，酒店从业者必须提高认识，增强酒店信息化建设的紧迫感。酒店信息化建设是复杂的人机系统工程，不可能一蹴而就，必须统筹规划，分步实施。对于先进的技术手段，在酒店信息化建设过程中需要处理好引进、消化、吸收、创新的关系。在酒店业务流程中引进技术手段只是手段，消化与吸收是关键，完成自主创新是最终目的。酒店信息化建设本身就是创新，并且是技术创新、业务流程创新、管理创新与理念创新的统一。最后，酒店信息化建设必须注重实效，遵循实用性和先进性原则，基于循序渐进与可持续发展的原则，选择开放性、弹性适应、安全可靠的方案，实现效益最大化，包括经济效益、企业形象和社会效益。

1.5 我国酒店信息化发展

我国酒店业信息化起始于20世纪80年代。1982年，浙江省计算所开始研发中国第一套酒店管理系统的前台软件(Property Management System，PMS)，并于1984年在杭州饭店试用(后来被香格里拉酒店接管并融入了国外技术)。虽然这套PMS的主要功能仅包括前台接待和排房处理，功能比较单一，但是它开创了中国酒店业自主研发酒店信息管理系统的先河。1983年，北京丽都假日酒店在全国率先引进了假日集团PMS和基于电话网络的全球HOLIDEX预订系统。其后酒店信息化建设主要经历以下三个阶段。

1.5.1 “前台系统”普及发展阶段

第一阶段是“前台系统”普及发展阶段(20世纪80年代)。通过对酒店业务流程中的物流、资金流和信息流进行计算机化的输入、存储、处理和输出，利用计算机系统处理简单、琐碎、重复性工作，从而提高了酒店前台的服务效率，避免人工失误，并且提高了服务质量与管理水平、降低成本。在这个阶段，酒店业开始普及应用PMS、中央预订系统(central reservation system，CRS)等前台软件，实现客房预订、前台登记、餐饮消费、客人挂账、前台收银等主要功能，房态统计、财务报表等烦琐的事务性工作和枯燥的手工劳动也逐渐被计算机系统所取代。酒店IT部也称为数据处理部门。截至20世纪80年代末，全国共有30多家涉外饭店安装了PMS和CRS。这一阶段的信息化建设不能从深层次上改变酒店内部的传统管理流程，可是目前国内仍有许多酒店的信息化建设停留在这个阶段。

1.5.2 “后台系统”普及发展阶段

第二阶段是“后台系统”普及发展阶段(20世纪90年代)。一方面，在公安、税务等政府部门的要求下，酒店开始普及后台管理的信息化。例如，公安部规定酒店必须设立入住客人身份信息的报送系统，财政部报表要求采用用友的信息化系统。另一方面，酒店二线部门，如人事部、财务部、采购部等部门引入人力资源管理系统、财务管理系统、采购库存管理系统等信息管理系统，工程部、保安部、行政部等部门引入通信系统、暖通系统、给排水系统、供配电与照明系统的监控、火灾报警与消防联动控制、电梯运行管制、门禁系统。办公自动化与智能楼宇监控管理等方面的信息技术应用不断提高酒店整体的管理效率，并且可以降低行政开支。截至20世纪90年代末，几乎所有酒店都不同程度地实现了饭店后台管理的信息化与办公自动化。

1.5.3 “协同系统”发展阶段

第三阶段是“协同系统”发展阶段(21世纪开始)。为了更好地整合、共享内外部资源，更快地满足客户的个性化需求，酒店纷纷以服务与管理的业务流程再造为基础，开始基于互联网提供在线服务与管理的信息平台，即通过建立网站打造实时预订平台、采购库管平台、收益管理系统，以及客户关系管理系统等。在酒店网站这个统一的信息应用平台上，客户、酒店员工、供应商与合作伙伴等各方能够实现跨地区，实时在线的、端对端的业务协同运作。例如，海航集团在2003年上线的网络版PMS、开元集团在2004年上线的网络版ERP系统、锦江集团在2005年上线的网络版CRS、金陵集团在2006年上线的网络版中央采购系统(Centrol Purchasing System，CPS)等。

延 伸 案 例

酒店信息化热潮下的冷思考

在信息经济时代，如今的酒店业面临着市场饱和、竞争加剧的巨大挑战，寄希望于寻求以低成本改进服务品质，以及快速提升市场竞争力的方法。在上述背景下，酒店信息化建设成为了妇孺皆知的应对策略。但是，酒店争信息化建设势必要理性为之，断不能盲目跟风。

1．酒店信息化建设的目标与方法

（1）人性化服务。酒店业是一个服务为王的行业。但是，今天的酒店不再是仅仅提供端茶倒水铺床扫地般的纯人工服务，而是力求从客人立场出发，通过结合运用各种信息化设备提供全方位的人性化服务，满足客人多样化和个性化需求。例如，在最近几年人气很高的数字客房中，通过运用多媒体技术与互联网技术，客人能够在客房内实现电视收看、视频点播、电脑网络使用、信息咨询查看、请求服务互动、房间设施控制、酒店介绍查看等诸多功能。上述服务一方面满足了客人高标准的显性需求，另一方面挖掘了客人高品质的潜在需求，这既提高了客人满意度，也增加了酒店服务与产品的销售，有利于提升酒店形象和品牌影响力。此外，在电子商务大行其道、网络消费群体随处可见的时代，在线预订已成为酒店信息化建设最基本的要求，能够随时随地提供个性化在线预订无疑是比电话预定更便捷、更有效的营销手段。

（2）智能化管理。为了适应低碳经济发展的要求，酒店如何实现节能降耗、减少温室气体排放？如何提高酒店资源管理水平和员工工作效率？如何让酒店内部各个系统紧密互联、协调工作?这就涉及酒店信息化建设中采用智能化管理系统，例如酒店设备集成控制系统、酒店管理信息系统平台，酒店安全防范管理系统等，通过信息化建设实现酒店内外资源的科学化管理，以此降低运营消耗、重组并优化业务流程、确保酒店的安全运行。总之，通过建设一个包括数据采集、存储、处理、传输控制等功能的智能化管理系统。将前台的客人预订、入住、消费、结账，以及后台的财务管理、人事管理、采购管理、仓库管理等全面整合优化，最终构成酒店信息化建设的有机体系。

2. 酒店信息化建设的注意事项

(1) 不求最新最全最贵，只求最适合自己。当各类酒店纷纷用信息化武装自己的时候，不能盲目跟风，要根据自身情况来设计。最新最全最贵的酒店信息化建设方案不一定最适合，比如奢华酒店的资金比较充裕，可能已通过信息化建设从头武装到脚，并且不断在更新硬件与软件的系统；主题酒店的运营重在特色化，可能需要通过信息化建设将自身特色进行完美诠释；经济型连锁酒店的竞争优势就在于方便、快捷，因此不必去跟上述酒店拼硬件与软件，找到自己独有的智能化style就好。总之，酒店信息化建设要根据企业情况进行个性化定制的，立足现有规模和发展目标，为酒店“量体裁衣”，打造最适合自己的信息化建设方案。

(2) 牢牢把握信息化建设监控和管理的自主权。许多科技公司帮助酒店塑造了一个信息化环境之后，酒店却无法自主地进行监控和管理。在信息技术迅猛发展的趋势下，这必将给酒店后续的信息化建设带来各种麻烦。酒店在信息化建设中选择开放的标准，明确自己的的监控和管理权，这样才有利于酒店信息化平台的日常运行与维护，以及信息化建设的持续深化、调整和更新。

资料来源：酒店信息化热潮下的冷思考．慧聪酒店网．2012．
http://info.hotel.hc 360.com/2012/12/311038471836.shtml. 有删改。

请思考：

1．信息化建设对酒店产品与服务有何影响？

2．在酒店信息化建设方案选择中应注意什么原则？

3．探讨我国诸多单体酒店应如何开展信息化建设。

本章小结

信息是用来减少随机不定性的东西，是物质、能量、信息及其属性的标示。从信息传播模式角度，可知信息具有可传递、可储存、可转换、可处理与可共享的特征。在“数据—信息—知识”三元关系中，信息具有中介功能与联结功能。信息技术是有关数据与信息的应用技术，人类社会经历了五次信息技术革命。信息化是指充分利用信息技术，开发利用信息资源，促进信息交流和知识共享，提高经济增长质量，推动经济社会发展转型的历史进程。酒店信息化属于企业信息化，是指充分利用信息技术，开发利用酒店内外部的信息资源，促进酒店员工、管理层与客户之间的信息交流和知识共享，增加酒店服务产品类型并提升其服务质量，优化酒店资源配置与管理效率，及时发现并切实满足客户需求，实现酒店经济与社会效益的最大化。酒店信息化建设内容可以分为理念、行为、产品，以及技术手段四个层次。

练 习 题

一、选择题

1．把信息量定义为随机不定性程度减少的是(　　)。

A．维纳　　B．香农　　C．哈罗德　　D．蒂姆

2．信息传播 5W 模式不包括(　　)。

A．传播者　　B．信息渠道　　C．噪声　　D．接收者

3．信息传播的奥斯古德—施拉姆模式强调(　　)。

A．信息传播视为某种说服过程　　B．传播过程中噪声所造成的信息损失

C．接受者的反馈机制　　D．不存在传播者和接受者的主客体概念

4．信息的一般特征包括(　　)。

A．可传递　　B．可存储　　C．可转换

D．可处理　　E．可共享

5．第三次信息技术革命是指(　　)。

A．文字　　B．印刷术　　C．电报　　D．计算机

二、判断题

1. 信息就是信息，既不是物质，也不是能量。　(　　)

2. 信息是物质、能量、信息及其属性的标示。　(　　)

3．信息传播的德福勒模式认为传播者试图影响接受者，并总能取得一定效果。　(　　)

4．“数据—信息—知识”分别从语法、语意以及效用三个层面反映了人们认知的深化过程。　(　　)

5．信息是对客观事物的数量、属性、位置及其相互关系的抽象记录，通过字符和定义而表达。　(　　)

6. 第三次信息革命是电报、电话、广播和电视等现代通信技术的发明和普及应用。　(　　)

7．由彼此能通信的设备组成的网络就是因特网(Internet)，即使仅有两台机器，不论何种技术使其彼此通信，这个网络也称因特网。　(　　)

8.“三网合一”是指电信网、局域网和互联网的整合统一。　(　　)

9．从管理学角度定义，信息化是指新的信息与通信技术普及应用导致的信息传递时空阻碍性的消失，在信息基础设施到达的地方信息可获得性趋同。　(　　)

10. 酒店信息化建设内容可分为四个层次：理念、行为、产品，以及技术手段。(　　)

三、论述题

1．服务业中的酒店信息化与制造业中的企业信息化存在哪些差异？

2．经济型酒店与高星级酒店在信息化建设中的关键点分别是什么？

2

酒店门锁信息管理

学习目标

1. 了解客房门锁发展趋势
2. 熟悉客房IC卡门锁结构
3. 掌握客房IC卡门锁管理系统

导入案例

客房安全案例三则

案例一　服务员未核实客人身份

某家豪华酒店的客房服务员小曹正在打扫6022续住房，这时一位中等身材男士，身穿笔挺的银灰色的皮尔卡丹西装，雪白衬衣上佩戴金利来领带，脚穿鳄鱼皮鞋，俨然是一派企业高层的气概，风风火火地直奔房间。他非常生气地质问小曹："为什么还没有打扫完房间，马上有重要客人要来了，赶紧先出去。"看到客人发火，小曹赶紧一边收拾清洁工具，一边向客人道歉，希望不要影响客人的会客，从而造成客人的投诉。

约一小时后，大堂副理接到投诉：6022房客人失窃了一台笔记本电脑(电脑内存有很重要的公司文件)及现金5000元。事后，大堂副理调查闭路录像资料发现，6022客人办理入住时就有可疑人员从大堂一直尾随到6楼；第二天在6022房客人离开酒店后，盗犯曾几次在6楼逗留，最后一次上楼后刚好发现有服务员正在清洁此房，便假扮6022房间客人的身份闯入房间。

小曹很后悔因工作疏忽而没有核实客人身份，匆忙退出房间给客人造成了很大损失。此次事件给客人带来的损失不仅仅是财物方面，还有客人近年来在电脑中所储存的重要资料，这也使酒店声誉严重受损。接到投诉后，大堂副理及时报案，客房部经理带领小曹向客人真诚道歉。

案例二　服务员的大意

一天早上，某四星级酒店的客房部实习生服务员小红正在8楼的8023房间打扫卫生，这也是服务员查收洗衣的时间。小红忽然听到走廊里有客人大声喊叫服务员，小红放下手中的工作，边答应边跑出房间，发现是8029房的客人让拿走要清洗的衣物。小红走到8029房收走客人的洗衣与洗衣单，然后返回8023房，看到领班站在8023房门前对她说："你怎么出房间不锁门？尤其是住客房，你不锁门，客人丢了东西怎么办？"小红看着房间内堆放着的贵重行李，再看看打开的房门，惭愧地低下头。小红心中暗暗后怕，对领班说："我错了，以后一定记住出房间要锁好门，不管离开房间有多长时间，也一定要先锁好房门。"

案例三　客人不记得关门

客房部小军突然接到了巡逻保安小杨的呼叫："领班，5002房门没有关好，请过来查看一下！"按照酒店规定，当保安员巡逻发现房门未关时，客房部领班必须进房查看，然后决定怎么处理。接到呼叫后，小军立即前往查看，先按程序敲门，确认房内没人后进房查看，发现房间有很多东西，包括一些贵重物品，看来是客人外出后粗心，忘记把门关上。如果被不法分子钻了空子，后果不堪设想。

小军和小杨退出房间后，按规定只要把房门关上就可以。但是凭小军的经验，客人有可能到酒店内的朋友房间串门，因为很快就会返回所以没关房门。如果把房间门关上，万一客人未带房卡就进不去，又要叫服务员开门，这会造成客人不必要的麻烦。因此，小军特意在房门口等待五分钟，可是还是不见客人来，只好按规定将房门锁好。

就在小军把房门关上的时候，一名外宾从隔壁房间走出来。原来他就是5002房的住客，听到自己房间有关门声才出来查看。当他发现小军将他的房门锁上后，外宾很恼火地斥责小军，责问小军为什么擅自把他的房门锁上。小军认真听完他的责问，然后对他解释：房门开着非常不安全，容易造成财物损失。同时马上确认他的身份并将房门打开，并表示歉意。外宾终于领会了小军的意思，在进房间时，他因为误会了小军而感到很不好意思，并请小军谅解自己刚才的失礼。

资料来源：http://wenku.baidu.com/view/96e6788984868762caaed5a4.html.

请思考：

1. 确认酒店客人的身份除了使用房卡，还可以运用哪些技术手段？
2. 简述酒店客房部常用房卡的类型，及其使用与管理的规章制度。
3. 酒店客房安全管理中可以综合运用哪些信息技术手段？

2.1 酒店门锁技术发展

2.1.1 酒店弹子机械门锁

客房安全是酒店客人的最基本需求，也是客人入住酒店的前提条件。酒店门锁及其使用管理是把好客房安全的第一道关口。众所周知，锁的历史久远。东汉时，中国铁制三簧锁技术已具备相当高的水平；18世纪初，英国人波特(Porter)发明凸轮转片锁，到19世纪中叶，欧洲锁匠在凸轮转片锁和三簧锁的基础上改制成滑动转片锁。目前人们日常使用的锁是美国人奈纳斯·耶鲁(Linus Yale Sr.)及其儿子小奈纳斯·耶鲁(Linus Yale Jr.) 于1848年发明的圆柱状弹子机械锁(Pin Tumbler Lock)。弹子机械锁的原理是使用多个不同高度的圆柱形零件(称为锁簧、弹子或珠)锁住锁芯，只有当放入正确的钥匙，各锁簧被推至相同的高度时，锁芯才被放开，如图2.1所示。

(a)　(b)　(c)　(d)

图2.1　弹子机械锁开锁原理示意图

在图2.1(a)中，当弹子机械锁内未放入钥匙时，锁内的平头弹子(Driver Pins，又称上锁簧或上珠)被弹簧往下推，令锁芯(Plug)不能转动；图2.1(b)中，放入正确的钥匙后，平头弹子与下弹子(Key Pins，又称下锁簧或下珠)之间的空位成一条直线，与锁芯的转线对齐；图2.1(c)中，当上下弹子之间的空位与转线对齐，扭动钥匙就可转动锁芯，由此打开房门；图2.1(d)中如果放入错误的钥匙，平头弹子仍然锁住锁芯。

在很长一段时间里，酒店都是使用弹子机械锁。尽管弹子机械锁结构简单、适用性强，并具备一定的安全性，但是其结构存在天生的安全隐患。因为锁内弹子的个数有限、高低位置相对固定，所以能够较容易用其他工具打开。同时，如果钥匙丢失或者被复制，解决办法就只有更换门锁。这对于追求经济效益的酒店是一个非常棘手的问题。

20 世纪 70 年代之后，磁卡锁、IC 卡(Integrated Circuit Card，集成电路卡)锁，感应卡锁、指纹触摸锁等各种含有高新技术的电子锁被相继发明。电子锁克服了机械式密码锁密码量少、安全性能差的缺点，具有存储房门开关数据信息、连入特定网络系统后还可以实现程序控制与管理等高级安全防范应用功能。因此，电子锁很快在高星级酒店中得到普及应用。

2.1.2 酒店磁卡门锁

磁卡是一种磁记录介质卡片。磁卡基片通常由高强度、耐高温的塑料或纸质涂覆塑料制成，能防潮、耐磨且有一定的柔韧性，携带方便、使用较为稳定可靠。磁卡的一面往往印刷说明提示性信息，如插卡方向；另一面则粘合了磁条，磁条由一层薄薄的排列定向的铁性氧化粒子组成的材料，用树脂粘合剂严密地粘合在一起。磁条内可分为三个独立的磁道，称为 TK1、TK2 与 TK3，TK1 最多可写 79 个字母或字符，TK2 最多可写 40 个字符，TK3 最多可写 107 个字符。磁条实质上与计算机使用的磁带或磁盘一样，可以用来记载字母、字符及数字。由于磁卡成本低廉，易于使用，便于管理，具有一定的安全特性，因此得到很多世界知名公司与各国政府部门的鼎力支持。值得一提的是，经过我国银行系统几十年的推广，使得磁卡的普及率得到了很大的提高。如今，磁卡的应用遍布国民生活的方方面面。

磁卡的读写设备上装有磁头，磁头由内有空隙的环形铁芯和绕在铁芯上的线圈构成。使用磁卡需要和磁头的空隙或磁性面相接触，并与磁头以一定速度相对移动，如图 2.2 所示，因此称之为“刷卡”。磁头的线圈通上电流，其空隙处就产生与电流成比例的磁场。向磁卡中记录数据时，由于电流强度随数据而变化，磁卡的磁性体便随之被不同程度地磁化(因为磁卡或磁头是相对移动的)，磁卡磁性层留下相应于电流变化的剩磁，这样数据就以剩磁形式贮存在磁卡上。从磁卡中读取数据信息时，当磁卡以一定的速度通过磁头空隙，上面具有不同感应强度的剩磁在线圈中产生相应的感应电动势，从而传输出了被记录的数据。

(a) (b) (c)

图 2.2 磁卡及其读写器

酒店选择磁卡作为房卡一般基于以下考虑：第一，客人住店是先消费后结账，从酒店管理角度出发，应将客人全部应收款项记入酒店的前台信息管理系统，而不是将款项录入客人所持的房卡；第二，客人持有的消费卡一般为 Master 卡(万事达卡)、VISA 卡(威士卡)、美国运通卡、长城卡、牡丹卡、龙卡等，这些卡片均为磁卡；第三，酒店各消费站点均有配套的磁卡设备，并且较容易通过网络接入酒店信息管理系统；第四，在酒店产品与服务中，客人身份识别非常重要；第五，磁卡制作成本相对较低，客人丢失房卡时容易做相应的处理；第六，新做的一次性消费磁卡还能给客人带来一种安全感，并可作为一个有意义的住店纪念品赠送给客人，以此通过客人宣传酒店。

磁卡上的数据比较容易读出，非法修改磁条上的内容也较容易，所以磁卡大多情况下都是作为静态数据输入使用，虽然磁卡第 3 磁道是可擦除读写，但是通常只用于小金额的应用领域，如电话卡。此外，使用磁卡必须有可靠的计算机系统和中央数据库提供支持，用卡数据均保存在计算机的数据库中，用户所持的卡片只是提供用户的主账号等索引信息，便于在数据库中迅速找到用户数据。

磁卡在使用中也会受到诸多外界磁场因素的干扰。例如，磁卡与钱包磁扣、汽车钥匙、通讯录或笔记本电脑的磁性封条等磁性物体距离太近，甚至发生接触；与手机等能够产生电磁辐射的设备长时间放在一起，或与电视机、收录机等有较强磁场效应的家用电器距离过近；在超市使用时，与超市中防盗用的消磁设备距离太近甚至接触；多张磁卡放在一起时磁条互相接触；另外，磁卡受压、被折、反复磕碰、曝晒、高温，磁条划伤弄脏等也会导致磁卡无法正常使用；同时，在刷卡器上刷卡交易的过程中，磁头的清洁、老化程度，数据传输过程中受到干扰，系统错误动作，收银员操作不当等都可能造成磁条卡无法使用。

2.1.3 酒店 IC 卡门锁

IC 卡又称智能卡(Smart Card)、智慧卡(Intelligent Card)、微电路卡(Microcircuit Card)或微芯片卡等。IC 卡外形与信用卡一样，卡上含有一个符合 ISO 标准的集成电路芯片卡片，所以又称为集成电路卡。IC 卡概念最早由法国人罗兰德·莫瑞诺(Roland Moreno)于 1972 年提出，此后法国布尔公司率先投入了这一高新技术产品的研究和开发，布尔公司高级研究员乌戈(Ugon)领导的研究小组于 1976 年首先研制成世界上第一张由双晶片(微处理器和存储器)组成的智能卡，接着又于 1978 年制成了单晶片智能卡并取得了技术专利。

IC 卡一经问世便得到了飞速发展，从只配有存储器的记忆卡到配备 CPU 的智能卡，从接触式到非接触式再到混合式，其发展可谓日新月异。与磁卡相比较，IC 卡具有防伪能力强、防攻击性强、使用寿命长、可脱机交易使用等优点。VISA 国际组织、MasterCard 国际组织、EuroPay(欧罗贝)国际组织(MasterCard 国际组织与 EuroPay 国际组织已于 2001 年合并)这三大国际信用卡组织相继推出 IC 信用卡产品，如图 2.3 所示。在美洲、欧洲及亚洲的许多国家推广和应用，并在当地的信用卡市场中占据了相当份额。虽然 IC 卡进入我国时间较晚，但是政府大力支持与推广 IC 卡。在 20 世纪 90 年代中后期，我国城市街道两旁树立的 IC 卡电话亭成为一道风景。

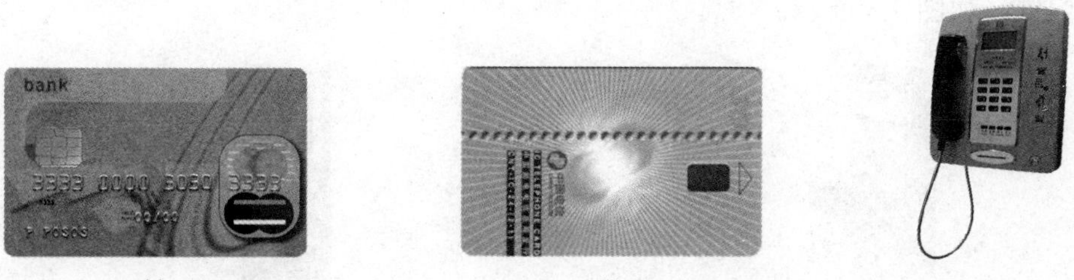

(a) (b) (c)

图 2.3 接触式 IC 卡及 IC 卡公用电话

虽然 IC 卡制作成本比磁卡高出许多，但是由于 IC 卡具备极强的安全保密功能、存储和处理信息的功能，以及脱机交易的功能，可以大幅降低伪卡风险，降低通信费用，提高经营效率。例如，马来西亚第二大商业银行——伊斯兰银行，该行向客户发行了 5 万多张 IC 卡(名为智能金融交易卡)，凭卡可在其所有的分行营业点、ATM(Automated Teller Machine，自动柜员机)及代理商户办理业务或消费转账。伊斯兰银行下属 31 家分行采用的系统平时以脱机方式分布处理，连接分行的柜员工作站和 ATM，各分行系统与总行系统通过电话拨号批处理方式清算结账。这个系统投产运行不到 10 年的时间中，伊斯兰银行仅从通信费用就节约 2000 多万美元，取得了明显的经营效益。

自 1985 年起，中国银行、中国农业银行、中国建设银行、中国工商银行这四家国有商业银行先后引入银行卡。截至 2010 年年末，全国累计发行银行卡 24.15 亿张，全国银行卡人均拥有量 1.81 张。但是金融 IC 卡在银行卡发行总量中所占比例较低。由于非接触式 IC 卡(又称射频卡)成功地解决了 IC 卡中无电源和免接触这一难题，因此，非接触式 IC 卡广泛用于我国身份证明、公交自动收费和电子钱包，如图 2.4 所示。2011 年 3 月 15 日，中国人民银行发布《中国人民银行关于推进金融 IC 卡应用工作的意见》，在全国范围内正式启动银行卡芯片迁移工作。

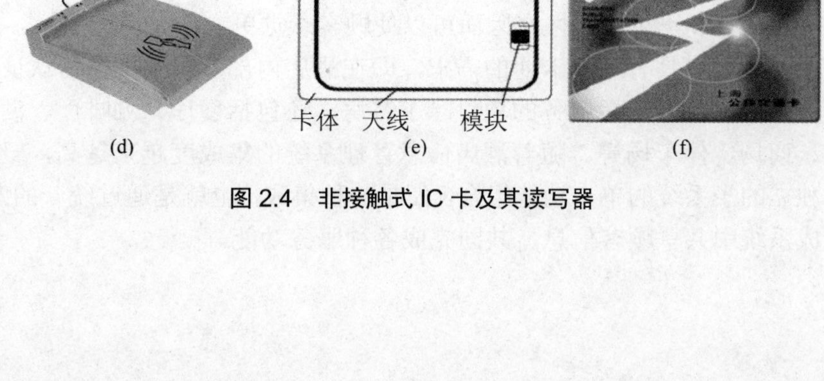

(a) (b) (c)

(d) (e) (f)

图 2.4 非接触式 IC 卡及其读写器

IC 卡不仅运用于金融服务、身份认证、公共交通等领域，高星级酒店也广泛采用IC 卡门锁，如图 2.5 所示。

(a) (b)

图 2.5 接触式与非接触式 IC 卡门锁

我国金卡工程的方针是“两卡并用，磁卡过渡，发展 IC 卡为主”。由于 IC 卡的制作成本不断降低，IC 卡将以其独有的安全性和使用灵活性最终取代磁卡。综上所述，酒店采用 IC 卡门锁，尤其是非接触式 IC 卡门锁，这种选择符合门锁信息技术发展潮流。磁卡、接触式 IC 卡与非接触式 IC 卡的比较如表 2-1 所示。

表 2-1 电子锁中磁卡与 IC 卡的比较

卡类型 对比项目	磁卡	接触式 IC 卡	非接触式 IC 卡
使用方便性	一般	一般	十分方便
使用成本	低	一般	一般
抗静电	一般	一般	好
耐磨损度	差	一般	好
安全保密性	极差	强	最强
卡寿命	短	一般	长
扩展性	不可扩展	可扩展	扩展性强
适用场合	客房数量大、接待旅行团和大型会议频繁的高星级酒店	房卡重复使用的中型酒店或中低端室内酒店	需扩展一卡通的中、高端酒店或大型酒店

随着门锁信息技术发展，酒店还可以利用生物鉴别系统来保证客房安全。这种鉴别系统是利用人的生理特征，如指纹、手掌等作为开启门锁的信息。由于生理特征比密码更具有唯一性和不可仿制性，因而可以使顾客感觉更方便、更安全。

目前，酒店大多具有对一卡通的需求，即在酒店内部实行一卡身份认证、客房门锁及消费的并用。一卡消费服务的项目除了客房，还包括餐厅、咖啡厅、酒吧、各种娱乐设施、商场、停车场等。随着酒店信息管理系统的集成度越来越高，一卡通不是几个相对独立的子系统的单个功能组合，而是一种集成，也就是通过统一的发卡体系，在整个集成系统中共享顾客信息，共同完成各种服务功能。

2.2 客房 IC 卡门锁结构

2.2.1 IC 卡门锁的结构

国内外 IC 卡门锁品牌众多，本部分内容选择爱迪尔(Advanced Digital Electronic Lock，ADEL)公司的 1800 型产品作为教学示例，如图 2.6 所示。爱迪尔公司注册于 1993 年，建立起了电子门锁专用平台，能够生产从磁卡、IC 卡、触摸记忆(Touch Memory，TM)卡、射频(Radio Frequency，RF)卡到指纹技术应用的全系列电子门锁。目前，作为全球最大的酒店专用门锁供应商之一，爱迪尔在中国各层次酒店的用户达到 22 000 家。

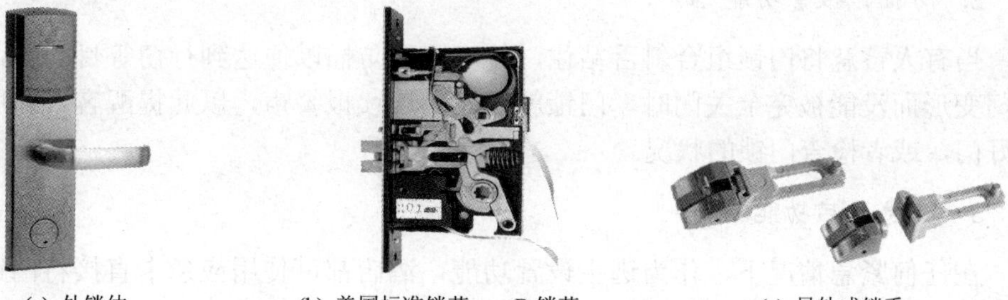

(a) 外锁体　　(b) 美国标准锁芯——B 锁芯　　(c) 导轨式锁舌

图 2.6 爱迪尔 1800 型 IC 卡门锁

爱迪尔 1800 型 IC 卡门锁采用复合锁体结构，由外锁体和内锁体组成。外锁体为不锈钢板冲压成型，门锁表面采用物理气相沉积(Physical Vapor Deposition，PVD)表面处理技术。经过 PVD 技术处理的表面，其硬度和抗变形能力比普通电镀强两倍多，还能提高基体的腐蚀防护能力，并使门锁表面具有消毒杀菌的特点，整体上使锁体表面寿命提高到原来的 10 倍，有效降低门锁的后期维护成本。

内锁体按照美国标准锁芯——B 锁芯设计，采用加强型合金钢材料结构，锁芯表面为电泳漆处理，能防腐、防锈。锁芯无人工铆柱件，二十几个零件布局简洁；反锁大方舌的内部增加两根防锯钨钢柱加固，使防破坏性程度更高；导轨式锁舌的杠杆防摩擦助动设计，能够保证可靠性与灵巧方便性达到统一。离合器电机属于电子门锁的心脏部分，爱迪尔 1800 型的“变速齿轮离合器”能够将电机的转动力放大 10 倍，并且耗电少、工艺精度高。整个内锁体采用三维立体结构抗撞击设计，符合美国国家标准协会(American National Standards Institute，ANSI)156.13 标准，适合带“闭门器”的客房使用。

爱迪尔 1800 型 IC 卡门锁的开门方式为感应开门，电脑控制板安装在内锁体内部，可以有效防止人为破坏导致电路板失灵(防爆)，同时采用国际标准电脑排线，确保数据传递更快捷、稳定、安全。门锁电脑控制板包括主板和副板。主板是微电脑处理器 (MCU)，有处理信息数据的只读存储器(Read-only Memory，ROM)和随机存储器 (Random Access Memory，RAM)，以及存储开锁记录的电可擦写可编程只读存储器(Electrically Erasable Programmable Read-only Memory，EEPROM)，副板是读卡器，含有稳定性更强的骨架感应天线。门锁电脑控制板的电路设计采用低功耗设计，采用全自动 SMT(表面贴装)

工艺、全电脑检测技术，表面全部采用防霉保护，生产过程中经过 72 小时的老化测试，出厂时经过三次检验工序。

2.2.2 IC 卡门锁的附加功能

除了最基本的门锁开关功能，爱迪尔 1800 型 IC 卡门锁具有以下功能。

1. 温馨提示功能

当客人入住客房后，如果不想被人打扰，可在房内将反锁大方舌打出，此时门锁 LED 红灯闪烁，代表“请勿打扰”。这样可以省却客人在门锁外挂出“请勿打扰”提示牌。

2. 防插、报警功能

当有人蓄意将门锁组合斜舌粘住，使门锁不防插以便达到行窃等目的时，或者因为门变形而没能被完全关闭时，门锁就会发出连续报警声，以此提醒客人和服务人员关好门，或者检查门锁的状况。

3. 应急开启功能

在任何紧急情况下，作为逃生设置功能，酒店都可使用应急卡直接将门锁打开，此时即使方舌反锁，也不受任何控制能打开。同时，门锁会一直保持常开的逃生状态，并发出报警声，以此提醒客人紧急疏散。除了应急卡，酒店还可使用机械钥匙开门，机械钥匙通过独立的传动系统开启门锁。机械钥匙的开门开锁数据均会记录在电脑控制板的 EEPROM 内，从而更有利于机械钥匙的安全管理。

4. 大容量开锁记录功能

门锁的记录容量最大为 864 条，并且无论用任何级别的 IC 卡和机械钥匙开启门锁，门锁都能够自动记录。锁内存储芯片会记录所有客人卡和员工卡的开门记录，完整地将卡型、卡号、卡状态、姓名、身份证号、发行时间、退房时间、发卡人等数据进行记录，如图 2.7 所示。

开锁记录例表：　　开锁记录打印报表

房间：1001　　第 1 页

卡类型	持卡人姓名	身份证号	开门日期	开门时间	发卡人	发卡日期
总控卡	黄晚云	54545746562	2000.03.10	10：34	李阳	2000.03.10
客人卡	黄秋华	44314341353	2000.03.10	14：30	刘莉	2000.03.10
清洁卡	陈小佳	78955232333	2000.04.01	09：23	李红	2000.04.01
总控卡	黄晚云	54545946562	2000.04.11	10：34	李阳	2000.04.11
钥 000001			2000.04.13	17：55		
清洁卡	陈小佳	78955232333	2000.01.14	09：23	李红	2000.01.14
客人卡	李家豪	8654523233	2000.04.15	13：23	刘莉	2000.04.15

记录数量合计：864

操作员：李阳　　打印日期：2010.08.22 09：14：11

图 2.7 爱迪尔 1800 型 IC 卡门锁开锁记录例表

机械钥匙(钥 000001)的开锁记录特别重要，一旦酒店对持有机械钥匙的人员管理不到位，就可能会产生许多安全隐患。当客房安全与服务发生问题时，酒店管理者可以从开锁记录报表中很方便地查询，完整的开锁记录有助于科学管理方式。

2.3 酒店 IC 卡门锁管理系统

本部分内容选择爱迪尔 Mifare 卡门锁管理系统作为教学案例，系统结构如图 2.8 所示。爱迪尔 Mifare 卡门锁管理系统不仅能为酒店提供客房门锁安全、方便、高效的管理，还可以为酒店提供电梯楼层管理、通道出入管理、客房节电管理、客房保险箱管理、酒店办公门锁管理等扩展功能，从而为酒店达到高水准的智能化安全和管理水平提供全方位、高效的解决方案。

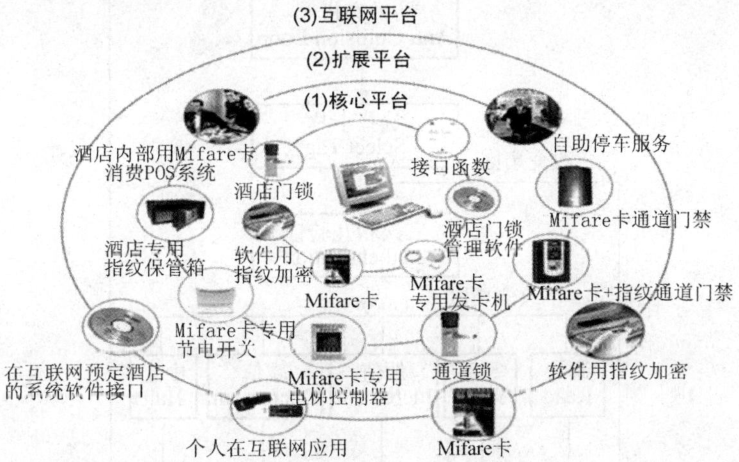

图 2.8 爱迪尔 Mifare 卡门锁管理系统

2.3.1 IC 卡门锁管理系统的核心平台硬件

由图 2.8 可知，Mifare 卡门锁管理系统的核心平台包括 IC 卡门锁、Mifare 卡、发卡机，以及 IC 卡门锁管理软件四部分。其中，IC 卡门锁、Mifare 卡、发卡机属于核心平台的硬件。

1. Mifare 卡

Mifare 卡属于技术与性能相对成熟、稳定的非接触式 IC 卡，其工作基本原：读写器发出一组固定频率的电磁波，IC 卡内有一个 *LC* 串联谐振电路，其频率与读写器发射的频率相同，由此 *LC* 谐振电路在电磁波激励下产生共振，从而使电容内电荷；电荷的另一端接有一个单向导通的电子泵，产生的电荷被送到另一个电容内存储，当所积累的电荷达到 2V 时，此电容即可作为电源，为 IC 卡内其他电路提供工作电压，从而将卡内数据发射出去或接受读写器的数据。Mifare 卡与读写器的通信流程如图 2.9 所示。

在上述通信流程中，复位应答是指 Mifare 卡的通信协议和通信波特率是按照标准定义的，当有卡片进入读写器的操作范围时，读写器以特定协议与其通信，从而确定该卡是否为 Mifare 卡，即验证卡片的卡型。防冲突机制是指当有多张卡进入读写器操作范围时，防冲突机制会从其中选择一张进行操作，未选中的则处于空闲模式等待下一次选卡，该过程会返回被选卡的序列号。选择卡片是指选择被选中的卡的序列号，并同时返回卡的容量代码。三次相互验证是指选定要处理的卡片之后，读写器就确定要访问的扇区号，并对该扇区密码进行密码校验，在三次相互认证之后就可以通过加密流进行通信。

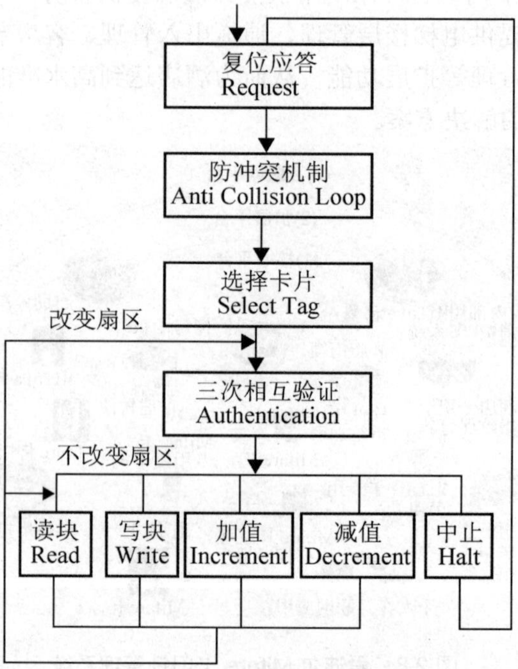

图 2.9　Mifare 卡与读写器通信流程

Mifare 卡具有以下优点。

(1) 操作简单、快捷。读写器的感应区内使用不受方向和正反面的限制，完成一次读写操作仅需 0.1s，既适用于一般场合，又适用于快速、高流量的场所。

(2) 抗干扰能力强。在多卡同时进入读写范围内时，Mifare 卡的快速防冲突机制能有效防止卡片之间出现数据干扰，读写设备可对卡一一进行处理，提高了应用的并行性及系统工作的速度。

(3) 可靠性高。Mifare 卡的芯片和感应天线完全密封在标准的 PVC 卡中，与读写器之间没有因机械接触产生的各种故障，这提高了应用的可靠性和卡的使用寿命。

(4) 安全性好。每张 Mifare 卡拥有全球唯一的序列号，且不可以更改；读写卡时的三次双向验证机制，以及数据加密传输保证通信过程的安全性；卡片各个分区都有独立的读写密码和访问机制。上述机制使得 Mifare 卡内的数据得到有效的安全保证。

(5) 适合一卡多用。Mifare 卡的存贮结构为 16 个分区独立加密，每个区的数据独立运行互不影响，用一张卡可扩展实现门锁、考勤、餐饮、娱乐、消费、门禁、通道、停车等多项功能。如图 2.10 所示，Mifare 卡可以有效实现真正的“一卡通”扩展。

爱迪尔还开发出指纹卡，即在 Mifare 卡(CPU 卡)中加入指纹。指纹卡用指纹代替了密码、照片或钥匙，能够应用于身份识别、电子支付、保密、安防等领域，引领“网络实名制”时代的到来。爱迪尔指纹卡(1KB)共有 11 个扇区可存放各种信息，其中 1～6 区可以让 6 个独立的单位使用，并由独立的发卡密码控制，如图 2.11 所示。指纹卡的指纹数据一经写入就永久不能更改，保证该卡只限本人使用。同时，爱迪尔还研发出 4KB 容量的指纹卡和 CPU 卡，可按客户要求进行定制。此外，指纹卡可以在任何应用 Mifare 卡或者 CPU 卡的设备中兼容、通用。

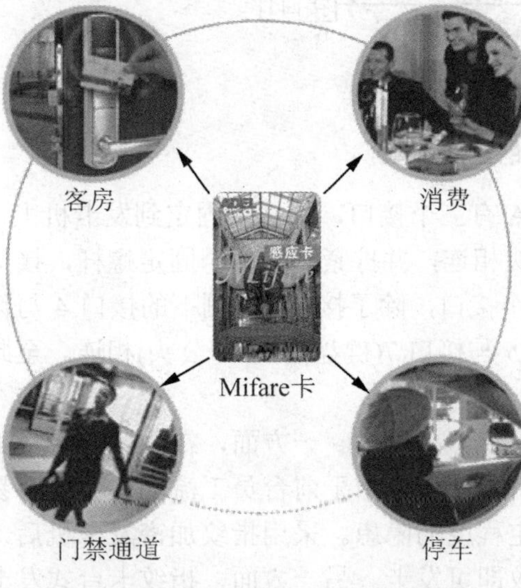

图 2.10 Mifare 卡的“一卡通”扩展

0扇区	全球统一标准的目录区	
1扇区		对外开放的客户应用区
2扇区		
3扇区		
4扇区		
5扇区		
6扇区		
7扇区	ADEL信息区	
8扇区	指纹数据区	
9扇区	全球标准的酒店门锁区	
10扇区	全球标准的办公门锁区	

图 2.11 指纹卡的数据存储结构

Mifare 卡除了制作成符合 ISO 7816 标准的卡片形式，还可以根据酒店不同需求，制成钥匙卡、手表卡与挂件卡等样式，如图 2.12 所示。

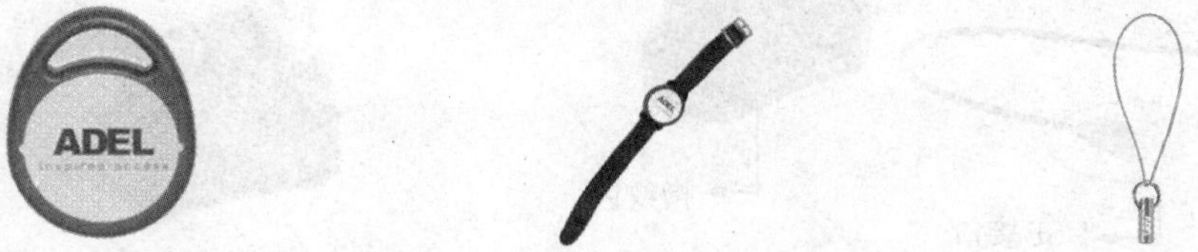

(a) (b) (c)

图 2.12 Mifare 卡的其他样式

钥匙卡适用于酒店长住人员使用，也适用于酒店员工；手表卡适合于带游泳池的酒店和游泳池更衣室；挂件卡既可用做装饰品又可以用于开启门锁，更适合于酒店长住人员，如公寓型酒店、度假村型酒店。

2. 发卡机

发卡机是通过 IC 卡门锁管理软件为酒店门锁制作电子钥匙的工具，即向 Mifare 卡中记录客人入住、员工服务等数据，使其能够打开设定客房的 IC 卡门锁，以及在酒店内实现“一卡通”功能。发卡机采用逻辑智能控制，确保按规定程序发卡，对非法卡能够自动识别提示，并通过 DES 加密算法对发行的所有电子钥匙起到双重保密作用。Mifare 卡的台式发卡机如图 2.13 所示。

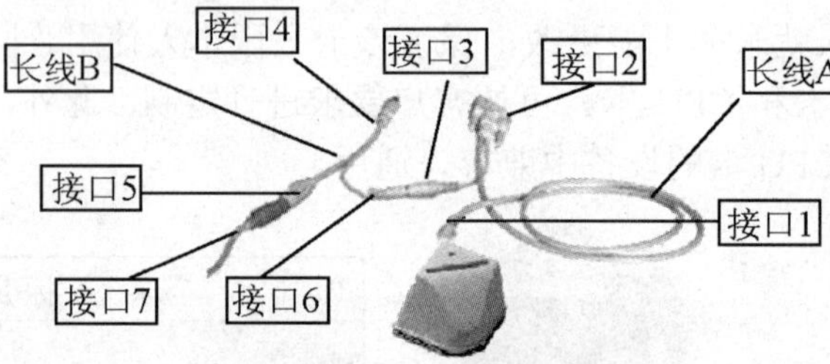

图 2.13　Mifare 卡的台式发卡机

台式发卡机配有长线 A 和短线 B，长线 A 有三个接口，接口 1 固定到发卡机上，接口 2(9 针串口母头)和计算机的 9 针串口公头相连，并拧紧其后两个固定螺杆，接口 3 和短线 B 的接口 6 相连。短线 B 同样有三个接口，除了接口 6，剩下的接口 4 与计算机背部面板上的键盘 PS/2 母头相连，接口 5 与接口 7(键盘的 PS/2 公头)相连。至此完成台式发卡机与计算机的连接。

指纹卡的台式发卡机集成高安全级别的指纹识别技术。一方面，在酒店前台员工向客人发卡的环节，前台员工需要输入发卡密码，可是由于前台员工流动性大，容易造成发卡密码外泄，这就使酒店安全存在一定程度的隐患。采用指纹加密发卡机后，前台员工不再需要输入发卡密码，只要按指纹即可发卡。另一方面，指纹卡台式发卡机的指纹区，可以 360° 识别 6 岁以上人群的指纹，指纹还可以作为客人身份识别认证登入其他设备使用。指纹卡的台式发卡机的结构与使用如图 2.14 所示。

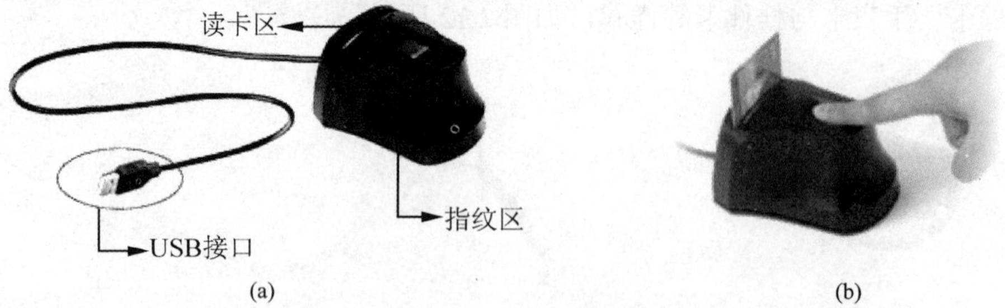

图 2.14　指纹卡发卡机

2.3.2　IC 卡门锁管理系统的软件操作

爱迪尔酒店门锁管理软件包含客房信息设置以及发卡、读卡、注销卡、查询(客人信息、客房信息、发卡信息、操作员工作信息等)等功能，数据管理采用大型关系数据库管理软件 SQL Server，可以运行于微软视窗操作系统。

1. 软件操作界面

爱迪尔酒店门锁管理软件可在中文简体/中文繁体/英文间自由切换，中文简体主界面如图 2.15 所示。

图 2.15　爱迪尔酒店门锁管理软件主界面

2. 软件登录方式

爱迪尔酒店门锁管理软件可以通过密码登录，每位操作员均有独自的登录标志和登录密码(一一对应)，并可对其自行修改，如果遗忘密码则可通过上级主管恢复。上级可以修改、删除下级的使用权限和登录密码；同一岗位的不同人员可以有不同的权限。当有人员流动时，只需删除或更改掉该流动人员的登录身份即可，不影响其他人。爱迪尔酒店门锁管理软件还可实现指纹登录，彻底解决了安全管理上的漏洞。指纹登录可通过指纹 QQ，这是一种使用 USB 接口与计算机相连的指纹采集仪。指纹登录方式替代密码登录方式，这将使得登录酒店门锁管理软件更加方便、安全、快捷。

3. 系统维护模块

1) 系统参数设置

在系统维护模块可以根据酒店要求，自主设置系统的“运行参数”、“房态参数”、“发卡参数”、“允许开启电梯控制器功能”等参数。

(1) 运行参数：设置酒店的名称；设置酒店客房的数量；设置酒店默认的退房时间；设置客人卡内数据注销后的保存天数；设置客房客人卡到期后是否允许系统将客人卡

内数据做自动注销处理等。

(2) 房态参数：设定客人退房后呈现哪种房态；设置客人卡做“遗失损毁”后系统呈现哪种房态；客房经维修后系统呈现哪种房态。

(3) 发卡参数：设置单独使用爱迪尔门锁管理软件进行发卡时，是否要求输入该卡持有人的姓名和证件号码(如身份证号码、工牌号码等)；设置在发行客人卡时是否允许采用“复制卡”或“增加卡”功能；以及设置是否允许对住满客人的客房进行“加床”处理。

(4) 允许开启电梯控制器功能：设置发行哪种卡可以开启电梯控制器。

2) 发卡机设置

设置系统所连接发卡机的串口号或USB号，以及所连接的发卡机类型；设置连接数据读取仪的串口号及其类型。

3) 数据导入

为以后软件升级预留的对接口，在有更高版本软件升级时，可以直接将原有数据转换到新软件中，增加了可维护性。

4) 数据库维护

可以对数据空间进行压缩，并删除不用的日志文件，保证系统的快捷运行。

4. 客房管理模块

1) 各模块设置

客房管理模块包括设定客房类型，客房信息修改变更等；划分区域；生成房号、管理设置等。

客房类型设置：设置客房的房型和该房间默认的床位数等信息。

客房区域管理：设置酒店客房管理区域的划分，如领班区域、清洁区域、楼层区域。一套门锁系统可以设置多达99个楼层区域。

客房自动生成：按照实际的客房情况生成房号，房号以6位数来表示，客房描述可以与实际的客房门牌号相对应起来(可以为3位或4位数表示)；高级版一套系统可以管理多达9000间客房。

2) 特殊房号的处理

系统可以根据客户实际管理需求，将房号设置为特殊房号。酒店可能将楼层的工作间也安装上电子门锁；或将某一个客房长期出租给外面的个人或公司作为营业场地(如做旅游接待、美发等)等。这就要求酒店前台不能在出租以后再将该房间误当做客房来销售。门锁软件中“客房锁定”功能专门解决此问题，在客房被锁定以后，就不能对该客房进行操作，除非对客房解除锁定后方可。又如在所有房号前加“8”或干脆使用10个字节的汉字来做房间的门牌号，如“总统间”、“馨园”等。充分满足酒店个性化管理的要求。

3) 客房信息的批量修改

可以对已生成客房的相关参数进行批量修改，如客房房型、所属的领班、清洁区域等。

5. 卡片管理模块

1) 卡片分级(权限)管理制度

(1) 管理级别：总裁卡、管理卡。

(2) 总控级别：总控卡、应急卡。

(3) 区域级别：领班卡、楼层卡、会议卡、清洁卡。

(4) 控制级别：中止卡、时间卡、退房卡、数据卡、别墅卡。

(5) 客人级别：客人卡、备用卡(出现故障不能发卡时使用，与房间号对应)。

系统共分为五个级别管理、15 种智能钥匙、28 种操作权限，通过将各项系统操作功能细化、分类，做到权限分明、操作简便、安全可靠。实现不同员工允许有不同操作权限，就是同一岗位的不同员工也可以由上级自由设定其操作权限。例如，前台白班和夜班的员工由于白班和夜班工作性质的不同，可以允许有不同的权限；用户只能执行上级授权允许使用的功能，而不能执行未经授权操作。

客房部常用卡型有领班卡、楼层卡、会议卡、清洁卡等。

① 领班卡，又称“多楼层管理卡”，可打开该领班区域的所有门锁，但不能打开处于反锁和中止状态下的门锁。一个领班卡所辖区域可以是一层楼或多层楼，甚至可以为一栋楼或多栋楼，并且没有时间限定。

② 楼层卡，又称“服务员卡”，可打开某个楼层所有的门锁，不能打开处于反锁和中止状态下的门锁。没有时间限定。

③ 会议卡，在酒店会议室也安装了电子门锁时，在举行会议期间，不停有人员进出会议室，故此时将会议室的门锁设置为常开状态，使得人员进出时不需插卡即可进出。使用时需结合楼层卡一起使用。

④ 清洁卡，酒店在将客房卫生承包给外面的清洁公司时启用。设有有效日期和每天允许开门的时间段的限定。在有效的清洁时间内，可以打开某个清洁区域的所有门锁，但不能打开处于反锁和中止状态下的门锁。一个清洁卡所辖区域可以是一层楼或多层楼，甚至可以为一栋楼或多栋楼。

2) 客人卡发行

(1) 客人卡只能一对一地开启客房门锁，不能互开。设计严谨，安全系数高。

(2) 有效时间的限定：客人的开门卡一旦过期，将不能再开启门锁。

(3) 新卡冲旧卡的功能：客人的卡一旦丢失，通过爱迪尔酒店门锁管理软件发行同房号的客人卡，持新卡开启门锁以后，原来的卡将自动不能开启门锁了。而且新卡可以直接使用，不需要进行任何门锁上的设置。

(4) 快捷的团体发卡功能：当有团队一起入住的时候，可以启用团体发卡功能提高发卡效率。

(5) 发卡界面的入住时间每隔 1 分钟自动进行一次更新。

(6) 同一间客房在发行第二张以上的客人卡时，可以采用复制卡或增加卡功能(根据系统参数设置进行授权设定)。

(7) 每发行一张新卡，系统自动记录发行的时间和发卡人姓名，便于查询、管理。

(8) 所有发卡记录均能形成报表，并能够进行打印或直接导入 Excel 电子表格中。

3) 卡片操作功能

(1) 快捷读卡功能：直接在门锁系统主窗口界面中按功能键，可直接启动卡片操作窗口，并读取一次当前发卡机的卡片信息。

(2) 可以通过卡片操作窗口对客人卡进行换房、续房和退房处理。

(3) 系统自动记录最后一次修改的时间及修改人姓名，便于查询、管理。

4) 卡片遗失或损坏处理

(1) 当酒店的卡出现损坏或遗失等情况时，可以通过遗失损毁功能进行处理。

(2) 所有的卡在进行遗失处理以后，密码均会自动进行改变，并给出详细的提示处理信息，以保证门锁的安全。

(3) 所有遗失处理后的卡均保存在数据库中，以便于以后的查询。

5) 客人退房方便处理

当酒店需要将门卡在客人退房的时候送给客人带走的话，直接通过“客人退房”功能将客人的卡做无卡注销处理。

6. 查询功能模块

所有的发卡、注销、修改卡的记录均能进行查询，还可以对房态信息、操作员工作、客人信息等相关查询等。

(1) 客人查询：可以根据客人姓名、房间号、入住时间段进行查询。

(2) 发卡查询：可以查询当前处于各种状态的发卡信息，包括正常使用、正常注销、遗失注销、损毁注销、自动注销、退房注销等，也可按照卡型查询。

(3) 客房查询：可以按照楼层、房型、房号查询，客房信息包括当前房间入住人数、房型和所属的区域信息等。

(4) 房态查询：显示四种房态(空房、在住房、脏房、维修房)，鼠标在房态表中指定房间的位置右击，可进行快捷发卡或团体发卡等操作，如图 2.16 所示。

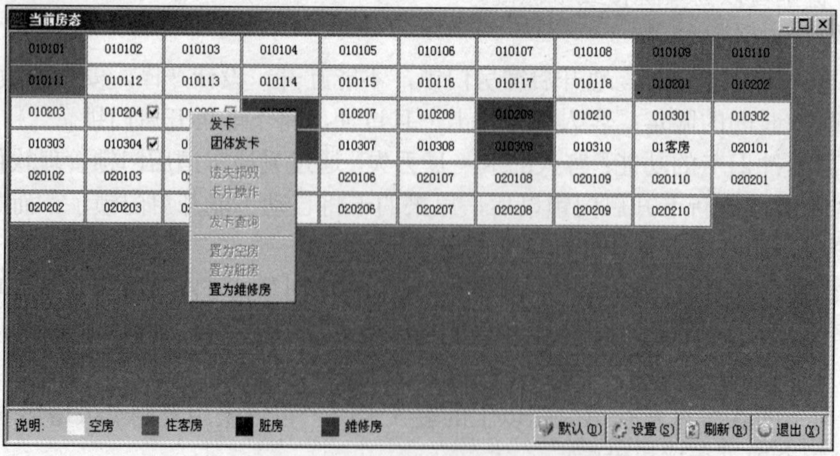

图 2.16　爱迪尔酒店门锁管理软件房态表

(5) 完善的查询报表功能如下。

① 查询结果的报表打印功能。所有的查询信息均可以报表打印出来，便于酒店工作人员对门锁数据信息的直接引用。

② 将查询结果导入 Excel 电子表格的功能。所有的查询信息均可以直接导入 Excel 电子表格，便于酒店工作人员对门锁数据信息的直接引用。

③ 查询结果可以按照操作员的要求任意拖动排列功能。

7. 日志记录功能

相当于使用软件的简单考勤记录，对操作员姓名、登录计算机、时间等均有详细记录，如图 2.17 所示。

爱迪尔酒店门锁管理软件可以安装在性能比较稳定、可靠的服务器上，这就增加了门锁数据信息的安全性，减少系统的维护工作量。当前台某台联网计算机出现问题时，重装系统或直接更换计算机，都不影响服务器上的数据安全和其他客户端的发卡工作。并且，这种系统布置能够实现多台计算机同时联网发卡。当某一时间点来酒店登记入住的客人量激增时，可以通过前台几台计算机同时发卡来分流工作量，使得前台入住登记、发卡工作井然有序，忙而不乱。

流水号	用户标识	用户姓名	工作站	操作系统用户	登录方式	登录时间	退出时间
145	SYSTEM	Manager	CUN	Admin	密码	2007-11-22 8:56:37	2007-11-22 12:16:09
146	SYSTEM	Manager	CUN	Admin	密码	2007-11-23 10:28:16	2007-11-23 15:14:36
147	SYSTEM	Manager	CUN	Admin	密码	2007-11-23 16:03:30	2007-11-23 16:03:34
148	SYSTEM	Manager	CUN	Admin	密码	2007-11-23 16:04:08	2007-11-23 16:04:10
149	SYSTEM	Manager	CUN	Admin	密码	2007-11-23 16:07:16	2007-11-23 16:07:18
150	SYSTEM	Manager	CUN	Admin	密码	2007-11-23 16:08:02	2007-11-23 16:08:13
151	LXH	李霞	CUN	Admin	密码	2007-11-23 16:08:18	
152	LXH	李霞	CUN	Admin	密码	2007-11-23 16:08:27	2007-11-23 16:08:35
153	SYSTEM	Manager	CUN	Admin	密码	2007-11-23 16:34:21	2007-11-23 16:34:25

图 2.17 爱迪尔酒店门锁管理软件日志记录

2.3.3 IC 卡门锁管理系统的扩展功能

1. 一卡通管理功能

爱迪尔酒店门锁管理系统提供多种类型的接口，可与酒店消费管理系统等其他管理子系统进行数据资料的共享和交换处理，从而实现酒店的一卡通管理。爱迪尔一卡通管理系统结构如图 2.18 所示。

一卡通管理软件的每个子系统自主向 Mifare 卡的相应区域写入相关信息及消费金额，达到直接存储金额的一卡通消费功能。爱迪尔酒店门锁管理软件接口主要是面向酒店管理软件开发商，用于软件的二次开发接口。接口类型按照使用方法与传输介质可分为以下标准：Fidelio 接口、RS232(pms-vc)接口、文件接口、WINSOCKET 接口和动态库接口。其中，Fidelio 接口采用 TCP/IP 协议，是符合 MICROS-Fidelio 接口规范并取得认证的接口函数。

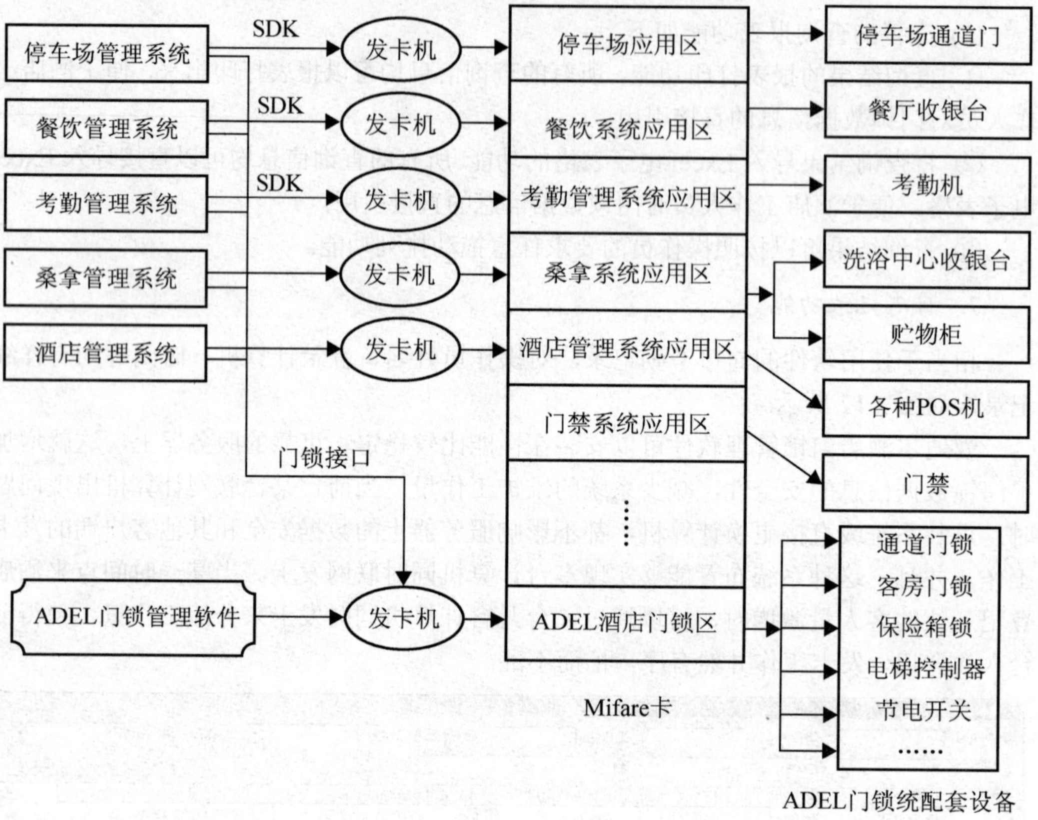

图 2.18 爱迪尔一卡通系统结构

2. 延时节电开关功能

延时节电开关又称取电开关，安装于客房的进口处，属于门锁的配套可选产品。客人开门后将房卡插入节电开关中，使客房内照明、用电等电路通电；当客人离开客房，房卡拔出开关后 5～10s 客房所有电路自动断电，以此达到节约用电的效果。爱迪尔公司提供三种节电开关：通用型、专用型、网络型。延时节电开关的样式如图 2.19 所示。通用型节电开关采用变压器供电方式，与阻容式供电方式的开关相比较，可靠性更高、使用寿命更长，同时通过光电控制方式实现延时功能；专用型节电开关内置 MCPU 和读卡器装置，必须使用房卡才能取电有效，其他卡片、纸片等均不能取电。

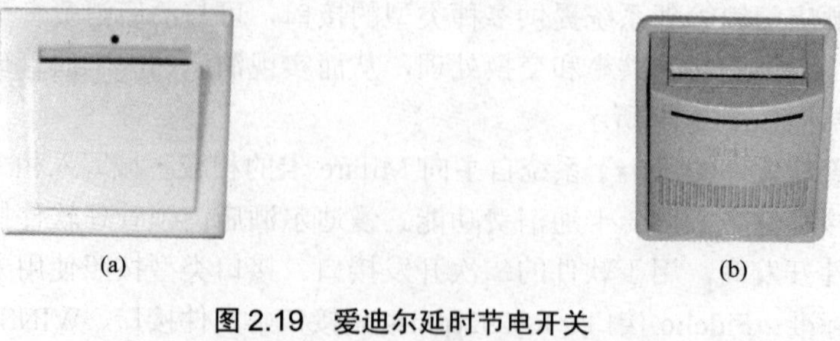
(a) (b)

图 2.19 爱迪尔延时节电开关

网络型节电开关在节电的同时，通过接口将房卡内的数据信息及时传递到酒店客房床控智能系统，由系统决定是否给该客房送电，并针对不同的卡型接通房间内不同电器的电源。例如，服务员卡只接通客房照明电源、客人卡接通房间内所有电源。在该系统的后台管理软件中，酒店工作人员通过该软件可实时了解到客房用电的状态和情况，并可依据客人的喜好设置房间内的空调、照明灯光或背景音乐等，以达到人性化的管理效果，树立起酒店精品服务品牌。

3. 通道管理功能

为了解决酒店客房区域配套设施的要求，如通道门、门禁、电梯等的进出限制要求，爱迪尔门锁系统设有通道管理功能，一套系统最多允许 15 种类型的通道。

(1) 通道管理：分为公共通道、楼栋通道、楼层通道。公共通道在发卡时选择是否授权开启某个公共通道，而楼栋通道、楼层通道默认给该区域所有能开启该区域门锁的卡。通道管理设置在系统参数模块中，如图 2.20 所示。

当不同客房同属于一栋别墅中，所有的客人卡都必须开启同一别墅大门后才能进入，然后一对一地开启对应的客房门锁。这种情况下，别墅大门门锁就需要设置为公共通道，从而实现多张客人卡都能开启该门锁。

(2) 门禁：酒店客房区域可以设有门禁设备，客人需要先开启对应的门禁才能进入对应楼层的客房区域。例如，酒店大堂玻璃门安装有门禁，要求在夜间 23 点以后，必须凭有效卡才能进入酒店，否则需要按取门铃由酒店员工开启门锁。

(3) 电梯：酒店可以在电梯内装入电梯控制器，客人可凭卡乘坐电梯到达客房区域楼层，通过更严格的管理只允许客人及酒店内部员工进出酒店客房区域，从而保障客人的安全。电梯控制器如图 2.21 所示，其内部装有特制 MCPU 及读写器，能够与电梯控制系统程序相结合，通过酒店门锁管理系统软件及发卡器对 Mifare 卡进行授权，满足酒店不同客人乘坐电梯到达不同级别客房楼层的需要，如 VIP 客人、行政楼层客人的所属楼层，普通客人不能乘电梯到达，实现有效达到客人级别及酒店员工等不同级别的区分。

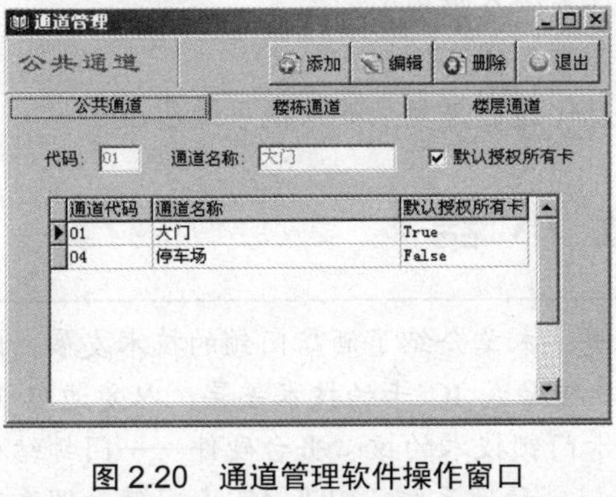

图 2.20 通道管理软件操作窗口

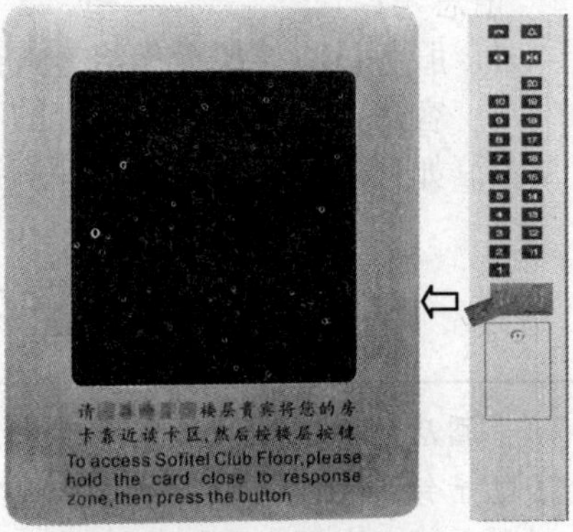

图 2.21 电梯控制器

延 伸 案 例

落实酒店房卡使用制度是关键

某酒店一位长住 8011 房间的客人晚上回房时发现自己忘带房卡，这位客人就到同楼层找一位认识的客房服务员小李，说要借一张楼层卡取电洗澡，洗完澡后就归还楼层卡。大约过了20分钟，小李回去拿卡时发现客人已经不在，这张楼层卡也不在8011房间。小李焦急地找了很久，既找不到客人也找不到卡，于是上报领班。领班决定到总台把这张楼层卡“注销”，这时客房中心的小张才说出客人离开8011房间时曾打过电话，告知楼层卡放在8020房间(8020和8011是联房)。小张眼看小李找卡却知情不报，直到领班决定“注销”卡时才说出真相。领班问小张为什么一直不说，张某只是低头笑。

提问：

各位前辈就这事对小李应该怎么处理？对于小张又应该怎么处理？

参考意见：

(1) 关于各类门卡的使用和管理必须有一套规章制度，培训以及督导各级人员严格遵守。如果有规章制度，员工不执行，纪律处分，把握尺度；没有制度，先检讨自己部门的管理。

(2) 楼层应该有备用的取电牌。没有规章制度，管理有问题，自我检讨。有规章制度，员工不执行，处分，尺度考虑从严。

(3) 考虑对客人住店信息掌握是否足够。团房、相关房、VIP房、长住房、熟客房、自用房等，这些房间的客人经常会把一个房间的物品带到其他房间，或者借用客房物品。

(4) 客房中心的运作有问题。对客服务与部门之间协调有必要做工作记录，出了问题可以从中查看。应该首先检讨对客房中心的管理，再考虑处分当班人员。

(5) 以此做相关客房中心与楼层工作协调的管理制度，培训，执行，督导，检查，做好预防。

资料来源：http://bbs.veryeast.cn/dispbbs_5_9052_0_1_1.html

请思考：

1. 服务员将楼层卡借给客人会产生什么安全隐患？
2. 客房中心与楼层服务台的工作协调应怎样管理？
3. 如何从此案例分析中理解酒店信息化建设是复杂的人机系统建设？

本章小结

酒店门锁技术是客房安全的基础保障。本章介绍了酒店门锁的技术发展，比较了电子锁中磁卡、接触式IC卡，以及非接触式IC卡的技术差异。以爱迪尔1800型产品作为教学示例，详细介绍了IC卡门锁技术的核心平台硬件——门锁结构、Mifare卡、发卡机，核心平台软件——门锁管理系统，以及IC卡门锁管理系统的扩展功能。酒店门锁技术不仅为客人带来新的客房服务，特别是客房安全服务质量，也给酒店门锁管理提出了新的管理与操作要求。

练 习 题

一、选择题

1．波特发明的锁具是(　　)。

A．三簧锁　B．滑动转片锁　C．凸轮转片锁　D．弹子机械锁

2．以下不属于电子锁的是(　　)。

A．磁卡锁　B．密码锁　C．IC 卡锁　D．指纹触摸锁

3．与磁卡相比较，IC 卡具有(　　)优点的。

A．防伪能力强　B．成本低

C．防攻击性强　D．使用寿命长

4．适合于酒店游泳池更衣室使用的 Mifare 卡是(　　)。

A．钥匙卡　B．手表卡　C．挂件卡　D．标准卡

5．不属于酒店客房部常用的卡型是(　　)。

A．领班卡　B．应急卡　C．楼层卡　D．会议卡

二、判断题

1．磁卡需要和读卡器相接触，并以一定速度相对移动。(　　)

2．在 IC 卡上的数据比较容易读出，非法修改其中的内容也较容易。(　　)

3．我国金卡工程的方针是“两卡并用，磁卡过渡，发展 IC 卡为主”。(　　)

4．应急卡可以直接将门锁打开，即使方舌反锁也不受任何控制。(　　)

5．爱迪尔 1800 型电子门锁的机械钥匙开锁数据不被记录与查询。(　　)

6．爱迪尔酒店门锁管理软件仅能查询所有的发卡、注销、修改卡的记录，对房态信息、操作员工作、客人信息等不能进行相关查询。(　　)

7．在退房时门卡送给客人的情况下，可将此门卡做无卡注销处理。(　　)

8．爱迪尔酒店门锁管理软件能够实现多台计算机同时联网发卡。(　　)

9．延时节电开关可针对不同的卡型接通房间内不同电器的电源。(　　)

10．通道管理分为公共通道、楼栋通道、楼层通道的门卡授权管理。(　　)

三、论述题

1．近年来 IP 通信技术对酒店客房服务产生哪些影响？

2．酒店客房 VOD 系统的技术创新及其应用有哪些？

3．酒店门锁管理的基本制度包括哪些方面？

四、实训题

1．掌握发卡机的软硬件操作。

2．提高团队入住发卡速度的操作技巧。

3．客人王经理的门卡遗失，在门锁管理系统主界面中(图 2.22)，选择相应的按钮

操作，对遗失门卡进行处理并为王经理重新补办一张门卡。

图 2.22　门锁管理系统主界面

3

酒店前厅部信息管理

学习目标

1. 熟悉前厅部门的地位、组织机构与职能
2. 了解前厅部各项服务的信息流程
3. 掌握前厅部信息管理系统的操作

导入案例

前台=窗口形象+神经中枢

前台既是酒店的窗口形象，又是酒店的神经中枢。在这里，客人得到对酒店的最初印象和对酒店形成最终评价，因此，前台各岗位的服务质量即代表着酒店的整体经营接待和管理水平，体现着酒店的形象，是酒店重要的形象代言人。

1. 前台员工情况

前台接待员，2 人；领班，1 人；主管，1 人；大堂副理，1 人；前台收银员，6 人。平均年龄24岁，均为大专以上学历，计算机应用和酒店英语口语基础较为扎实，是酒店综合素质、服务水平和酒店意识最好的班组之一。

2. 前台员工班次

前台全员实行“三班倒”(每天 24 小时分成早、中、晚三班，每班八小时，轮换上班)的工作方式。

具体时间安排：8:00 ~ 16:00，16:00 ~ 23:00，23:00 ~ 8:00。

3. 接待主要工作

(1) 接受、安排和调整房间预订，办理散客订房和网络订房手续，对客房预订情况进行管理。

(2) 与营销部、客房部保持密切的工作联系，熟练掌握当日团队会议和重要客人接待信息。按规范程序优质快捷地为散客和团体会议客人提供入住登记服务。根据客人类型和团队用房情况合理安排房间，准确掌握房间状态，保持计算机房态与客房中心房态完全一致。做好计算机资料和手工表单的核对工作，进行各类报表的准确统计。

(3) 做好客户资料的档案收集整理汇总工作和其他营业点的钥匙接收保管工作。按规定正确操作，熟练使用工作设施设备，发现异常及时进行报修排除故障。熟练正确使用泰能系统和门卡系统。准确熟练使用公安局口卡传输系统，对国内外客人证件资料准确录入和上传，严格把好入住登记关。

(4) 负责回答宾客的询问，提供各种有关饭店内部和饭店外部的信息。将客人各种服务要求向相关部门传达落实，为有需要的客人提供物品保险箱寄存服务。

4. 收银主要工作

(1) 签到上班后，点清备用金，备齐当日足够使用的保证金收据、发票、酒水单、外币兑换水单、结算单等。与上一班的收银员进行当面工作交接，掌握并处理上一班的未尽事项。仔细查阅营销部下发的团队预订单，熟悉并掌握当日到店及离店团队情况。

(2) 客人入住前收取押金，检查接待员填写的“住宿登记表”是否填写清楚完整，审核房价折扣是否符合规定。协议单位则要审核与协议价是否一致，并检查是否为签单人签字。同酒店一切有宾客消费的部门的收银员和服务员保持密切联系，催收核实账款以便一次性总结账。

除一般常规性服务外，前台收银还要为客人提供信用卡和外币兑换服务。

前台员工的工作远不止以上所描述的内容，诸如宾客问询、失物招领、金钥匙委托代办等工作几乎每天要发生，需要前台员工通过长时间的历练，养成严谨缜密的思维和工作习惯。

资料来源：成都博瑞花园酒店前厅部宣传稿.http://www.b-rayhotel.com/.

请思考：

1．在酒店前台服务工作中涉及哪些信息技术，这些技术对于相关信息的传播、共享起到什么作用？

2．在计算机应用技能方面，酒店对前台员工有哪些具体要求？

3．前厅部信息化如何有助于提高前台服务的效率与质量？

3.1 前厅部的地位、组织机构与职能

3.1.1 前厅部的地位

前厅部(Front Office)又称客务部、前台部，是现代酒店的重要组成部分，在酒店经营管理中占有举足轻重的地位。前厅部的运转和管理水平直接影响到酒店的经营效果和对外形象。前厅部在酒店中的重要地位主要表现在以下几个方面。

1．前厅部打造酒店的第一印象

任何客人一进酒店，都会对其大堂的环境艺术、装饰布置、设备设施和前厅部员工的仪容仪表、服务质量、工作效率等产生深刻的“第一印象”。这种“第一印象”对客人的满意度认知产生非常重要的作用，差的“第一印象”产生于服务中“不可原谅”的失误，并且会对之后的服务满意度增加“先验”证据。相比之下，好的“第一印象”能使客人住店期间不满意的服务成为可理解与可补救的“偶然”失误。

优质的服务将使客人对酒店产生依恋之情，会长时间保留在人们的记忆表象中。客人入住期间遇到困难要找前厅寻求帮助，感到不满时也要找前厅投诉。在客人的心目中，前厅便是酒店。此外，除住店客人外，大堂汇集的人群中还有许多前来就餐、开会、购物、参观游览、会客、检查指导等其他客人，他们也是通过停留在大堂时，对酒店的环境、设施服务进行评论。因此，前厅的服务水准和管理水平直接反映整个酒店的管理水平、服务质量和服务风格。前厅是酒店工作的“窗口”，代表着酒店的对外形象。

当客人入住期满经由大堂离店时，前厅服务人员为客人办理结算手续、送别客人时的工作表现，有始有终的服务表现会给客人留下最后而重要的“第一”印象。

2．前厅部是酒店业务活动的中心

前厅部是一个综合性服务部门，服务项目多，服务时间长，酒店的任何一位客人，从抵店前的预订、到入住、直至离店结账，都需要前厅部提供服务，前厅是客人与酒店联系的纽带。前厅部通过客房商品的销售来带动酒店其他各部门的经营活动。同时，前厅部还要及时地将客源、客情、客人需求及投诉等各种信息通报有关部门，共同协调整个酒店的对客服务工作，以确保服务工作的效率和质量。因此，前厅部通常被视为酒店的“神经中枢”，是整个酒店承上启下、联系内外、疏通左右的枢纽。无论酒店规模大小、档次如何，前厅部总是为客人提供服务的中心。

3. 前厅部是酒店营销与管理的关键部门

为宾客提供食宿是酒店的最基本功能，客房是酒店出售的最大、最主要的商品。通常在酒店的营业收入中，客房销售额要高于其他各项。据统计，目前国际上客房收入一般占酒店总营业收入的 50%左右，而在我国，客房收入还要高于这个比例。前厅部的有效运转能够提高客房出租率，增加客房销售收入，是提高酒店经济效益的关键之一。此外，前厅部能够充分运用客户信息与酒店资源信息，对酒店内其他部门进行营销宣传，从而促进酒店的整体经济效益。

作为酒店业务活动的中心，前厅部直接面对市场、面对客人，是酒店中最敏感的部门。前厅部能收集到有关市场变化、客人需求和整个酒店对客人服务、经营管理的各种信息，在对这些信息进行认真的整理和分析后，每日或定期向酒店提供真实反映酒店经营管理情况的数据报表和工作报告，并向酒店管理机构提供咨询意见，作为制订和调整酒店计划和经营策略的参考依据。

3.1.2 前厅部的组织机构与职能

酒店的前厅部组织机构设置要从酒店的性质、规模、地理位置、经济特点和管理方式等方面考虑，以及遵循机构精简、分工明确与便于协作的设置原则。大、中、小型酒店的前厅部组织机构可以分别参照图 3.1、图 3.2 与图 3.3 进行设置。

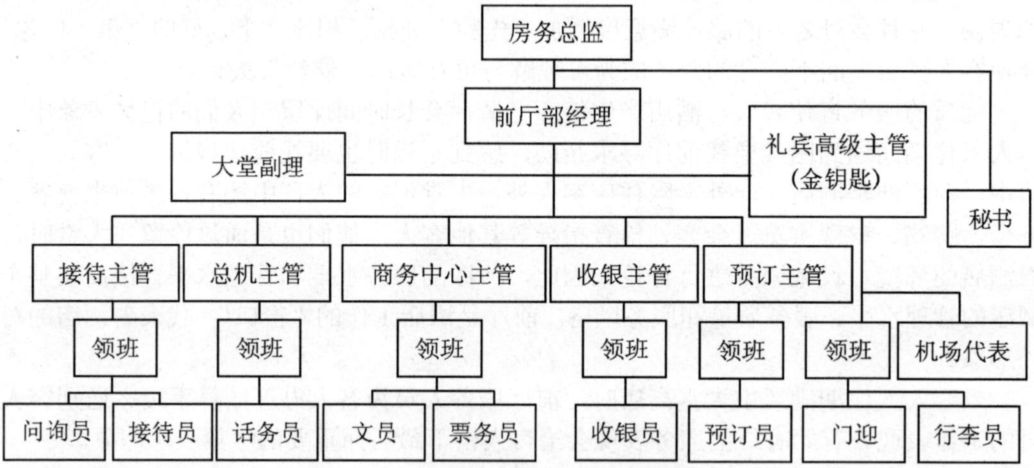

图 3.1 大型酒店前厅部的组织机构

在前厅部的各班组中，预订处(Rooms Reservation)接受客人以电话、传真、信函或口头等形式的预订，做好预售客房，以及与之有关的售前服务工作。预订员必须熟练掌握饭店房况、房价政策，能积极主动地与客人达成订房协议。订房成功与否取决于预订员的工作态度、推销技巧及其受训程度。一个饭店的客房预订量愈大，则客房销售就愈有保证。预订处须及时向酒店各部门提供客房预订的资料和数据，向上级提供 VIP 抵店信息，参与前厅部对外订房业务的谈判及合同的签订，制订预订报表(包括每月、半月、每周和明日客人抵达预报)，制订全年客房预订计划。

(1) 接待处(Reception/Check-in/Registration)的主要职责是接待住店客人(包括团体

客人、散客、长住客人、预订客人和非预订客人等)与销售客房。即使对于有预订的客人，房价、附加费用、店内服务项目的商定，都会对他的住店消费产生影响，因此，接待员在办理入住手续时可以把握二次推销的机会。接待处为客人办理入住登记手续，分配房间；还须掌握住店客人的动态信息及资料，控制房间状态，制定客房营业日报表等表格，协调对客服务工作。

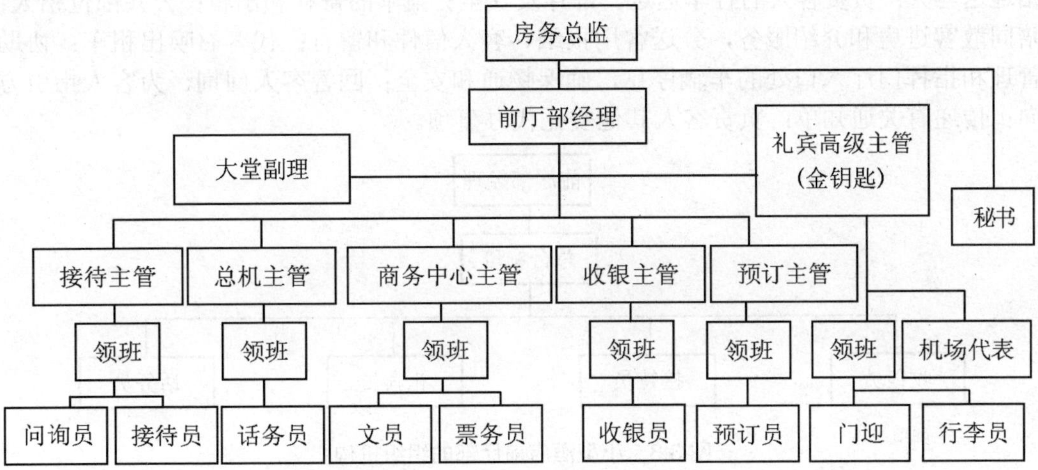

图 3.1　大型酒店前厅部的组织机构

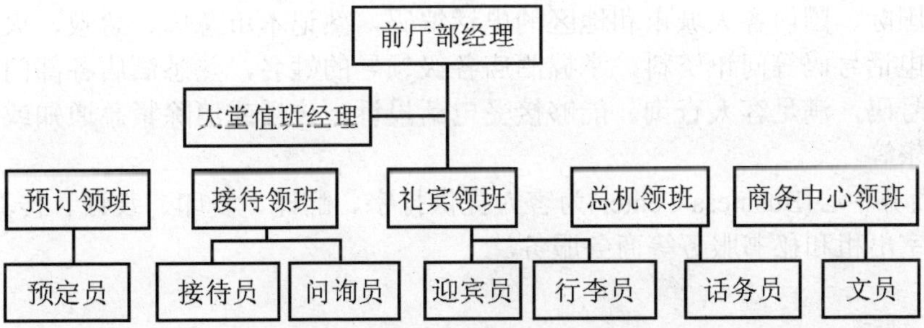

图 3.2　中型酒店前厅部的组织机构

(2) 问讯处(Information/Inquiry)的主要职责是回答客人问讯，应随时准备向客人提供其感兴趣的资料，如将餐饮活动(举行美食周、厨师长特选等)的信息告诉客人。这样，不但能方便客人，还能起到促进销售的作用。问讯处还应向客人提供饭店所在地、所在国的有关信息和指南。例如，向客人介绍游览点的特色，购物中心的地点及营业时间，外贸公司及科研机构的地址、联系人、电话号码，本地区及其他城市主要饭店的情况，各类交通工具的抵离时间等。此外，还要接待来访客人，处理客人邮件、留言，以及分发和保管客房钥匙。

(3) 收银处(Cashier/Check-out)一般由领班、收银员和外币兑换员组成，并且通常隶属于酒店财务部。但是，收银处位于前台，与接待处、问讯处具有紧密的业务联系，因此，前厅部也应参与和协助收银处的管理和考核。收银处负责为客人提供外币兑换服务，提供贵重物品的寄存和保管服务，以及管理住店客人的账卡；与酒店各营业部门的收款员联系，催收、核实账单，夜间审核全酒店的营业收入及账务情况等；在客人离店前核查其账单，当客人办理离店手续时，请客人核实账单后完成应收款项的收费或转账。

(4) 礼宾部(Concierge)主要为客人提供迎送服务、行李服务和各种委托代办服务，因此又可称为“委托代办处”、“大厅服务处”或“行李处”，主要由礼宾部主管(金钥匙)、领班、迎宾员、行李员、委托代办员等组成。主要职责包括：在门厅或机场、车站迎送客人；负责客人的行李运送、寄存及安全；雨伞的寄存和出租；公共部位招人；陪同散客进房和介绍服务，分送客用报纸、客人信件和留言；代客召唤出租车；协助管理和指挥门厅入口处的车辆停靠，确保畅通和安全；回答客人问询，为客人指引方向；传递有关通知单；负责客人其他委托代办事项。

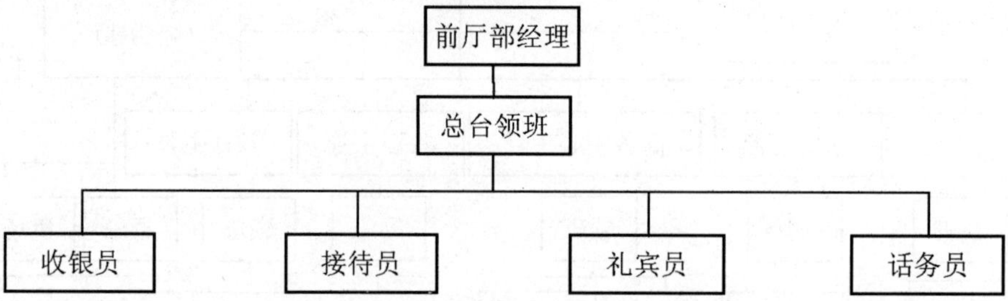

图 3.3　小型酒店前厅部的组织机构

(5) 电话总机(Switch Board)主要为客人提供转接电话服务、叫醒服务和留言服务，能够熟悉国际、国内各大城市和地区的电话编码，熟记本市急修、急救、火警及涉外单位常用电话号码等问讯资料，掌握酒店各级领导的姓名，熟悉酒店各部门和服务设施的电话号码，满足客人查询。能够接受电话投诉，传播或消除紧急通知或说明，播放背景音乐等。

(6) 商务中心(Business Center)为客人提供打字、翻译、复印、装订、传真、订票，以及会议室出租和秘书服务等商务服务。

3.2　前厅部信息流程

3.2.1　预订信息流程

酒店在客人预订阶段需要重点掌握两个方面的信息：客人的预订需求和准确的客房信息。当客人通过各种途径向酒店提出预订要求后，预订员可以在前台软件中检索客历档案数据库与客房状态数据库，然后为客人提供检索结果，即形成预订响应；客人根据预订响应，对自己满意的预订响应进行预订确认，预订员在接到客人的确认信息后进行预订安排，为客人提供预订客单，即成功预订的凭据；预订系统在后台完成客历档案数据库、客房状态数据库、客账数据库与客单数据库的更新。上述通用的预订信息流程如图 3.4 所示。

客人成功预订之后，还可以变更预订或取消预订，其中，取消预订可以视为变更预订的特例，即最终生成一张空白的预订客单。预订变更信息流程如图 3.5 所示。

在预订服务信息流程中，既可以是预订员参与其中提供服务，也可以是预订系统通过网络或语音系统为客人提供自助服务。酒店提供的预订服务不仅为客人提供便利，并且有助于提高酒店的开房率。在酒店预计某日满房或高入住率的情况下，酒店可以选择超额预订，还可以提前控制预订量，即不再对客人的新预订进行安排，而将预订资料转入等待名单中，如果该日出现“NO SHOW”(失约未到)、“CXL”(cancel，取消)，实际的入住量没有达到预计的客满或高入住率，预订员可以从等待名单中挑选客人，联系客人并争取再次取得预订。

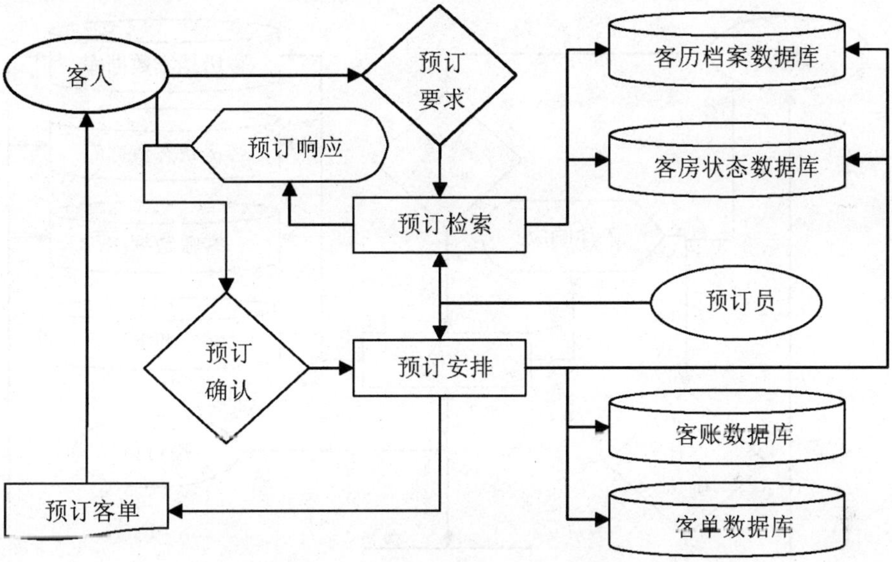

图 3.4　初次预订的信息流程

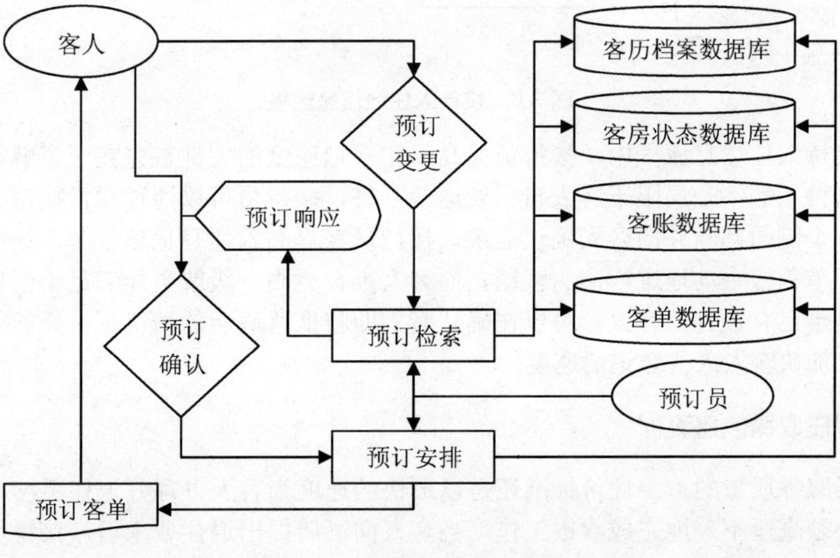

图 3.5　变更预订的信息流程

3.2.2 接待信息流程

接待服务质量的重要评价标准是以最快的速度为客人办理好入住登记。客人提出入住要求后，接待员了解客人是否已有预订、是否属于散客、团队或挂账单位等必要信息；通过入住检索，由接待系统检索客历档案数据库、客房状态数据库、客账数据库与客单数据库后产生入住相应；客人对自己满意的入住响应进行入住确认，接待员获得客人的确认与信用授权后，收取入住押金后为客人提供入住客单(押金凭据)，以及配置房卡或分发房间钥匙。上述接待入住的信息流程如图 3.6 所示。

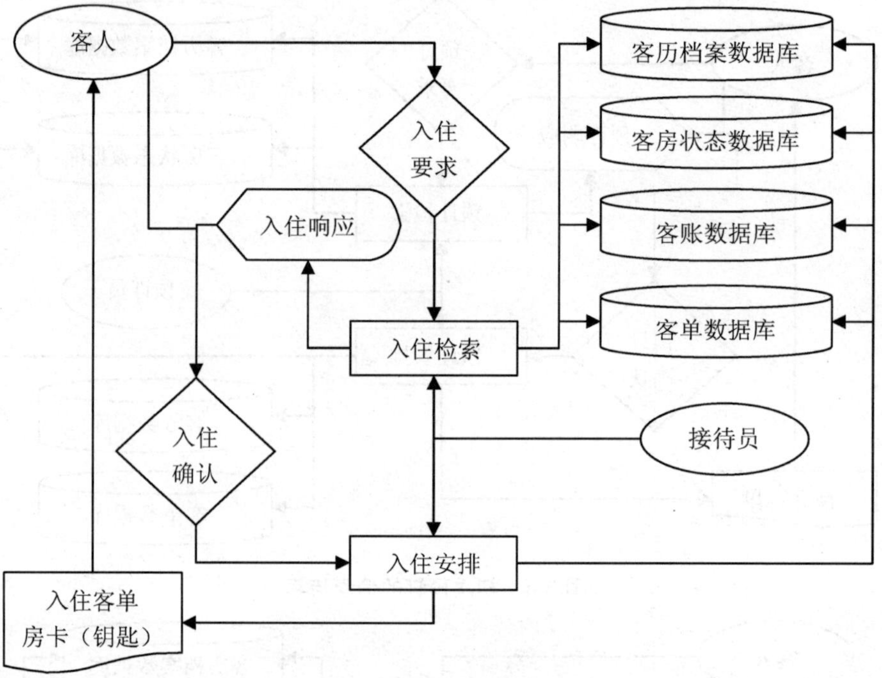

图 3.6 接待入住的信息流程

在接待入住信息流程中，接待员提高入住登记速度的关键首先在于了解客人需求信息，这种了解不是局限于客人自己表达或回答，接待员可以通过日常接待积累的经验，从各个侧面判断并向客人确认需求。接待员在提高入住登记速度时，还可以在入住响应环节积极主动地进行酒店营销，向客人推荐更高一级或更能满足个性化需求的客房。对于已有预订的客人，可以在确认客人即将抵达酒店的情况下，提前办理房卡等步骤，加快客人入住登记的速度。

3.2.3 退住收银信息流程

收银服务质量的重要评价标准还是以最快的速度为客人办理好退住手续。同时，收银员必须毫厘不差地完成收银工作。当客人向酒店提出退住要求后，接待员在前台软件中进行退房检索，对客历档案数据库、客房状态数据库、客账数据库与客单数据库，然后为客人提供检索结果，即形成退房响应；客人根据退房响应，交回入住客单、房卡(钥匙)，并向收银员付款，预订员在客人完成付款后，为客人提供离店发票与押金结余；前台软件在后台完成客历档案数据库、客房状态数据库、客账数据库与客单数据库的更新。上述退住收银信息流程如图 3.7 所示。

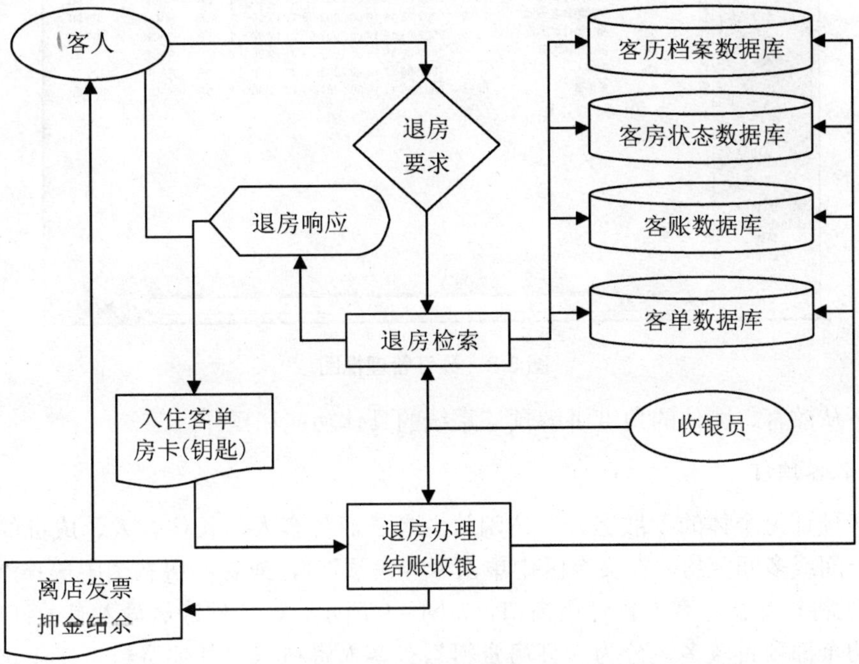

图 3.7 收银信息流程

3.3 前厅部信息系统操作

3.3.1 预订服务操作

前厅部信息系统以千里马前台系统为教学示例。预订服务操作可以通过预订管理视图或者房态图来完成，本部分内容以预订管理视图为主介绍预订服务操作。预订管理视图如图 3.8 所示，视图左边框的命令区包括客人预订、团体预订、修改预订、显示预订、确认预订、取消预订、未到预订、等候预订、复制预订、预订排房、预订入住与打印表单选项。预订管理视图顶部的下拉列表选项包括全部预订、取消预订、未到预订、等候预订、预计当天抵店预订、按团体分组的全部预订和其他自定义的预订视图。

在视图中部的预订表格区域，可以通过单击表格上方的字段名进行灵活的查找和排序，例如：

按账号、客人姓名、房号、抵店日期等项目快速定位查找预订单。

按账号、客人姓名、房号等所有预订单上的项目组合条件模糊查询预订单。

按账号、客人姓名、房号等项目排序。

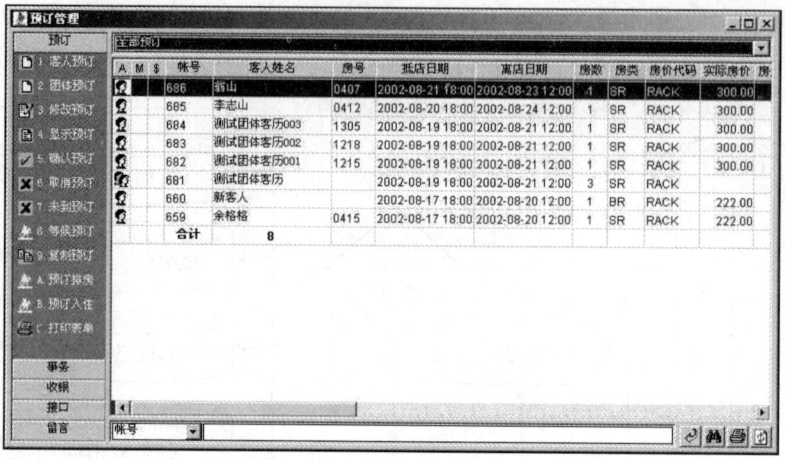

图 3.8 预订管理视图

以下从散客、团体的角度讲解预订系统的具体功能和操作。

1. 散客预订

散客预订为个体的零散客人、休闲旅游者、商务客人、长住客人、成批的零散客人预订一间或多间客房。在命令区中单击“客人预订”，或者在房态图中选择“客人预订”，系统将打开新建客人预订单窗口，如图 3.9 所示，等待预订员输入有关订房资料。预订单的全部项目较多，分为“订房资料”、“客人资料”、“其他资料”三个选项卡输入，一般系统对上述项目均预先填入默认值，并可根据客人实际要求快速修改。通过系统参数可以设定必须填写的项目(加粗显示)。

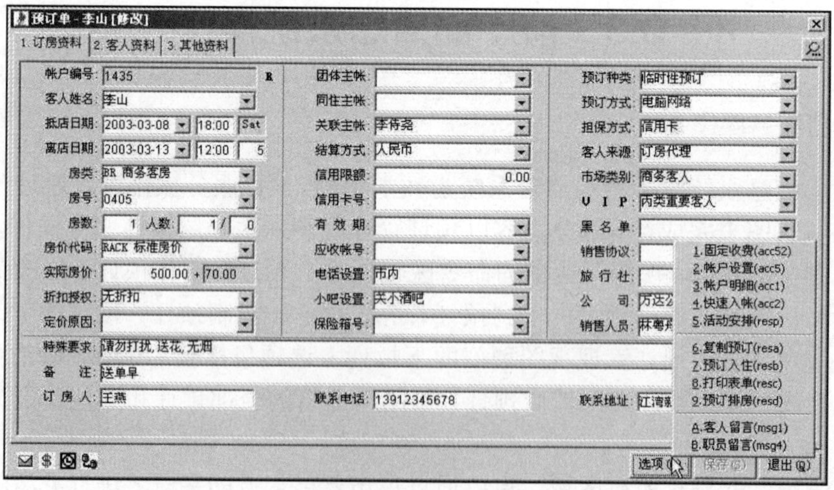

图 3.9 散客预订单窗口之一

预订时填入尽量多的内容，对客人抵店时的快速入住将有很大的帮助。通常预订员在客人订房时至少要明确以下基本项目。

(1) 订房要求：抵店日期、离店日期或住店天数、房类、房数、人数。

(2) 房价定义：房价类别、房价等。

(3) 客人资料：客人姓名、地址、证件号码、性别、所属公司等。

(4) 结算方式：现金/信用卡/支票/旅行社/公司挂账等。

(5) 特殊要求、兴趣爱好、抵店时间及航班等。

(6) 订房人资料：订房人姓名、联系电话、地址等。

操作技巧

散客预订服务

(1) 快速调出客历档案：如果客人是常客，则在客人姓名栏按【F4】键可调出客历档案目录，并从中查找对应的客人档案，选中返回后会自动填入客人姓名、证件号码、兴趣爱好、特殊要求等资料，以提高预订记录的速度和效率。

(2) 一单多房：客人要求订相同时段的某一房类的多间房时，可以在"房数"填入要求的房数(可大于1)，房号则留空。在预订排房时，此预订单会自动分拆为对应房数的多张预订单。

(3) 房价确定：一般选取预先确定的房价代码，对应此房类的实际房价就会自动填入。如果低于标准房价，通常要求填入折扣授权和定价原因。如果客人是已签协议的合约公司的客人，则在销售协议一栏填入或选取相应的协议编号后，协议规定的房价代码和房价就会自动带入此预订单。实际房价包括房价和附加税费，其中附加税费可以在系统参数中定义默认值，并可以在"固定收费"功能中个别设定，也可在"成批调价"功能中成批修改。

(4) 结算方式：默认为现金。对于信用卡结账，通常可填入信用限额、信用卡号码、有效期、持卡人姓名等资料。如果挂公司和旅行社的应收账，则要填入或选取应收账号、相关的旅行社或公司代码。

(5) 销售统计：预订时填入相关的统计代码，有利于酒店分门别类地做销售统计，包括预订种类、预订方式、担保方式、客人来源、市场类别、VIP、黑名单、销售人员、公司/旅行社代码、销售协议等。

(6) 在特殊要求栏中可以填入或选取预定义的多个代码，如FL表示送花，NS表示无烟等。

(7) 对预订单的规定项目填入完毕后，按"保存"按钮，则系统会检查预订单资料的正确性，并校检是否能满足客人的订房要求。如果客房出租率较高，不能满足客人的订房要求，则会给出提示。

(8) 如果是新增加的预订，在填写客人姓名以后，系统则会自动检查是否有同日同名的预订单。

(9) 其他相关的操作可以单击"选项"按钮调出，包括固定收费、账户设置(多账单设置、分账指令、转账指令、签单授权、信用授权等)、账户明细、快速入账(收取押金)、活动安排、复制预订单、预订入住、打印表单、预订排房、客人留言等操作。

(10) 预订单窗口左下角图标，从左到右分别代表有留言、欠款超过信用限额、有活动安排、有转账关系。双击这些图标可以直接切换到相关的功能操作窗口。

在预订单窗口的“客人资料”选项卡中，如图 3.10 所示，如果填入客人的身份证号码，系统会自动识别出客人的出生日期、性别、行政区划等项目，并自动校验 15 位或 18 位身份证号码的正确性。

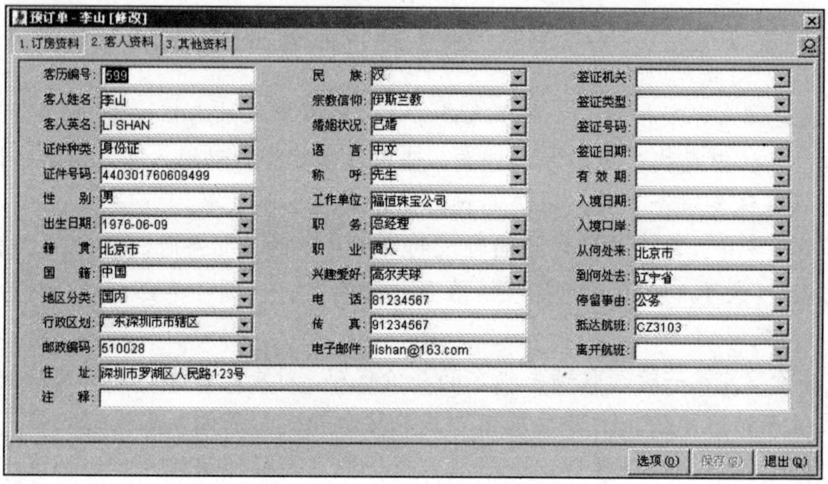

图 3.10　散客预订单窗口之二

2. 团体预订

团体预订为旅游团、会议团等有组织的成批客人预订各种房类和数量，甚至不同抵店日期的一批客房。由于团体业务是一个巨大的市场，各种团队为酒店提供一定的稳定的业务量，并且团队客人在酒店的花费一般也较大，能够为酒店带来较大的利益。因此，团队订房通常有较大的折扣房价，如何平衡散客与团体订房的配额，这是酒店需要详细分析的营销问题。团体一般可以分为会议团体、旅游团体、博览会或展览会团体、政府团体等。

在命令区中单击“团体预订”，或者在房态图中选择“团体预订”，系统打开新建团体预订主单窗口，如图 3.11 所示，等待预订员输入有关订房资料。与散客预订不同，除了订房要求、房价定义、结算方式、特殊要求与订房人这些项目的资料，预订员还要明确以下团队预订的基本项目。

(1) 团体资料：团体名称、团体代号等。

(2) 团员资料：客人姓名、地址、证件号码、性别、职业、所属公司等。

团体预订单的全部项目较多，分为“订房资料”、“房类预订”、“标准户籍”、“团员资料”、“其他资料”共五个选项卡输入，一般系统对上述项目均预先填入默认值，并可根据团体实际要求快速修改。通过系统参数可以设定必须填写的项目(加粗显示)。

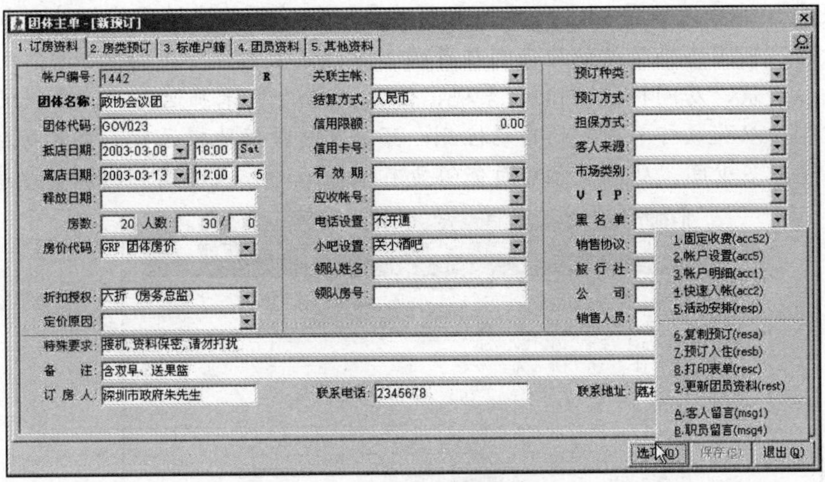

图 3.11　团体预订单窗口之一

操作技巧

团体预订服务

(1) “订房资料”详细记录团体预订单的各项内容，如团体名称、团体代码、抵店/离店日期、房数、人数、结算方式、订房人资料、特殊要求、活动安排等。输入完毕后需要先按“保存”才能执行其他操作。在“选项”中还包括“更新团员资料”，如果修改了团体主单的资料，然后想同步更新团员对应的资料，则单击“更新团员资料”，同时系统会重新计算团体的房数和人数。

(2) 如图 3.12 所示，“房类预订”选项卡登记团体对不同房类的订房数量，允许有不同的抵店/离店日期。不同房类、不同抵离时间的房间预订称为一个团体预订块(Group Blocks)，并显示每个预订房块的预订房数、已排房数、入住房数、离店房数。

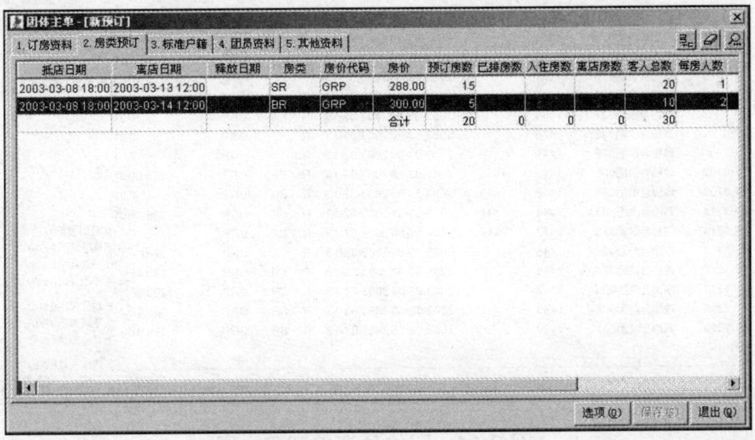

图 3.12　团体预订单窗口之二

(3) 在“房类预订”选项卡激活时，“选项”中的功能包括“团体排房”，对选中行的预订块进行排房。如图 3.13 所示，需要对每一行的预订块做团体排房。如果还未登记团员资料，则团体排房时会为每间房自动生成一名“占位”用的假团员。可以根据房类、楼层、建筑、房间特征(朝向、景观、位置、无烟等)来筛选房间。系统支持超额预订限额控制，以及预订单冲突的自动检测，可以及时精确地提示哪一类客房在哪一天的订房要求还差多少间，从而使预订员能够更有依据地与客人协商如何调整订房要求。

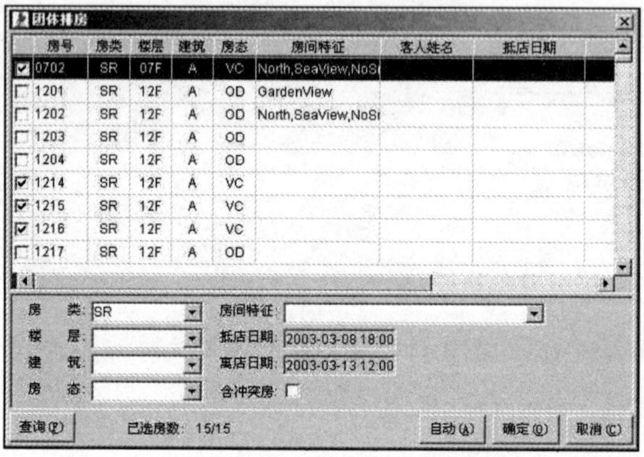

图 3.13　团体预订单窗口之三

(4) “标准户籍”选项卡中可以登记团员共同的资料，如国籍等，在自动生成团员时，这些公共的项目将自动带入团员档案中，从而减少团员资料的输入工作量。

(5) “团员资料”选项卡中，如图 3.14 所示，可建立所有团员的名单。单击“选项”中的“增加团员”，可以自动生成虚拟的团员名单，待收到团员详细资料后，再补充填写客人姓名、证件种类和号码、性别、地址、国籍、职业等内容。“选项”中还包括“删除团员”、“设置同住”、“修改预订”、“预订排房”、“取消排房”、“自动分房”、“预订入住”等。此处可以设置团员的同住关系、团员个别排房、团员分批入住等。

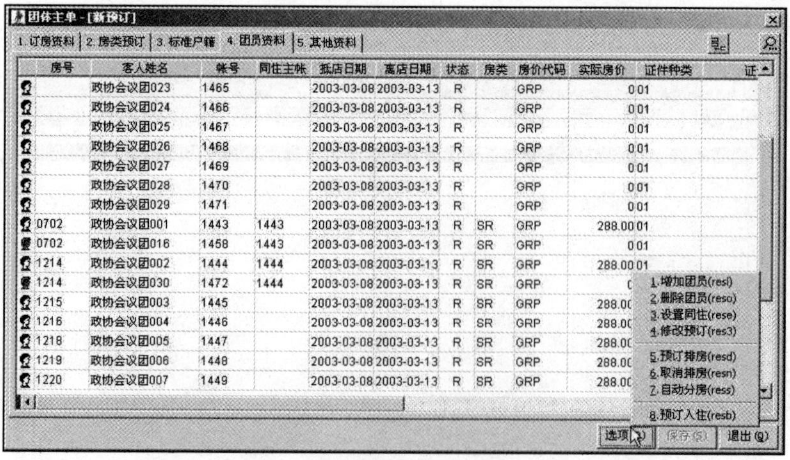

图 3.14　团体预订单窗口之四

(6) 在“订房资料”选项卡中，单击“选项”中的“活动安排”，可以为团体登记各项活动安排，如用餐安排、会议安排、用车安排等，如图 3.15 所示。

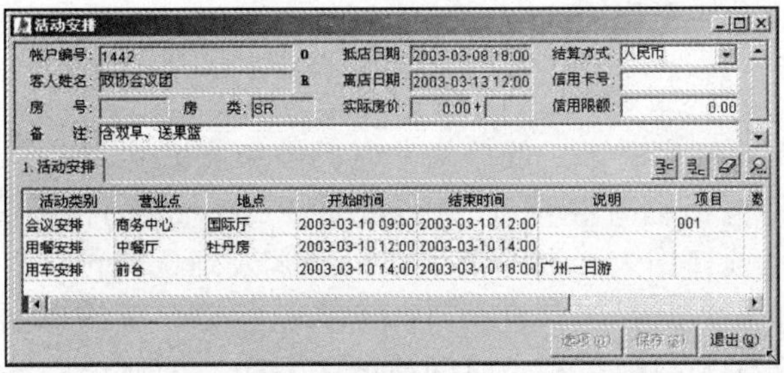

图 3.15　团体预订单窗口之五

3. 预订冲突检验

接到客人或团体的订房要求时，需要通过远期房态图中的房类预测表检查能否满足其订房的房类、数量、时段的要求，如图 3.16 所示，以避免超过预先设定的超额预订的限额。团体留房等房类预订有精确到房类、日期的房类预订冲突检验，并提示每日每房类的订房数差额。

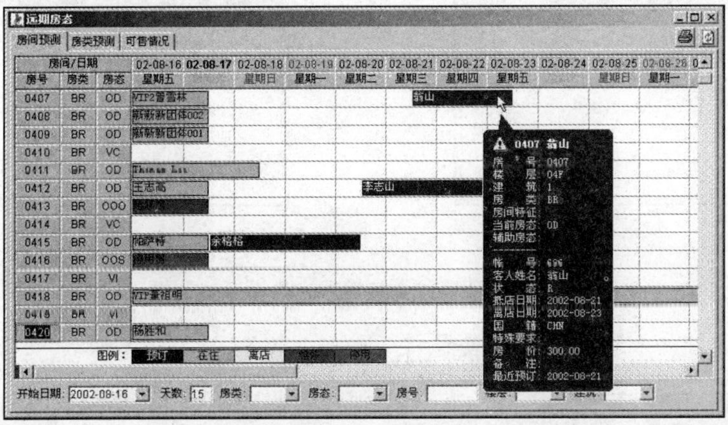

图 3.16　远期房态图

无论散客排房还是团体排房时，系统都会自动检查该房间与其他预订单、在住客单、维修单、停用单的用房是否冲突，并给予准确的提示，如图 3.17 所示。对于支持分房类的超额预订限额控制，可以在“房类”设置中规定不同时段的各类客房的超额预订限额。超额预订限额的确定有赖于对历史统计数据的分析，与客人取消预订、预订未到、延期抵店、提前离店、延期离店的历史统计概率和节假日、季节等不同时段相关。

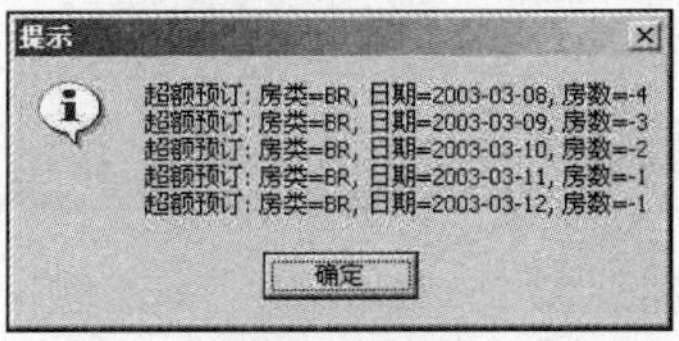

图 3.17　超额预订设置提示对话框

4. 修改预订

预订的变更是预订部很常见的业务。在命令区选择“修改预订”，可以打开已有的预订列表，在其中选择需要修改的散客或团体预订单，然后修改客人的资料、订房要求等项目，也可以对预订做预分配房间，甚至执行预订入住等操作。具体的操作与散客或团体的新建预订单基本相同。

5. 确认预订

酒店在处理客人的订房时，一般分为非保证性和保证性两大类。

非保证性的预订包括临时性预订(Advanced Reservation)和确认性预订(Confirmed Reservation)。临时性预订指未经书面确认或未经客人确认的预订，通常酒店会与客人约定将客房保留到下午六时；确认性预订指客人已经以口头或书面的形式对预订进行过确认，但也是规定客人必须在约定时间前抵达酒店，否则作为自动放弃。

保证性预订指客人以预付订金或其他方式担保的预订，以合约的形式来保证酒店和客人双方的利益。除预付现金外，通常还可以通过信用卡、订立商业合同，甚至酒店认可的个人信誉等形式来进行担保。

在预订单窗口的“订房资料”选项卡中，右上角有预订种类和担保方式两个栏目，可以根据实际情况填入，如图 3.18 所示。

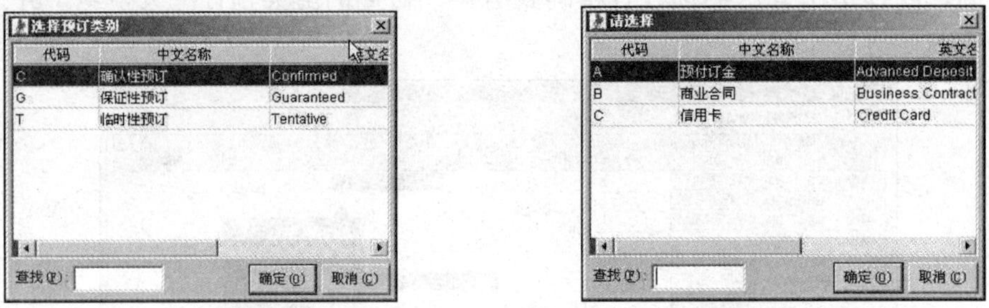

(a) (b)

图 3.18 预订种类与担保方式设置对话框

6. 取消预订、未到预订、恢复预订

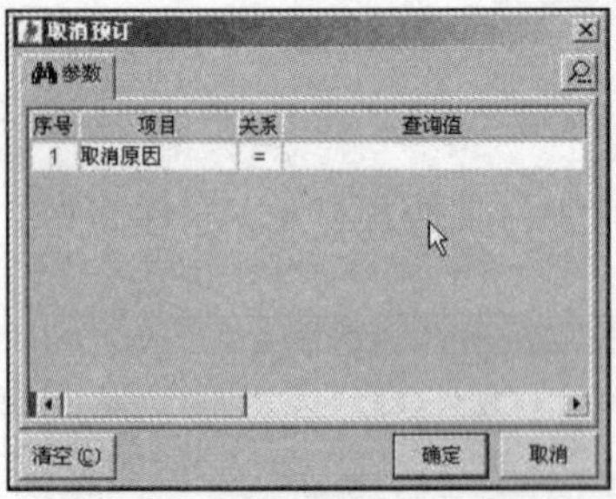

图 3.19 “取消预订”对话框

如果接到客人要取消预订的要求，或者客房较紧张时的非保证性预订客人又未如期抵店，则需要将这些预订设置为“NO SHOW”或“CXL”，预订员需要在相应的对话框中输入取消原因，如取消行程、身体不适等，如图 3.19 所示。

预订视图中预置了取消预订和未到预订的视图，单独列出已取消的预订单和预订未到的预订单。对于误操作被取消或定为未到的预订，还可以用恢复预订的功能将其还原为正常的预订。

7. 等候预订

在酒店预计客满或者由于超额预订，不能马上满足客人的订房要求时，仍可将客人的订房要求记录到计算机中，并且归入等候类预订(On Waiting List)。一旦有客房空出(如其他客人取消预订或提前离店)并满足客人的要求，可以立即通知客人，并将此等候预订单恢复为正常的预订。

3.3.2 接待服务操作

接待服务内容主要是完成已预订或未预订的散客、团体的入住登记，具体服务项目包括填写入住登记表、分配房间、确定房价和付款方式，控制客房的当前房态，并对在住客人提供设置同住、加床、换房、续住、留言、问讯、退房等日常服务。“接待管理”视图以动态方式来组织与前厅接待及服务相关的各项功能，如图3.20所示，接待管理视图预先定义了在住客人、预订客人、离店客人和按团体分组的在住客人。

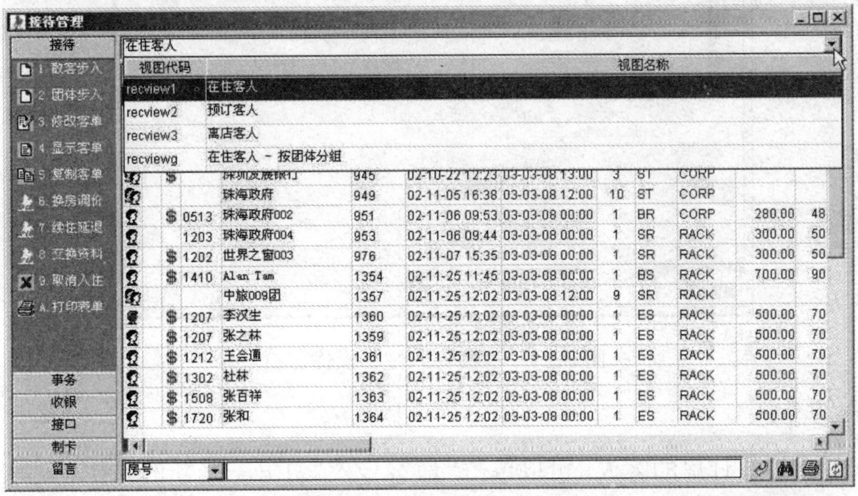

图 3.20 “接待管理”视图

酒店也可以根据需要增加所需的视图，如预计当天抵店客人视图。接待管理视图还支持灵活的客单查找和排序，例如：

按账号、姓名、房号、抵店日期等项目快速定位查找客单。

按账号、姓名、房号等所有预订单上的项目组合条件模糊查询客单。

按账号、姓名、房号等项目排序。

入住登记对于散客和团体、有预订和无预订的客人有所不同。对于有预订的客人，只要确认客人有预订客单，在预先打印的入住登记表上签字，保证一种支付方式，递上预先准备好的房卡或钥匙，附带祝福的问候，整个过程在计算机系统的协助下可能只需要两三分钟。对于没有预订的步入客人(Walk-in)，接待服务工作稍微复杂一些，接待员需要查核酒店的空房存量看看能否满足客人的要求，向客人推销客房和其他酒店服务，手工填入入住登记表并输入计算机(或事后输入计算机)，同样要保证支付方式，即时制作电子门钥和房卡等，办理的过程可能需要5～10min的较长时间。

1. 预订入住

对于有预订的客人，由于已事先登记了客人的必要资料，因此入住手续比较简单。通常只要预先用“打印表单”功能提前打印好客人住宿登记表，并提前配好钥匙，客人签名确认即可。

操作上，在“接待管理”视图中的下拉列表中选择“预订客人”视图，在查找区输入“姓名=×××”定位到此客人的预订记录，也可以选中多个客人成批入住，执行命令区的“预订入住”。如果未提前排房，可以在“预订入住”窗口单击“排房”按钮即时排房，如图3.21所示。客人签名确认入住登记表后，这批预订客人即转为在住客人。

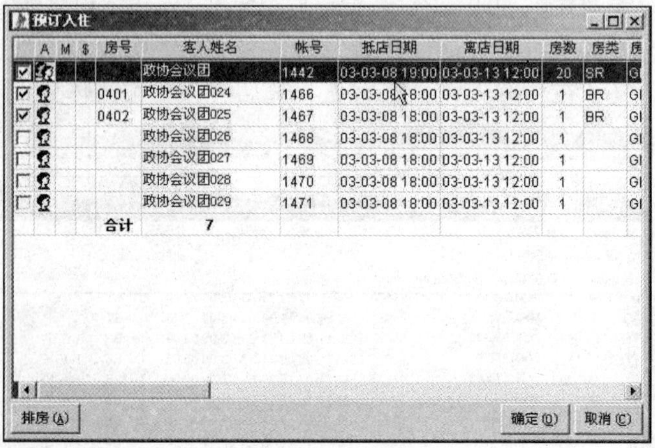

图3.21　“预订入住”操作窗口

2. 散客步入

对于没有提前订房的客人，可以单击“散客步入”打开一张新的入住登记表(客单)，入住登记表(客单)与预订单的内容基本相同，也分为“订房资料”、“客人资料”、“其他资料”三个选项卡，一般系统对上述项目均预先填入默认值，并可根据客人实际要求快速修改。通过系统参数可以设定必须填写的项目(加粗显示)。根据客人填写的住宿登记表的内容，在选项卡上填入客人的姓名、抵离日期、房类、房号、房价、结算方式等基本资料，即可完成客人的快速登记，如图3.22所示。

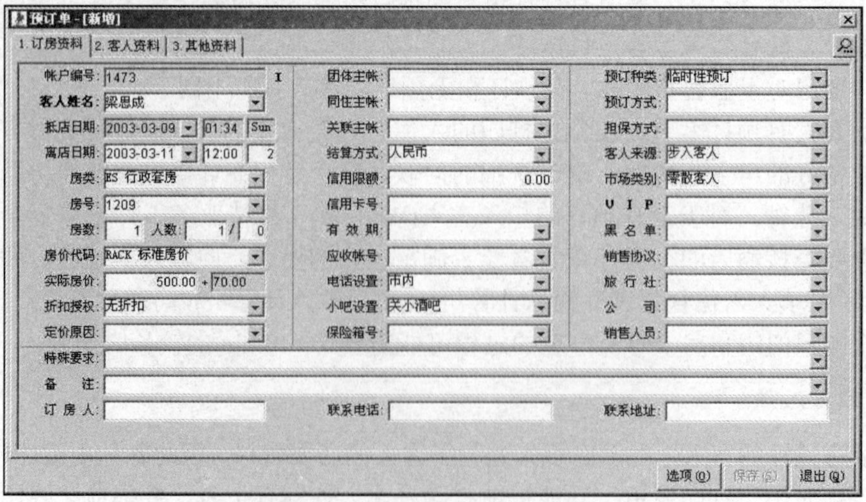

图3.22　“散客步入”操作窗口

操作技巧

散客入住服务

(1) 在“订房资料”选项卡中，如果客人是常客，则在客人姓名栏按【F4】键可调出客历档案目录，并从中查找对应的客人的档案，选中返回后会自动填入客人姓名、证件号码、兴趣爱好、特殊要求等资料，以提高预订记录的速度和效率。

(2) 安排房间：在确定房类后，在房号处按【F4】键可调出“排房”窗口，如图 3.23 所示，可以按建筑、楼层、房类、房态、房间特征(朝向、风景、单双号、无烟、女士、近电梯等，可自定义)组合条件筛选房间。排房时会显示对应抵离日期时段的冲突客单，避免与未来预订或在住客人的排房发生冲突。如果从房态图中选择房间做散客入住，则客单中会自动填入此房号。

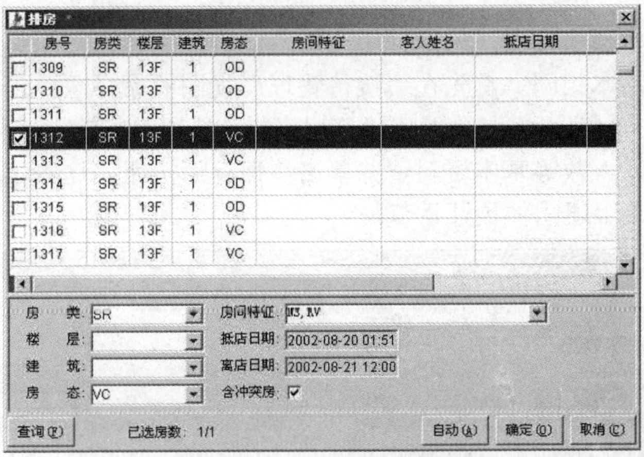

图 3.23 “排房”窗口

(3) 确定房价：一般选取预先确定的房价代码，对应此房类的实际房价就会自动填入。如果低于标准房价，系统会要求填入折扣授权和定价原因。如果客人为已签协议的合约公司的客人，则在销售协议一栏填入或选取相应的协议编号后，协议规定的房价代码和房价就会自动带入此预订单。

实际房价包括房价和附加税费，其中附加税费可以在系统参数中定义默认值，并可以在“固定收费”功能中个别设定，也可在“成批调价”功能中成批修改。房价的确定与抵离日期、星期、节假日对应的租季类别、房类、房价代码等因素有关。当指定销售协议时，可自动调用协议的房价类型和协议房价。对于折扣价必须指定折扣授权审批。

系统支持可折扣率跟随出租率而变化，即当出租率达到某一程度时、折扣率不能超出某一限度。这可以在系统参数和通用代码中规定出租率与折扣率的对应关系。

(4) 结算方式：默认为现金。对于信用卡结账，通常可填入信用限额、信用卡号码、有效期、持卡人姓名等资料。如果挂公司和旅行社的应收账，则要填入或选取应收账号、相关的旅行社或公司代码。

(5) 销售统计：登记时填入相关的统计代码，有利于酒店分门别类地做销售统计，包括客人来源、市场类别、VIP、黑名单、销售人员、公司/旅行社代码、销售协议等。

(6) 特殊要求可以填入或选取预定义的多个代码，如FL表示送花，NS表示无烟等。

(7) 在“客人资料”选项中，如果填入身份证号码，系统会自动识别出出生日期、性别、行政区划等项目，并自动校验15位或18位身份证号码的正确性。对于客人姓名和证件号码都已填写的新客人，系统会即时自动建立其客历档案。

(8) 在处理散客入住时，系统也支持散客团的快速入住，其处理如下：先填写房数，然后再进行排房，选择多间房间以后，在保存时系统会根据所选择的房间自动生成其他客单，并且自动为这些客单建立关联，原始的客单则默认为关联的主账。通过工作视图的团体分组视图就可以看到该散客团。散客团也支持团体包费，其处理和团体一致，也可以通过“成批设置”进行设置转账指令。

3. 团体步入

一般团体大多预先订房，未经订房已步入酒店的团体比较少见。团体步入的操作方法与团体预订基本相同。首先在“接待管理”视图的命令区单击“团体步入”建立团体主单，如图3.24所示。接待员在“订房资料”选项卡中输入团体名称、团体代码、抵离日期、房数、人数等基本资料，并单击“保存”按钮。这些项目的填写方法与团体预订相同，参见上述团体预订章节。

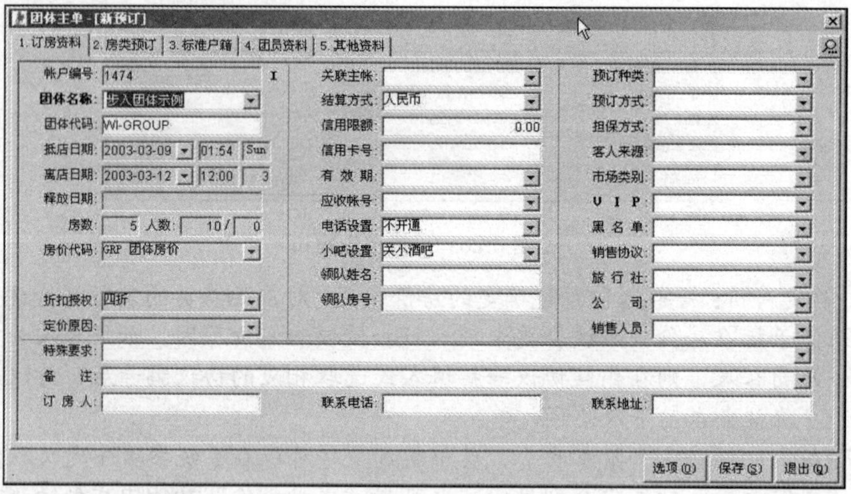

图3.24 “团体步入”操作窗口之一

然后，在“房类预订”选项卡中输入需要的各种房类的房数，如图3.25所示，单击“保存”按钮，系统会即时检查客房存量和冲突检验，若不能满足订房要求会立即给出准确提示。

接着单击“房类预订”选项卡右下角的“选项”按钮，选择“团体排房”命令，分别为不同房类、不同时段的每个房块分配房间。在确定排房的同时，系统自动生成占位用的团员列表，如图3.26所示。

在“团员资料”选项卡中，接待员可以修改团员的个人资料，填入客人姓名、证件种类、证件号码等基本资料，如图3.27所示，单击“保存”按钮完成修改。

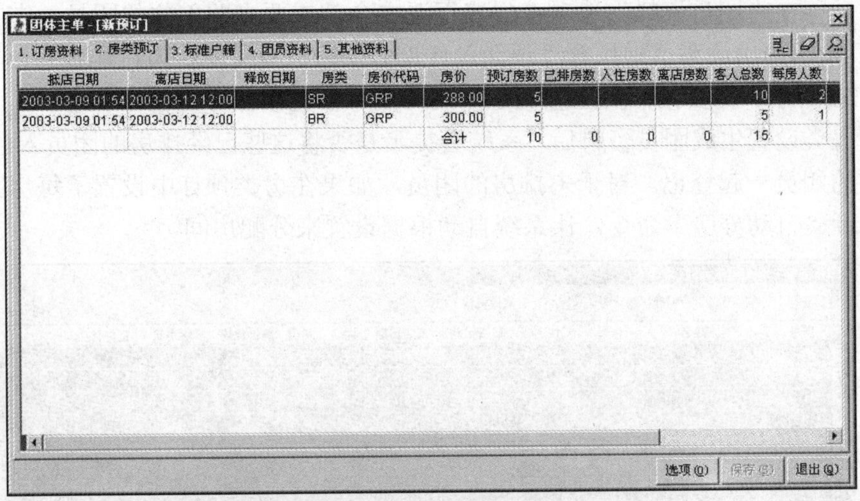

图 3.25 “团体步入”操作窗口之二

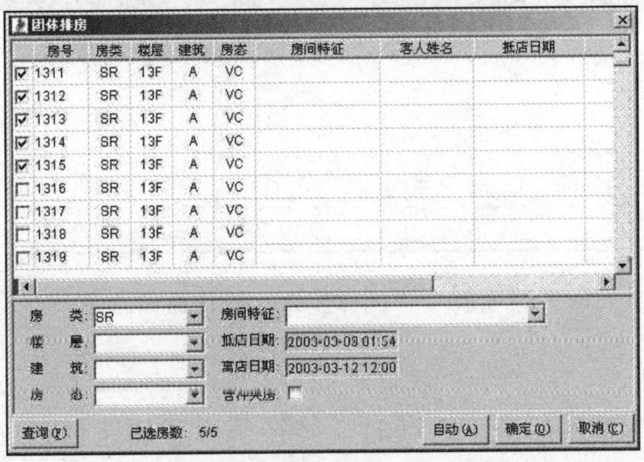

图 3.26 “团体排房”窗口

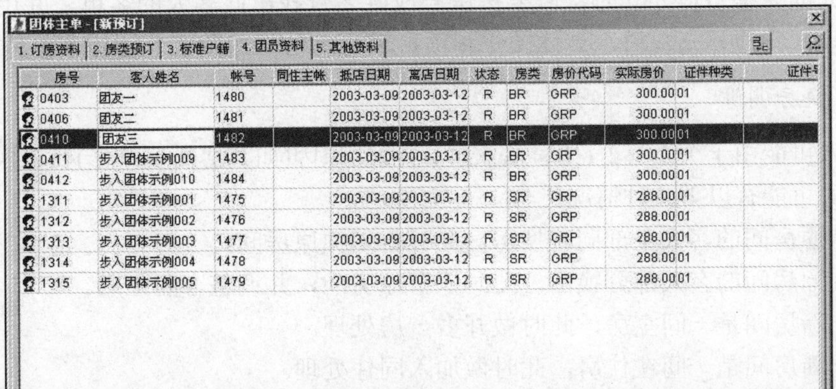

图 3.27 “团体步入”操作窗口之三

最后，在“团员资料”选项卡中多行选中全部或要立即入住的团员，在右下角的“选项”按钮弹出的菜单中执行“预订入住”命令后，团员就转为在住状态，具体操作如图 3.28 所示。需要接待员注意的是，团体主单会直接保存为在住状态。

按房类设置生成团员资料后，系统会提示是否将这些已经排房的团员入住(同时会将同住的团员一起登记。对于未排房的团员，如果在房类预订中设置了每房人数，则可以执行“自动分房”命令，让系统自动根据设置来分配房间。

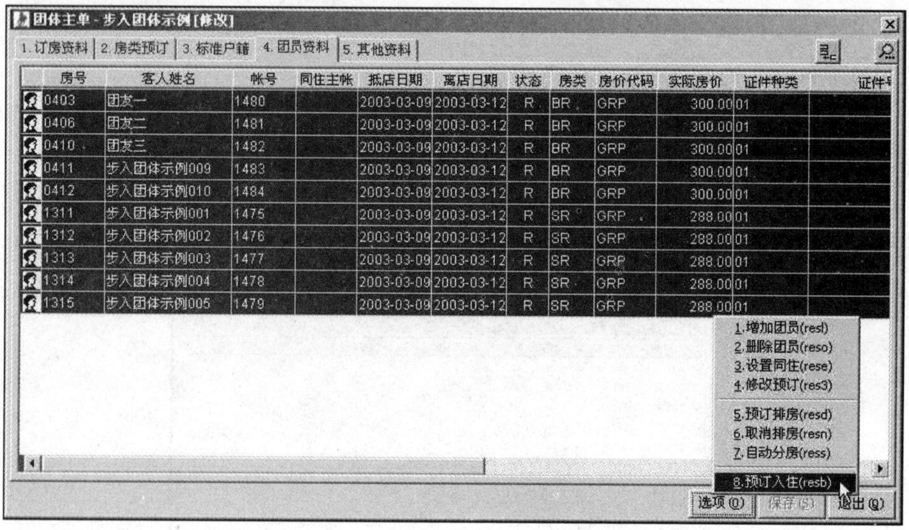

图 3.28 “团体步入”操作窗口之四

4. 修改客单

在为步入客人办理入住登记手续时，接待员为了加速登记过程，通常当时只填写客人姓名、房号等必需的基本资料，尽快完成入住手续。待客人入住后，再继续补充输入客人的完整资料。此时，需要按房号或姓名查找出此客人的客单，并用修改客单的功能填入其他补充资料，具体操作和项目填写，与新建散客或团体客单基本相同。

5. 换房调价

客人可能由于个人喜好(如喜欢安静)或酒店原因(如客房需要维修)要求换房。理论上，换房可能有以下几种情况：

(1) 原房间的客人全部同时换房，此时将退掉原房间。

(2) 原房间的客人部分换出，此时保留原房间，并调整客间主账。

(3) 新房间是一间空房，此时做开多一房处理。

(4) 新房间是一间在住房，此时做加入同住处理。

当然，一般最多的是原房间的全部客人换到另一间空房。换房时要求填入换房原因，并且如有需要，调整房价。如图 3.29 所示，换房时上下出现两个房间的资料和客人，“换下”用于将上方的客人换到下方的房间，“换上”用于将下方的客人换到上方的房间。修改房价后，通过单击“调价”按钮保存。

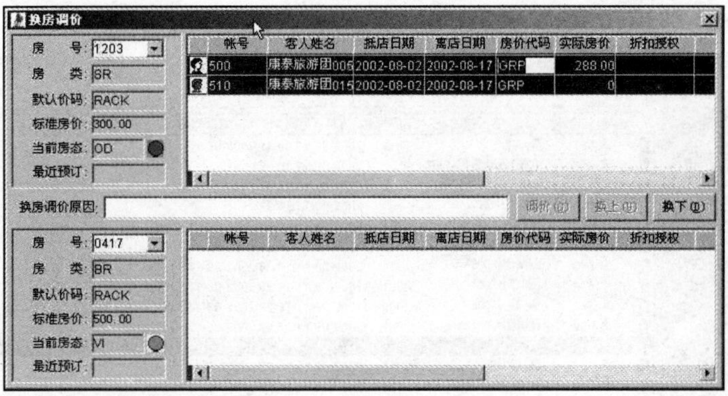

图 3.29 “换房调价”操作窗口

通过换房调价报表，可以查看一个客单从最原始的房号和房价到最近的房号和房价的调整过程。

6. 续住延退

当客人因故调整旅行计划需要延长住店时，酒店在确认能满足客人要求后，可以为客人办理续住手续(Extend Stay)。另外，酒店规定的离店时间一般是中午 12 时，经酒店同意时，客人可以推迟当天离店的时间，至于是否加收半天或全天房租由酒店方面决定。

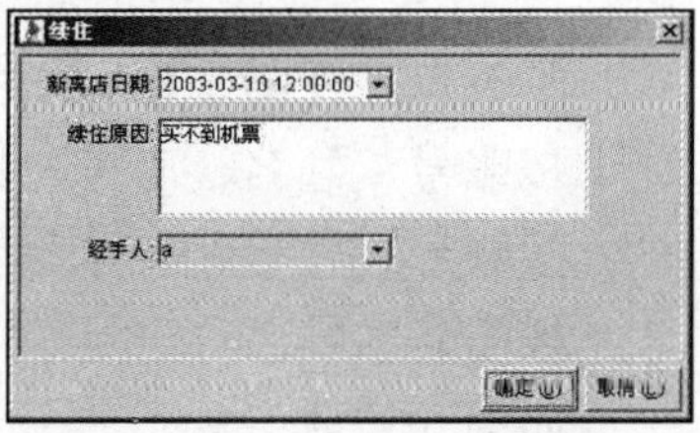

图 3.30 “续住”操作窗口

如图 3.30 所示，续住或延退只要修改离店的日期和时间，并输入原因后，单击“确定”按钮即可。续住功能支持成批操作，即成批地一次修改多个客人的离店日期和时间。如果对应客账设置了团体包费、转账指令、分账指令，在续住以后系统会提示是否会延长相关的结束日期。

3.3.3 结账退房服务操作

收银服务主要是为客人、团体建立账户、收取押金、日常消费的记账、收款、结账等账务处理，也包括收银换班、收银审核等，覆盖客人从预订、入住、在店、离店各个期间的与账务相关的工作。

位于前厅的收银处，每天负责核算和整理各业务部门收银员送来的客人消费账单，为离店客人办理结账退房手续，编制各种收银报表，及时反映酒店营业情况。从业务性质来看，前台收银一般由财务部直管，但由于它又在接待客人的第一线，需要接受前厅部的指挥协调。

在收银服务中，账户可分为：A.客人账；B.团体账；C.工作账(非住店客人账，工作账)；D.应收账(街账，City Ledger)。账户的状态可以分为：N.未开账户；O.开账账户；C.结账账户；L.锁账账户。账户的关系有以下三种：同住关系(同住主账、同住副账)；关联关系(关联主账、关联副账)；团体关系(团体主账、团员客账)。“账务处理”视图如图 3.31 所示。

图 3.31 收银管理视图之一

收银管理视图中的头像图标表示不同类型的账户，白色头像表示客人主账(A 账)，红色头像表示同住副账，双人头像表示团体主账(B 账)，黄色头像表示非住店客人账(C 账)。红色 **$** 表示账户余额超过信用限额，信封表示有未读留言或已读留言。

收银管理视图支持灵活的查找和排序：

按账号、姓名、房号、抵店日期等项目快速定位查找账户。

按账号、姓名、房号等所有预订单上的项目组合条件模糊查询账户。

按账号、姓名、房号等项目排序。

如图 3.32 所示，收银管理视图预先定义如下内容：在住账户、在住客人账户、在住团体账户；工作账户(House Account)，即非住店人账；预计当天离店账户；已结账未退房的账户；已退账未结账的账户；预订账户；离店账户；历史账户；发票管理；其他自定义的工作视图。

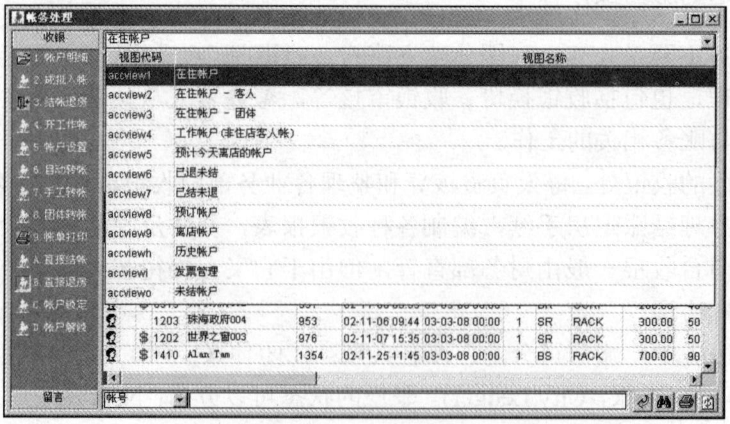

图 3.32 “账务处理”视图之二

1．结账退房流程设置

在“通用代码”窗口中，如图 3.33 所示，可以自定义结账退房的流程。客人经过订房、抵店入住、享受住店期间酒店提供的各种服务后，将离开酒店。通常由前台收银处负责为客人办理结账离店手续。现在的酒店一般都采用“多点多次消费、一次结账”的收款方式，既为客人带来方便，又能留下服务好、效率高的良好印象。

酒店可以根据自己的要求来定义结账退房的工作流程。标准结账退房流程包括检查客人留言、租用物品、遗留物品、租用保险箱、加收日租、自动转账、账户冲减、账单平账、打印账单、结账、打印发票、退房、同住退房、征求客人意见、致告别辞等。流程式的结账退房程序有助于加快离店手续的办理速度，避免遗漏。无论客人账、团体账、工作账，均可统一使用此结账流程来处理。

分类	代码	中文名称	英文名称	备注	排序	标志
checkout	!	结帐退房流程	Check Out Process	在mnu中定义了对应命令	0	0
	11	检查留言	Check Message	msg1 dummy=yes,bmp=m	0	1
	12	退保险箱	Check SafeBox	acc3b bmp=safebox.bmp	0	1
	21	加收日租	Charge Day Use	acc3d bmp=dollar.bmp	0	2
	22	自动转帐	Charge Routing Transfer	acc6 bmp=route.bmp	0	1
	23	帐户冲减		accvb bmp=dollar.bmp	0	1
	24	帐单平帐	Settle Folios	acc3f bmp=dollar.bmp	0	1
	31	打印帐单	Print Folios	acc7 bmp=print.bmp	0	1
	41	结帐	Close Account	acc8	0	1
	41a	打印发票		acci1 bmp=print.bmp	0	1
	42	退房	Check Out This Guest	acc9 bmp=exit.bmp	0	2
	43	同住退房	Check Out Shared Guests	acc3s bmp=share.bmp	0	2
	51	致送别辞	Welcome again	msgd	0	1
合计	13					

图 3.33 “通用代码”窗口

在“账务处理”视图的命令区中选择“结账退房”后，“结账退房”窗口如图 3.34 所示，窗口左边是结账退房要完成的一系列工作步骤，右边是对应环节完成的结果。左下方的红黄绿灯表示当前步骤的执行状态，绿灯表示顺利通过，红灯表示有特殊情况待处理，黄灯表示所有步骤完成后停止操作。单击“开始”按钮，系统就会按预先定义好的流程自动顺序执行，成功执行的步骤会自动钩选。

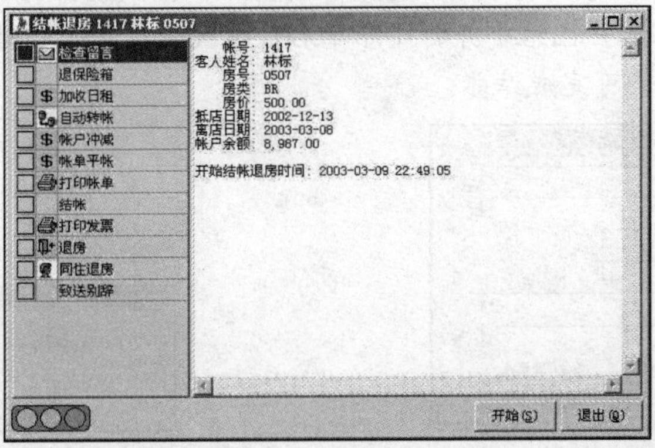

图 3.34 “结账退房”窗口之一

操作技巧

结账退房

(1) 检查留言：如果客人有未传递的留言，系统会自动弹出客人的留言。

(2) 退保险箱：如果客人租用了酒店的保险箱，系统会提示退还保险箱。

(3) 加收日租：如果客人退房的时间超过酒店规定的时间(一般为中午 12 时或下午 18 时)，系统会自动弹出加收半天日租或全天日租的入账对话框，如图 3.35 所示，该收的日租及附加的税费均会自动计算好，收银员只需确认是否加收日租即可。

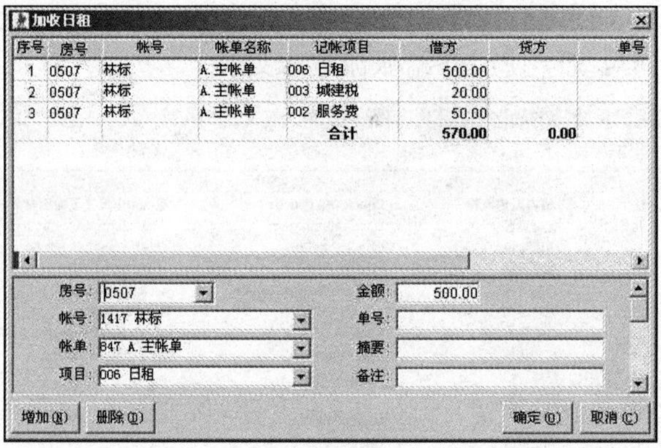

图 3.35 “加收日租”对话框

(4) 自动转账：如果此客人账户定义了转账指令指定某些项目的费用需要转账到其他账户，或者其他客人的转账指令定义了要转入此客人的账户，系统会自动执行这些转入、转出的指令，自动完成转账。

(5) 账户平账：平账就是以各种结算方式支持客人尚欠酒店的款项余额。如果客账有多处分账单，可以对应不同的付款方式。当然一个账单也可以用多种付款方式混合结账。如果输入的总金额不能平账，系统会再次提示输入最新的欠款差额，直至借贷平衡为止。

(6) 打印账单：打印账单时可以选择不同的账单格式，如图 3.36 所示。

(7) 结账：一旦账户已结平并打印账单后，系统会提示是否结账，如图 3.37 所示。单击“是(Y)”按钮即可完成结账。

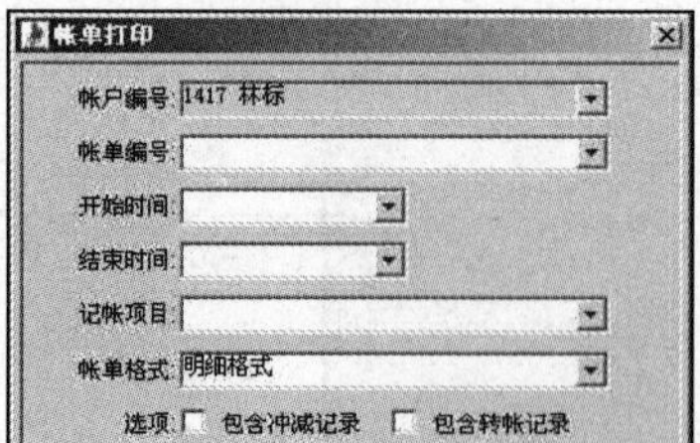

图 3.36 “账单打印”对话框

图 3.37 结账“提示”对话框

(8) 打印发票：有些酒店使用税局提供的专用套打发票，并且要求详细记录开发票的号码、项目和金额，如图 3.38 所示。

(9) 退房：一般结账和退房是一次性办理的，退房确认提示如图 3.39 所示，单击“是(Y)”按钮即可。

图 3.38 “发票打印”对话框

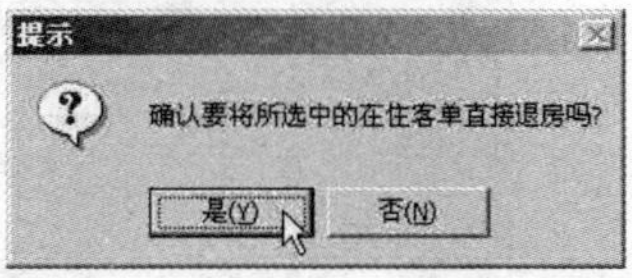

图 3.39 退房确认“提示”对话框

对于先结账后退房，或者先退房后结账的特殊情况，可以跳过本结账退房流程中的结账和退房两步，在命令区选择“直接结账”和“直接退房”。

(10) 同住退房：如果同住客人副账的余额为零，则默认将同住客人一起退房离店。

(11) 致送别辞：提示收银员向客人祝贺生日快乐(如果是客人生日)或其他酒店规定的送别问候语。

至此，结账退房的工作顺利完成，系统提示结果如图 3.40 所示。在结账退房服务过程中，通过前厅部与客房部的传呼系统，收银员与客房服务人员可实现查房的通知与答复。

对于团体结账，可以在收银管理视图中用团体账号筛选此团体的主账和团员账户，再按上述流程，先结有个人消费的团员账，最后结团体主账。如果团体要快速结账，则用“团体结账”，系统会先进行团体自动转账，将所有平账的团员自动结账退房，然后循环处理没有平账的团员，最后再处理团体主账。散客团也支持团体结账(选择关联主账)。

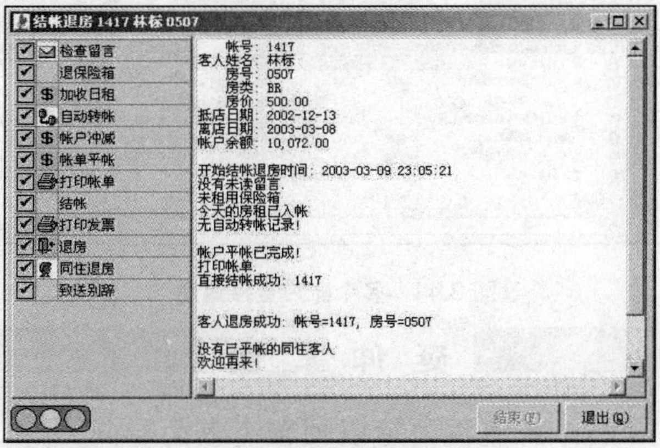

图 3.40 结账退房窗口之二

2. 直接结账

直接结账操作可以对列表区中选中的成批已平账账户做结账，这常用于团体结账中无余额的团员成批结账，也可用于已结平的工作账的结账。特殊情况下，可以在不退房的情况下先做结账。直接结账的操作很简单，先选中列表区的一个或多个账户，然后单击命令区中的“直接结账”即可，如图 3.41 所示，其中未平账的账户将会提示不能直接结账。

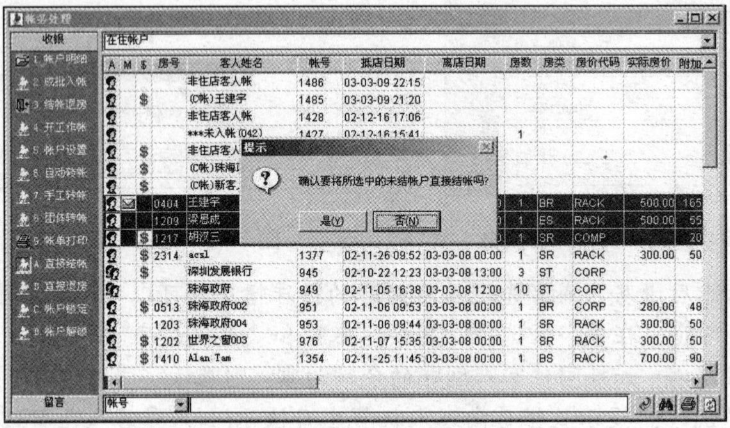

图 3.41　多个账户直接结账

3. 直接退房

直接退房功能主要用于对已结账的账户(特别是团员账户做成批快速退房)。特殊情况下，可以在未结账的情况下先做退房，如图 3.42 所示。

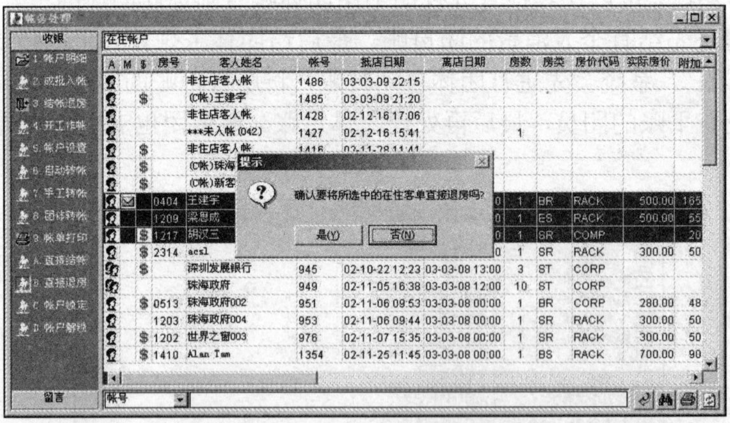

图 3.41　多个账户直接退房

延 伸 案 例

流程再造以顾客需求为导向

工作流程再造是从原有的以酒店为中心，以职能划分为基础，转变为以顾客为导向，以流程划分为基础。它不是简单地对流程进行分析和再设计，而是对酒店经营理念的一次变革，是决定流程的人与人通过何种形式产生关联并最终维系流程的运营。所以在流程再造中，首先要重新塑造酒店的理念或价值观念。有许多酒店尽管并没有一个明确的书面的理念口号或价值观念，但其在市场上、社会中有自己的理念或价值观。例如，利兹-卡尔顿酒店的最高使命是“使宾客得到真正的关心和享受舒适”；国内的许多酒店提出“宾至如归”；南京金陵酒店的“超值服务”。酒店的理念或价值观不同，会使酒店的一些流程或流程所含工作环节、工作步骤等发生明显的不同，进而产生不同的效果。

宾客入住登记流程有两个工作环节或工作步骤，工作顺序是宾客登记、信用审核(如须交预付款，交纳预付款，使用信用卡结账的客人要检查信用卡)，由于前厅部接待员、财务部收银员每人只负责一项专门的工作，前厅部接待员按照规定办完手续后要交财务部收银员处理。等收银员按规定办完相应手续后，再由前厅部接待员将客房钥匙交给宾客。有的酒店，客人的信用卡或预付款是由前厅部接待员转交给财务部收银员，有的酒店则干脆让客人自己去财务收银员处复核信用卡或交纳预付款。假定每个步骤需要1min，那么为一位客人办理入住手续至少需要3min。这样的程序就很难使宾客满意。仔细分析便知，这种流程恰恰是计划经济时代，担心逃账、财务工作不能出差错、“你要我服务”的理念和价值观的产物。

若把顾客放在第一位，把顾客的满意度变为自己追求的目标，把服务流程加以适当的变化，工作效率、宾客满意度就会完全不同。20世纪80年代中期“全国学建国”浪潮中，其中一条就是财务统管。一般酒店的接待功能和收款结账功能都分别由前厅部、财务部管理，而北京建国饭店将原需接待员和财务收款员两人共同完成的流程交给每个人独立完成。显然这个流程是从以顾客为导向，必定能提高宾客的满意度、提高工作效率。

以顾客为导向审视酒店组织机构。以往酒店是金字塔式的直线职能式组织机构，总经理在顶端，各级管理人员在中间，直接对顾客服务的员工，如销售人员、电话接线员、预订员、行李员、客房服务员、餐厅服务员在金字塔的底部。这样传统集权式组织机构设计的理论基础是“分工带来效率”，其优点是：决策权、指挥权集中；分工细密、职责分明，容易维持组织纪律和确保组织程序。这样的组织结构安排在稳定环境中是有效的，但是当顾客提出超出规范化以外的个性化需求，这些信息要经过员工—领班—主管—部门经理—总经理—部门经理—主管—领班—员工这样的重复传递，才能反馈给顾客。有些服务决策需要经过层层管理人员作出协调，当有的问题需要跨部门解决时，这种情况就需要更多的层级和时间来解决，这就势必让顾客等待，进而影响酒店的服务质量。

尽管职能性组织结构具有某些优点，但是酒店服务与管理中存在的一些缺点也正是职能性组织结构本身带来的。这种组织结构导致几乎除了营销部门外，其他都变成了所谓的“内部管理”，酒店各部门的员工只关注于自己的事务，缺乏全面的眼光来看待如何使他们的活动与最终产生相适应，从而缺乏或严重缺乏全员一致面向市场和顾客的能力。职能组织结构的僵化性也会压制员工个人的积极性。酒店在市场中的竞争能力的优劣，不仅仅来自酒店自身的效率。酒店组织机构的设计与授权是否合理，更取决于能否最大限度满足顾客的需要。

一些酒店已开始以顾客需要为导向，重新审视组织结构并进行了有益的创新。在他们的眼中，传统的组织结构发生了革命性的变化。原来在金字塔底部的顾客到了顶部。另外，由于酒店服务员工才会与顾客直接见面，服务于顾客并满足顾客的需要，因此，在他们之下的各级管理人员应为服务提供支持和帮助。传统的组织结构图与以顾客为导向的组织结构图，并不是组织结构图的简单颠倒，而是反映了组织结构设计的思维导向。这不仅在组织结构上实现了顾客导向，而且在关系体系上，充分体现了顾客中心的思想。长期下去，将实现酒店价值体系的重构。

资料来源：宋雪鸣. 2004 .流程再造以顾客需求为导向. 中国旅游报. 有删改。

请思考：

1. 酒店如何在前台服务工作中开发利用客户信息资源，并实现酒店内部各部门的共享？

2. 酒店前台服务工作中能够与客人共享的信息资源有哪些？

3. 酒店信息化将对前厅部内部的业务流程产生什么影响？

本 章 小 结

前厅部在酒店中具有重要的地位与作用，能够为客人提供预订、接待入住、结账退房等服务。在阐述上述服务信息流程基础上，本章详细介绍了如何在酒店前厅管理信息系统中具体操作，从而快速、规范地为客人提供相应的服务。从酒店前厅管理信息系统的操作角度，阐述了前厅部业务流程优化的可能性。

练 习 题

一、选择题

1. 前厅部接待处的主要职责包括(　　)。
   A. 办理入住登记手续　　B. 协调对客服务工作
   C. 接受客人预订　　D. 制定客房营业日报表

2. 前厅部收银处的主要职责不包括(　　)。
   A. 外币兑换服务　　B. 贵重物品的寄存和保管服务
   C. 管理住店客人的账卡　　D. 分发和保管客房钥匙

3. 为散客预订时，预订单窗口的选项卡不包括(　　)。
   A. 订房资料　　B. 客人资料　　C. 房类预订　　D. 其他资料

4. 接待管理视图预先定义的客人类型不包括(　　)。
   A. 预订客人　　B. 在住客人　　C. VIP 客人　　D. 离店客人

5．不属于收银服务的账户类型是(　　)。

A．客人账　　B．工作账　　C．应收账　　D．应付账

二、判断题

1．取消预订可以视为生成一张空白的预订客单。　(　　)

2．提高入住登记速度的关键首先在于了解客人需求信息。　(　　)

3．散客入住登记表分订房资料、客人资料、其他资料三个选项卡输入。　(　　)

4．在预订单窗口，可以按【F1】键快速调出客历档案目录。　(　　)

5．“房类预订”选项卡中登记团体允许团员有不同的抵离日期。　(　　)

6．在确认性预订中客房会保留到下午六时，过时视为自动放弃。　(　　)

7．保证性预订指客人以预付订金或其他方式担保的预订。　(　　)

8．收银服务中账户关系有以下三种：同住关系、关联关系、团体关系。　(　　)

9．酒店必须根据系统的标准结账退房工作流程进行退房处理。　(　　)

10．对于先结账后退房的特殊情况，可以在命令区选择“直接结账”。　(　　)

三、论述题

1．前厅部组织结构与其信息化有何联系？

2．酒店预订服务信息流程应该如何再造？

四、实训题

1．散客预订服务操作的快捷键有哪些？

2．在账务处理界面(图 3.43)中，说明测试团体 001 结账退房的具体操作。

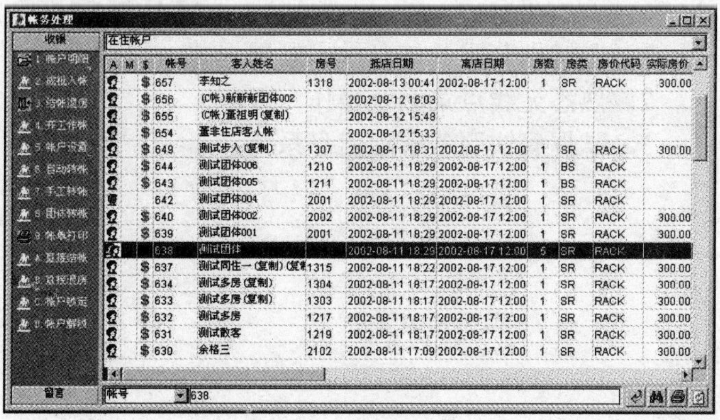

图 3.43　财务处理界面

4

酒店餐饮服务信息管理

学习目标

1. 了解点菜服务信息技术发展
2. 熟悉无线点菜系统操作
3. 掌握餐饮服务管理信息系统

导 入 案 例

餐饮服务案例两则

案例一 菜单也能体现服务质量

一天，几位好友走进一家星级酒店小聚，在餐厅领座员的指引下选好餐桌。刚坐定就有餐厅服务小姐走了过来，热情地送上菜单，接着问候沏茶，而后手执纸笔请客人点菜。

张先生点了一盘基围虾，服务小姐说："对不起，现时没有这道菜。"李先生点了一盘麻辣香螺，小姐又说："很抱歉，这个已经卖完了。"接着王先生又点了几道海味菜，不想全部落空。无奈之下，客人们只好让服务小姐推荐几道菜凑合了事。

案例二 莫让周到服务成干扰

在某酒店中餐厅，中午用餐的客人不多，零零落落分散于大厅各处。不一会儿，有一对男女选择餐厅一角落座，他们似乎久别重逢，一落座便交头接耳说起了悄悄话。负责这个区域的女服务员赶到他们身边，又是上毛巾又是上茶水，又是点菜又是上酒水。在服务员忙碌的这段时间，他们的谈话终止，似乎不愿意让外人听见谈话内容。

当服务员离开他们的餐台去招呼其他客人时，这对客人又开始交头接耳。可是尽职尽责的服务员记起领班的教导——闲来无事时要伫立于客人身旁，随时听候客人吩咐服务员手背交叠，自然下垂于腹前，近距离地站立于那一对客人的桌旁，而且两眼直愣愣地盯着他们。这对客人马上又拘束地停止交谈，领班见此情状，立即招手示意服务员过来，安排她站到自己的工作台前，用眼睛余光照顾她服务区域内的客人。餐厅一角的那对客人显然立刻轻松多了，于是又谈笑风生起来。

资料来源：http://www.doc88.com/p-69911792021.html.

请思考：

1．简述传统印刷菜单提供相关信息的优点与缺点。

2．哪些信息技术可以有助于减少服务过程的干扰发生？

3．在优质餐饮服务中，除了掌握运用新的信息技术，服务员需要哪些基本技能与素质？

4.1 点菜服务信息技术

4.1.1 手工点菜服务

餐饮前台服务基本流程：订餐服务—餐前准备—迎宾服务—餐中服务—餐后工作。从提高客户满意度的角度看，餐中服务是餐饮前台服务的关键环节，能够体现出星级服务、个性化服务、超前服务与亲情服务，并且在餐中服务过程中可以获得客人很多信息，包括客人的爱好、姓氏与职位等。从提高餐饮服务经济效益的角度看，餐饮前台服务的各个环节环环相扣，必须对每个环节加以有效的控制和监督。点菜服务又是餐中服务的重要环节，在客人就位时，服务员就必须随即上前提供引客落座、递巾、问茶、沏茶、开位服务，同时在迎宾带客落座时给客人递菜谱，先在点菜单上记下日期、服务员本人姓名及台号、就餐人数等信息，准备开始点菜服务，常见的手工点菜单通用样式如图 4.1 所示。

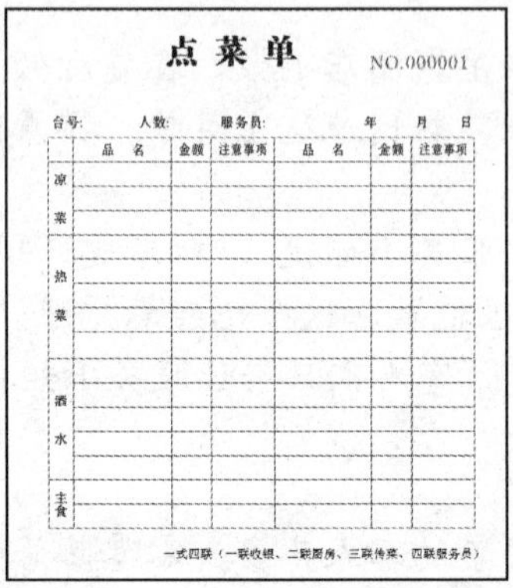
点菜单 NO.000001

台号: 人数: 服务员: 年 月 日

	品名	金额	注意事项	品名	金额	注意事项
凉菜						
热菜						
酒水						
主食						

一式四联（一联收银、二联厨房、三联传菜、四联服务员）

图 4.1 手工点菜单通用样式

收到点菜指示后，服务员首先要观察或和客人沟通，了解当餐谁是主要点菜人，以及该桌客人就餐目的。其次，服务员要来到主要点菜人斜后方，根据客人心态和就餐目的介绍菜品。最后，服务员在适时、主动介绍菜品时，可以运用传统典故、名人效应、时尚吃法、地方特色、特别推荐、形象说明等技巧，介绍语气要热情、大方、肯定，并多运用二选一提问式介绍法，注意相同问题避免第二遍询问的原则。对于零点餐客人，点菜一般顺序为凉菜、拼盘、汤、海鲜、小炒、煲仔菜、时蔬、主食、甜品，以及酒水与饮料。

在点菜服务过程中，服务员站在点菜客人斜后方时，要积极观察客人面部表情，上身微躬，及时向客人简要介绍菜品及回答询问，向客人介绍餐厅当天的特别推荐菜、特色菜、畅销菜和高档菜等菜品，并介绍其样式、味道、温度和特点。客人点菜时，应听清客人所点菜名，对于特殊菜品，应介绍其特殊之处并问清客人所需火候、配料及调料等。当有客人点相同或口味相近的菜式时，如两个酸甜味型的汤羹或菜时，应礼貌地询问客人是否需要更换菜式。此外，结合客人用餐时间安排，特别是用餐时间较紧，而所点菜的出菜时间较长时，向客人征求意见。在客人点菜完毕后，服务员应清楚地重复一遍所点菜品内容，并请客人确认。在客人确认之后，在点菜单上注明点菜下单时间，收回菜单并向客人致谢，同时请客人稍等，说明大致的等候时间。

结束点菜服务后，服务员要分送点菜单，将点菜单的第一联送至收银处，第二联送至厨房，第三联交给传菜员留底备查，第四联交给值台服务员留底备查。

基础知识

餐饮服务流程

1. 前台服务与后台服务

餐饮服务流程主要分为两部分：前台服务与后台服务。

前台服务流程可包括以下环节：楼面、吧台、海鲜部、厨部、传菜部和收银台。

楼面负责招揽、迎接和招待就餐客人，工作人员包括迎宾、营销员、楼面经理、楼面领班、点菜员和服务员。

(1) 吧台由吧生负责销售酒水。

(2) 海鲜部由海鲜员负责销售海鲜。

(3) 厨部负责做出客人所点取的菜品，工作人员包括总厨、厨师、配菜师。

(4) 传菜部由传菜员负责将厨房做出的菜品快速准确地送到相应的餐桌和包厢。

(5) 收银台由收银主管、收银员负责在客人就餐结束后统计和结算相应款项，并打印相应账单，完成收款。

后台服务流程可包括日审、进销存、成本核算。

(1) 日审负责对收银台的收银过程进行审核，并对整个经营状况进行统计，相关人员包括日审员、财务会计等。

(2) 进销存主要是对采购、入库、出库、各种物品的库存、物品的销售情况等相关内容进行相关的操作、管理和控制。工作人员有库管人员和财务会计等。

(3) 成本核算主要由会计对各个相关部门所耗用的成本进行统计。

2. 餐饮服务特有单据和术语

常用的单据有以下几种。

点菜单：点取客人所需的菜品的单据，可根据菜品分为许多分类，在手工流程中一般是由点菜员开出。

酒水单：点取客人所需的酒水的单据，在手工流程中也是由点菜员开出，一式三联。点菜员或服务员一联、收银台一联、酒水吧台一联。

加退菜单：对客人加退菜操作所用的单据，在手工流程中由点菜员开出，其开出模式与点菜单相同。

海鲜单：对客人点取的海鲜的重量进行称量。在手工流程中由海鲜部开出，一式两联。海鲜部一联，收银台一联。

沽清单：对已经沽清的菜品进行统计的单据。在手工流程中由厨部开出，一式一联交给楼面的点菜员和服务员。

对账单：列出客人所消费的具体明细和金额的单据，一式一联。由服务员交给客人确认。

收银单：列出客人所消费各类的金额以及合计的单据，一式两联。一联由客户收取，一联由收银台留存。

相关术语有以下内容。

沽清：厨房中某个菜品的原料已经用完，无法出品。

叫起：客人点取好了菜品，但不要求厨房及时出品。

起叫：已经被叫起的菜品，要求厨房进行出品。

催菜：催促厨房加快菜的出品。

加菜：客人在原有的菜单上再加入一些菜品。

退菜：由于沽清或其他原因，客人要求退掉或更换。

合台：两桌的客人合并坐在同一个餐桌上。

转台：客人由原来就坐的餐桌转到其他餐桌。

抹台：将可分开的桌子临时分为几个桌子分别进行就餐和结账收银。

转单：将某一菜单中的某一菜式转到另一菜单中。

传菜：将已出品的菜式传送至客人所消费的餐桌。

在手工点菜服务过程中，优秀的点菜员可以通过主动观察、倾听与交流获取客人需求信息，能够通过适时推荐与积极营销，增强客人用餐满意度、提高餐饮服务整体水平，以及提高企业利润率。但是，手工点菜服务也可能发生单据手写失误、字迹模糊、传递遗失等问题。此外，点菜员不能及时了解菜品库存、预计出菜时间等动态信息。上述问题都会不利于后续餐饮服务顺利进行，进而影响到整体服务质量。

4.1.2 无线点菜信息技术的发展

随着无线通信技术的发展，无线点菜信息技术正逐渐取代“点菜下单用笔纸，店小二们来回跑”的传统手工点菜。这是因为无线点菜信息技术具有以下优势。

(1) 基本杜绝跑漏单情况，并减少了经营“黑洞”。

(2) 借助于动态信息管理，提高了客人点菜效率、实现科学安排出菜时间，提高了原料利用率与库存管理水平。

(3) 简化了厨部及传菜部的业务流程，提高了工作效率并减少了人为损耗。

(4) 缓解了收银台的计算工作量，有助于加快结账速度并减少收银结账误差。

(5) 有助于通过对各个岗位员工的业绩进行准确统计，实现减少人员成本、提高工作效率与热情，达到餐饮服务人员数量、结构的优化配备。

按照无线点菜信息技术的通信模式及对应手持设备，无线点菜信息技术可以分为以下几种。

1. 红外点菜

点菜员将客人所点菜品输入手持设备后，走近距红外 HUB(多端口的转发器)1～5m，对准红外 HUB 按键发射，实现点菜单的传输。红外点菜信息技术的弱点：红外 HUB 布线较多，只能近距离发射，且发射方向受限(必须正对)，不能随时随地发送。红外点菜信息技术已经逐渐淡出市场，但是它也具备某些优点，如可选手持设备众多，掌上电脑(Personal Digital Assistant，PDA)手持设备多采用主流操作系统或者嵌入式系统，二次开发相对简单，安装使用方便，实施成本低。

2. 433M 无线射频点菜

点菜员使用具有 433M 无线射频数传模块的点菜机。虽然这类点菜机的自主生产厂商众多，机型也多种多样，但是其内部结构创新不足，通常是基于单片机或嵌入式系统 PDA，并且各家厂商所用通信接口各异，互相兼容性差。对于采用单片机结构的点菜机而言，其底层系统与应用程序是整体开发，需要修改时都要涉及底层系统，二次开发相对困难。此外，如果单片机没有形成量产，主板问题就往往成为按键式点菜器的致命伤，而更换供应商则意味着必须废弃之前采购的点菜机、无线基站等所有设备，升级换代成本更大。

433M 点菜机的优点是信号传输距离远，穿透能力强；缺点则是信号不稳定，容易受到干扰，而且带宽窄。速率低。信号的基站接入必须从服务器串口开始，而多基站连接都要从服务器开始，造成大量重复布线。点菜机在多基站情况下很难实现漫游，这就限制了点菜机的使用自由性，相对就限制了酒店对于不同区域服务员进行临时调动。

3. WiFi 点菜

点菜员使用加载 802.11 标准无线网卡的点菜机。这类点菜机属于常见的具有基于 Windows CE、Pocket PC、Pocket PC Phone Edition、Smart Phone 或者 Linux 系统(包括基于 Linux 平台开发的开源 Android 系统)的 PDA，包括应用最新的 iPad。在美国 IEEE 制定的 802.11 标准(包括 802.11a、802.11b 及 802.11g 等标准)协议中，WiFi 无线网卡内置、外置均可，PDA 端发射功率在 10～15dB，通过无线 AP 与服务器通信，实现所谓无线局域网通信。

802.11 标准无线设备的最大覆盖距离通常为 300～500m。在 WiFi 点菜应用中，普通无线 AP 的室内通信距离一般为 50～100m，室外距离为 100～500m。WiFi 点菜机的平台可用资源丰富，二次开发容易，设备兼容性强，信号可靠性好，数据带宽宽。但是，WiFi 点菜机的手持设备成本较高，以往一直都是高端酒店用户使用，但随着成本的下降，WiFi 点菜方案市场份额达 50%以上。

4. ZigBee 点菜

点菜机使用基于 2.4G 国际公用频段的 ZigBee 无线传输技术，最大覆盖距离达到半径 2km(空旷环境下)，并且该频段的信号发射不受无线电管理委员会管制(433M 无线射频数传模块则受管制)。在现有无线点菜信息技术中，ZigBee 无线传输技术达到距离最远，同时支持链状网络，可以多网互联，无线基站及无线点菜机全程无需布线。ZigBcc 点菜的缺点是实施成本较高。

5. GPRS/CDMA 点菜

点菜员通过中高端手机并借助于公共无线通信系统实现点菜通信。只要手机内置 Java 虚拟机就可以进行与 WiFi 开发类似的二次开发。GPRS/CDMA 点菜的优点是可选机型最丰富、可适当避免重复投资，缺点是必须每机备有手机卡，日常使用会产生流量费用。

4.2 WiFi 点菜机的操作

国内无线点菜机的品牌众多，本部分内容选择大食客品牌 WiFi 系列中的尖刀型号产品作为教学示例，如图 4.2 所示。该产品由隶属于北京华夏民生科技发展有限公司的大食客无线点菜机事业部提供。

(a) (b) (c)

图 4.2 大食客 WiFi 系列尖刀型号

大食客-尖刀产品采用 Intel XScale PXA255，主频达到 400MHz，内存为 RAM 容量 64MB、ROM 容量 48MB，提供双插槽支持 SD/MMC、CF I/II 随机存储卡，显示屏为 3.5IN 穿透式 TFT，分辨率达到 240×320 像素，内置调制解调器，数据传输接口还有 USB/红外线接口，内置扬声器与麦克风，电池设计为 1440mAh 可抽取式锂电池。大食客-尖刀产品的操作系统为 Pocket PC 2003，提供触控笔与键盘输入，中文输入法有中文手写、拼音等输入法，支持 Mp3 播放、影片播放，以及立体声输出等多媒体功能。

1. 点菜软件的登录、设置与数据更新

大食客-尖刀的登录、设置与数据更新操作界面如图 4.3 所示。点菜员在尖刀(PDA 端)输入由酒店管理员预设置好的账号、密码，选择相应的权限后，单击“确定”后，即可进入功能区进行相关操作。账号和密码支持误输清空功能，不同级别账号在登录后将使用不同的权限功能。

(a) (b) (c)

图 4.3 点菜软件的登录、设置与数据更新

在 PDA 端可以通过设置模块，输入需要通信的台式机服务器 IP 地址，还可以使用“初始化”功能键清空 PDA 端的菜谱和相关备注等数据。PDA 端提供了菜单数据资料无线下载功能，实现自动从后台服务器无线下载菜品信息、类别、口味、台位选择、推荐菜品，以及沽清菜品等数据。

2. 桌台动态查询

当客人到餐厅就餐时，迎宾领位可以从大食客-尖刀中即时查询空台，保证桌台是否空闲的明确性，避免出现带着客人到处找台的问题；点菜员可以从 PDA 端点菜系统中查询出各台位是否空闲，如图 4.4 所示，可第一时间安排客人就坐；经理可以即时查看餐厅上座情况，切实掌握餐厅收益情况，保证餐厅正常运营。

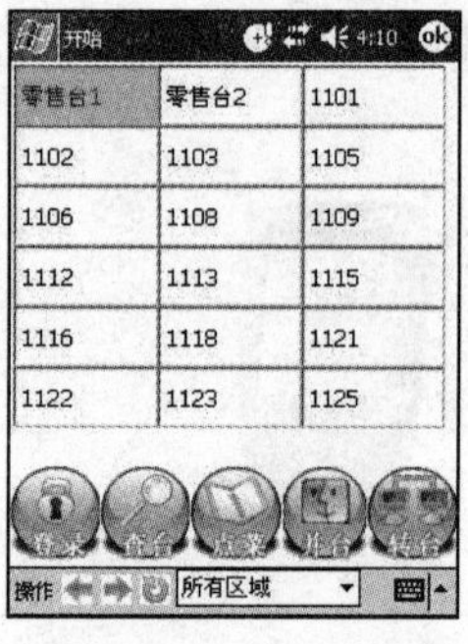

图 4.4 桌台动态查询

3. 点菜/下单

PDA 端提供了四种点菜方式：菜谱编号点菜、简码拼音点菜、分类式点菜，以及自定义点菜，针对海鲜菜品还可以输入只数。这四种常用点菜方式有助于实现快速、直观、便捷、准确的点菜服务。菜谱编号点菜、简码拼音点菜与分类式点菜如图 4.5 所示。

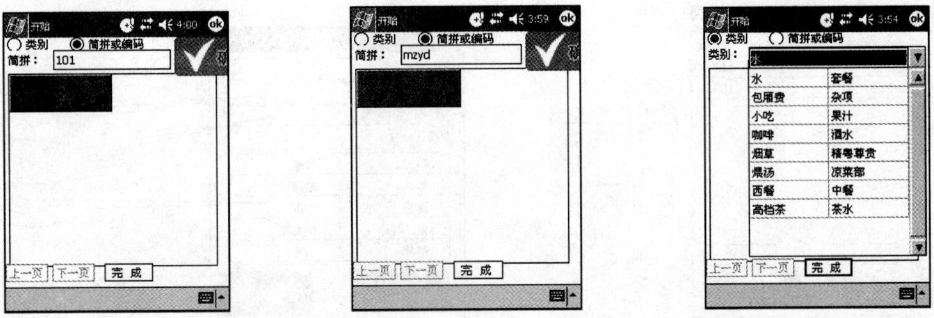

(a) (b) (c)

图 4.5 菜谱编号点菜、简码拼音点菜与分类式点菜界面

自定义菜也称为随意菜，是指当顾客所点的菜品在菜谱中不存在时，点菜员通过自定义菜方式输入菜品的名称、数量、单价、备注、做法、口味等相关信息，该菜品信息与其他菜品信息一起发送到收银端、厨部和传菜部。自定义点菜界面如图 4.6 所示。

(a) (b) (c)

图 4.6 自定义点菜界面

从图 4.6 可知，根据客人提出的特殊要求，点菜员可在 PDA 端选择自定义备注和手写备注等方式，对单道菜品添加备注信息，或者对整单添加备注信息，以满足客人的个性化需求。

4. 改菜、退菜、赠菜

在客人所点菜品信息没有发送前，点菜员可在 PDA 端对已点菜品的名称、数量、做法、口味、备注等信息进行调整，还可以根据客人要求删除多点菜品，也可以向客人赠送相关菜品。上述操作按钮如图 4.7 所示。

5. 等叫、叫起，整桌备注

点菜员在客人确定下单后，根据客人需要可对该桌的菜品选择是否需要等叫或者叫起。点菜员在选择等叫和叫起时，还可以对整桌菜品加统一备注。当点菜员将客人点菜信息全单无线发送到服务器端后，点菜系统自动分单无线发送到多个部门，并提供各部门的区域打印功能。上述点菜操作界面如图 4.8 所示。

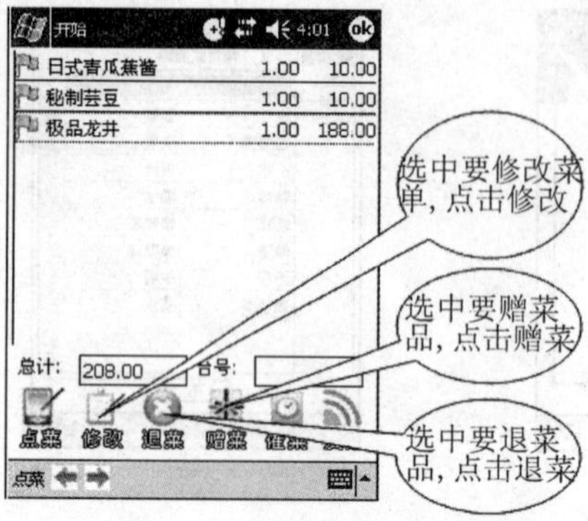

图 4.7　改菜、退菜、赠菜界面

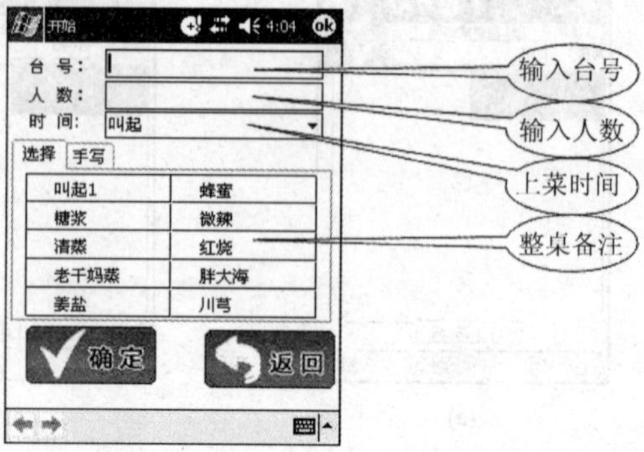

图 4.8　等叫、叫起，整桌备注界面

6. 加菜、退菜、催菜

在点菜员发送完点菜信息全单后，还可以再次使用点菜功能实现再点新菜。当客人已点菜品上桌后，如果需要再加菜时，点菜员也可以使用点菜功能为客人再次点新菜。

在点菜信息全单发送完毕后，如果客人提出退菜，点菜员可在 PDA 端及时进行“退菜”操作。退菜时需要填写退菜的数量并选择退菜原因，提交退菜信息时由点菜系统直接发送到收银台、厨部和传菜部等部门，并由相应区域打印机执行打印。点菜系统给予点菜员、经理等员工相应的权限，不同权限所使用的退菜功能存在差别。

如果客人已点菜品的等待时间过长，未能及时上菜，服务员可在 PDA 端使用“催菜”操作来告知厨房，厨房打印机将打印催菜的菜品名称、备注等信息。上述加菜、退菜、催菜服务操作的界面如图 4.9 所示。

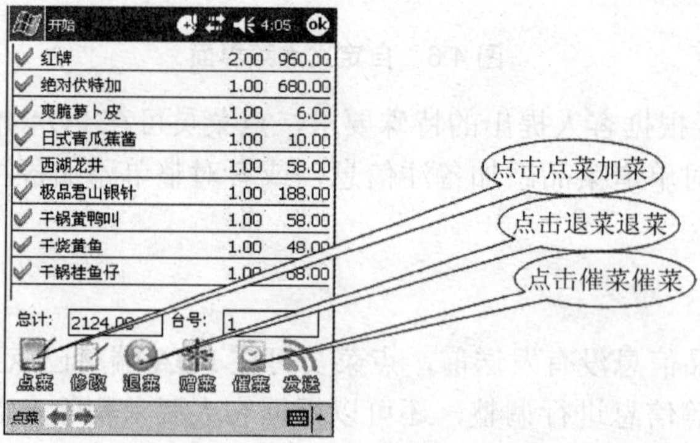

图 4.9　加菜、退菜、催菜界面

7. 转台、并台、拼台

当客人预订好桌台又提出转台要求时，服务员可在 PDA 端的转台模块中输入源台号和目的台号，及时进行源台位和目的台位的调换及变更。

如果客人结账时选择合并台位，系统可以接受客人的并台要求，服务员可以在 PDA

端的并台模块中输入源台号和目的台号，完成源台位和目的台位的合并。在并台操作中，可分别对已点菜品或账单实行合并，并且支持两个以上的多台位合并。上述转台、并台服务操作的界面如图 4.10 所示。

(a) (b)

图 4.10 转台、并台界面

此外，餐厅台位供不应求的状况时常发生，如果仅出现桌台不足的问题，则可以通过拼台解决这一矛盾。服务员在 PDA 端的拼台模块中实现具体操作，为同一桌台的不同客人提供各自的点菜与结账服务。

操作技巧

点菜服务

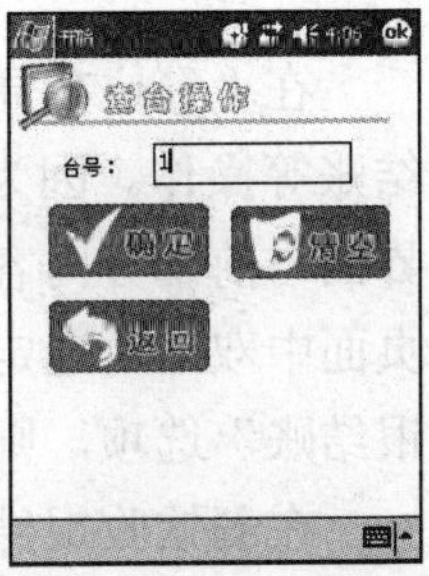

图 4.11 查台界面

在大食客-尖刀产品的点菜操作中应巧用查台功能，如图 4.11 所示。输入台号便可以获得该台号客人的消费项目，并在查询结果界面中实现加菜、催菜、退菜等功能。查询结果界面如图 4.9 所示，按照加菜、催菜、退菜操作步骤即可完成加菜，为客人迟迟未上的菜品催菜，选中需要退掉的菜品点击退菜。点菜系统会将相关明细数据传到服务器，由服务器再把数据过滤分发到相应的部门。

4.3 餐饮服务信息管理系统

国内外餐饮服务信息管理系统众多，本部分内容同样选择大食客餐饮管理系统软件作为教学示例，该系统的前台管理主界面如图 4.12 所示。

前台管理主界面共分四大区域：上方是系统菜单栏，左侧是功能菜单，中间是餐位布局，右侧为快捷操作菜单。在系统菜单栏中，“文件(F)”提供常见的保存、退出等操作，“视图(V)”中可以设置“工具栏(T)”和“状态栏(S)”，“本次营业”下有“前台点菜”和“系统设置”两个子菜单，“帮助”实现操作说明查询等常见功能。

功能菜单分为“前台点菜”、“前台设置”、“库存管理”三个部分。进入前台管理系统时默认的主界面为“前台点菜”页面，在此页面可以进行点菜、所点菜品信息修改、收银结账等操作。“前台设置”页面包含点菜服务器设置、菜品类别设置和结账单页面设置。“库存管理”页面可以查询成品的库存余额情况。

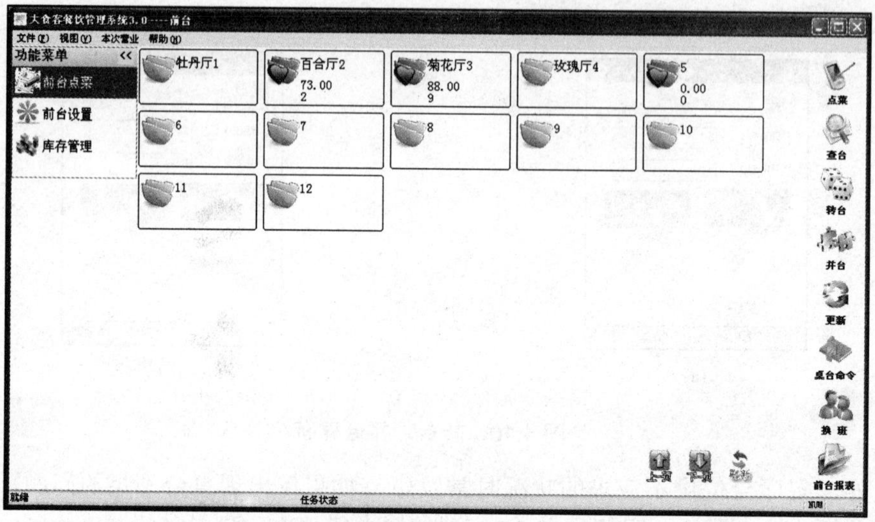

图 4.12　大食客餐饮管理系统——前台管理主界面

4.3.1　餐饮收银结账

在“餐位布局”视图区域直接单击指定餐台，可对选定餐台直接进行开台、点菜、结账等操作。因为开台、点菜操作基本由点菜员用手持设备完成，并且“前台点菜”界面与前部分内容介绍相似，所以本部分内容重点介绍收银结账操作。在“前台点菜”页面中双击所选定的餐台，即在视图中下部打开可对该桌台的各种服务操作，单击“收银结账”选项，则出现餐饮收银结账界面，如图 4.13 所示。

在餐饮收银结账界面中选择结账方式。例如，现金、代金券、信用卡等，在输入栏中输入使用此结账方式的结账金额，单击“添加”按钮即可。系统可以同时使用多种结账方式。例如，客人共消费了 89 元，其中用现金结账 40 元，信用卡支付 49 元。收银员首先在对话框左侧的下拉列表框中选择现金结账方式，然后在其下部的输入栏中填入“40”，继而单击“添加”按钮；对于信用卡结账，则在下拉列表框中选择信用卡结账方式，然后在其下部的输入栏中填入“40”，继而单击“添加”按钮；操作结果如图 4.13 所示。

在图 4.13 所显示的界面中单击“结账”按钮会出现图 4.14 中的界面，红色标示的输入栏中填入所收现金金额，下方即显示找零金额或余额不足字样。单击“确定”按钮即可完成餐饮收银结账操作。

当客人选择全单现金结账时，收银员可以直接单击“现金结账”按钮。此项为快速结账方式，单击后出现下列界面，如图 4.15 所示。在左上角的输入框中填入结账金额，或者在右侧区域选择对应金额，再单击“确定”按钮即可。

在正式结账之前，收银员可以使用“预结账”功能，单击此按钮即打印出相应餐台的消费单，供客人和服务员核查消费项目。如果客人拥有会员卡，收银员可以将会员卡放在读卡机上，然后单击“读卡”按钮可直接读取卡内信息，会员信息会显示在图 4.16 所示的会员信息栏中。

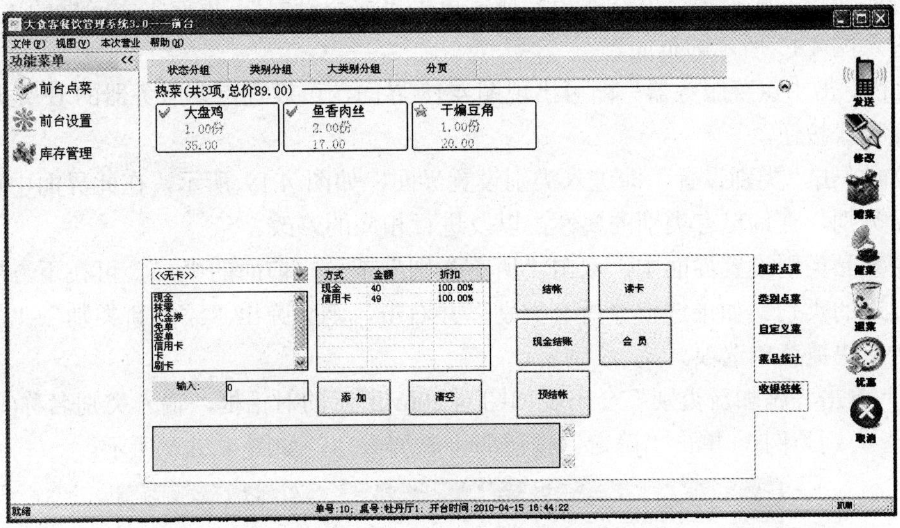

图 4.13　餐饮收银结账界面之一

图 4.14　餐饮收银结账界面之二

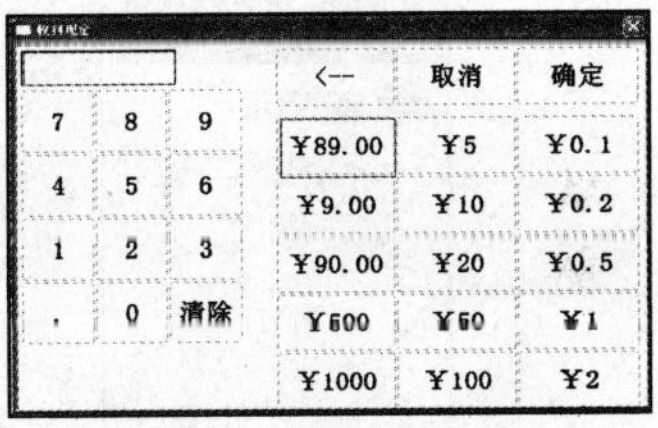

图 4.15　现金结账界面

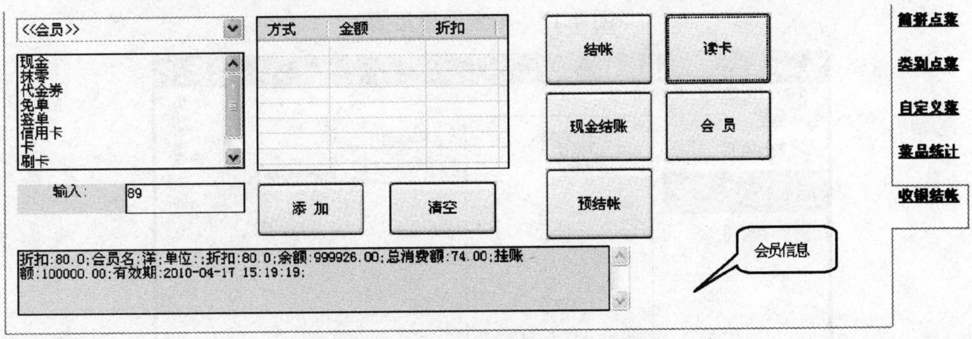

图 4.16　会员卡读卡信息显示框

当客人未携带会员卡时，收银员单击“会员”按钮即可查询所有会员信息，然后选择客人所拥有的会员账号，完成会员结账操作，其操作步骤与刷会员卡结账方式相同。

4.3.2 前台设置

在前台管理主界面中，左侧功能菜单的“前台设置”包含“点菜服务器”设置、“类别设置”和“结账设置”三个选项，通过单击“前台设置”，再双击中间框的“设置”即可进入图 4.17 所示的页面。

(1) 单击“点菜服务器”即可出现图 4.18 界面，可设置点菜服务器的 IP 地址，单击“保存”按钮。

(2) 单击“类别设置”即进入类别设置界面，如图 4.19 所示，在此界面中可以增加菜品类别，查询已有类别的属性，以及进行相应的修改。

在菜品类别设置界面中，双击“所有类别”或单击前面的“+”，可在下方展开所有设置过的类别。如果选定“所有类别”并右击，则会弹出“添加新类别”、“类别属性”两个快捷菜单选项。

① 单击“添加新类别”会出现如图 4.20(a)所示的对话框，输入类别名称(以增加“素菜”类别为例)，单击“确定”按钮即可添加成功，如图 4.20(b)所示。

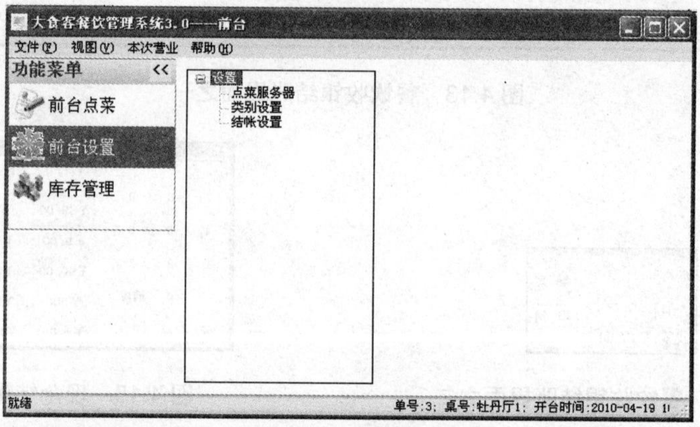

图 4.17 前台设置页面

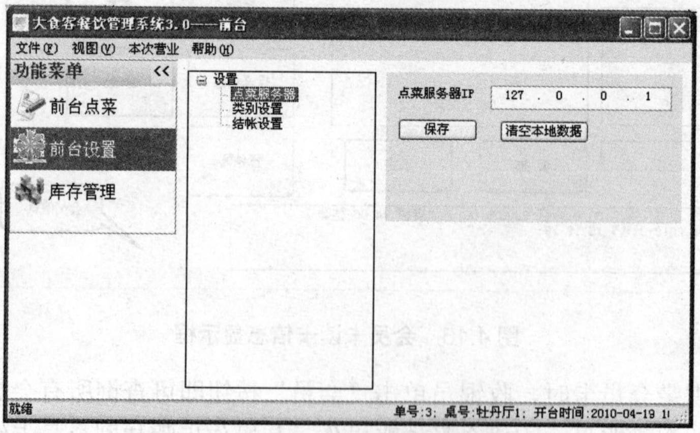

图 4.18 点菜服务器设置界面

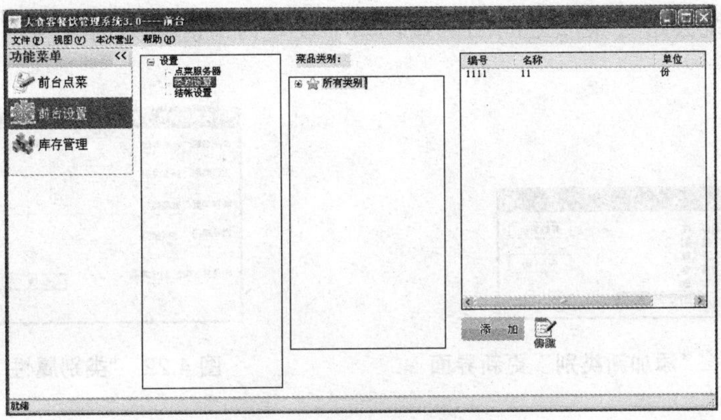

图 4.19 菜品类别设置界面

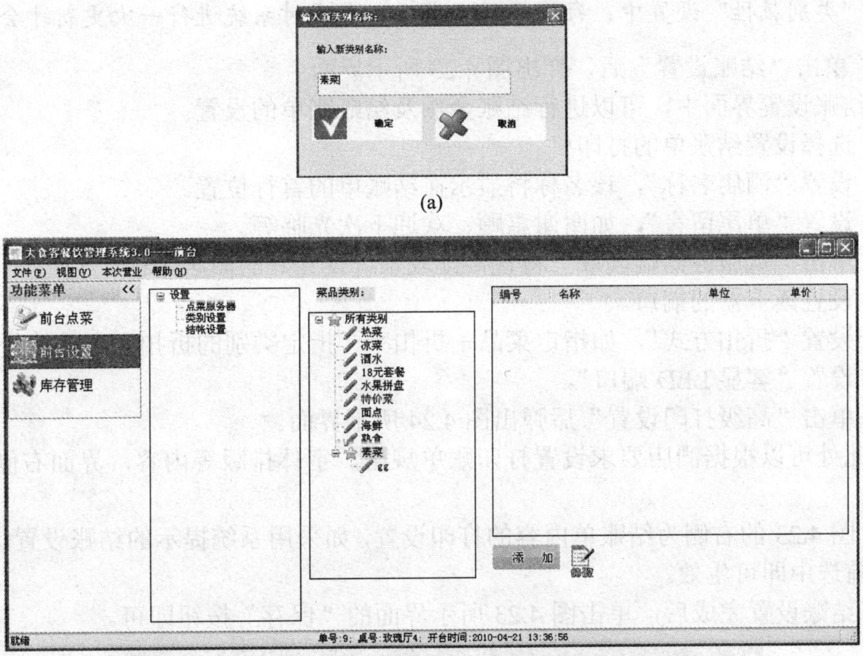

(a)

(b)

图 4.20 “添加新类别”界面及其设置结果

提示

此处添加的是菜品的大类别，添加后需返回到前台管理主界面，单击图 4.12 中右侧操作菜单的“更新”按钮，在图 4.21 界面中选中所有选项，并单击“开始更新”按钮，添加过的菜品信息才会在相关联的其他模块中有所显示。

② 单击“类别属性”会出现如图 4.22 所示界面。

在“类别属性”界面中可以设置“类别类型”。对于新增加的临时类别，如果需要与其他类别进行链接时，在“类别类型”下拉列表中必须设置为“链接类别”。例如，新增“本周特价”类别，此类别的菜品可能既有热菜中的菜品，也有凉菜中的菜品时，结账时点菜系统会进行菜品之间的链接，如不设置为“链接类别”，会不利于系统的正常运行。

图 4.21 “添加新类别”更新界面

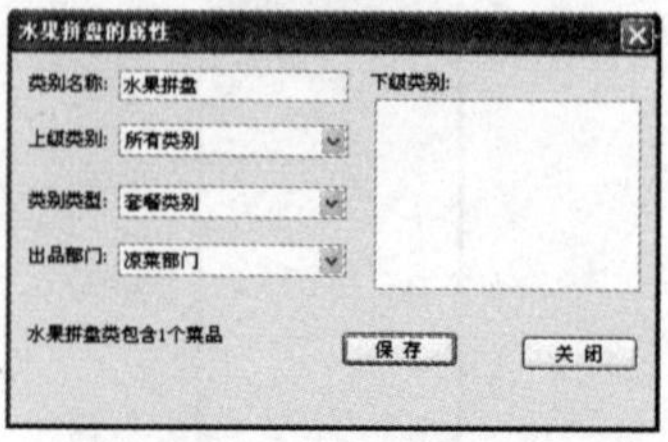

图 4.22 “类别属性”围界面

提 示

在“类别属性”设置中，每次设置完成后都需要对系统进行一次更新才会生效。

(3) 单击“结账设置”后，弹出图 4.23 所示界面。

在结账设置界面中，可以进行结账金额及结账账单的设置。

① 选择设置结账单的打印机。

② 设置“酒店名称”，该名称将显示在结账单的首行位置。

③ 设置“单尾留言”，如谢谢惠顾、欢迎下次光临等。

④ 单击“从服务器端读取”将直接读取系统设置好的酒店名称。

⑤ 设置读卡器的端口。

⑥ 设置“折扣方式”，如指定菜品＋折扣率，指定类别的折扣率卡＋特价菜。

⑦ 设置“客显 LED 端口”。

⑧ 单击“高级打印设置”后弹出图 4.24 所示界面。

在此处可以根据酒店要求设置打印账单规格、字体排版等内容，界面右侧提供账单预览。

⑨ 图 4.23 的右侧为结账单内容的打印设置，如采用系统提示的结账设置，在相应的内容前选中即可生效。

⑩ 结账设置完成后，单击图 4.23 所示界面的“保存”按钮即可。

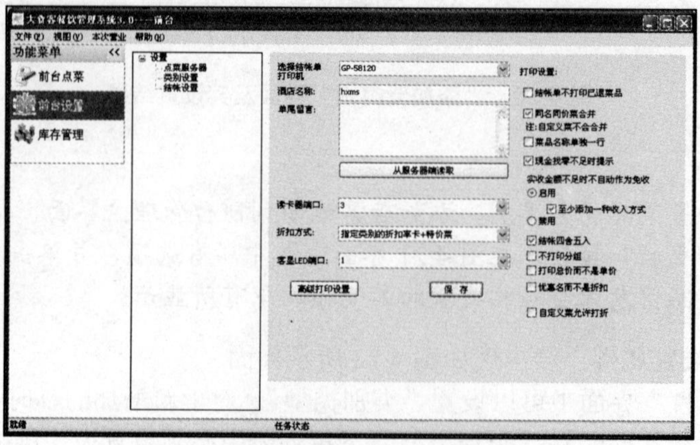

图 4.23 结账设置界面

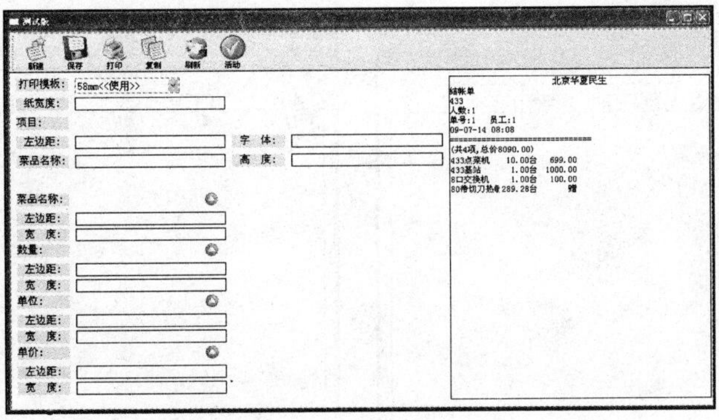

图 4.24 “高级打印设置”界面

4.3.3 库存管理

(1) 在前台管理主界面中，单击“库存管理”进入图 4.25 所示界面。

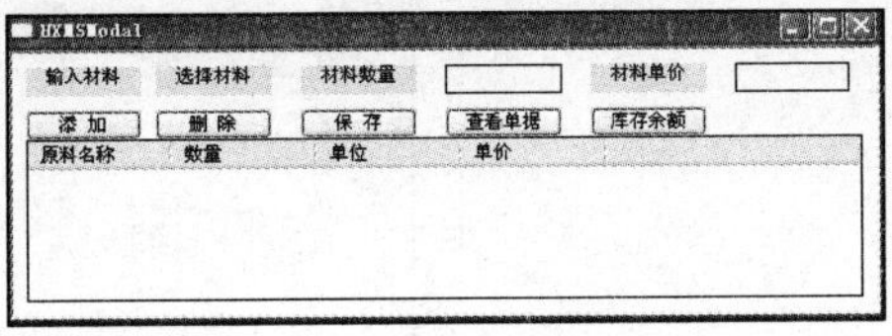

图 4.25 “库存管理”界面

库存管理界面中只能对酒店内成品进行管理登记。双击“选择材料”即弹出图 4.26 所示界面。

选中需要入库的菜品名称(以茅台为例)，单击“确定”按钮，即可进入图 4.27 所示界面。

输入材料数量和材料单价，单击“添加”按钮弹出图 4.28 所示界面，在其中单击“保存”按钮，即可入库成功，如果单击“删除”按钮即可删除当前入库信息，系统自动返回图 4.25 所示。

(2) 在图 4.25 所示库存管理界面中，单击“查看单据”即弹出图 4.29 所示。

然后双击左侧 “单据”，下方就会出现单据发生的日期，单击这些日期，右侧的界面中就会显示当日入库单据的具体时间，如图 4.30 所示。

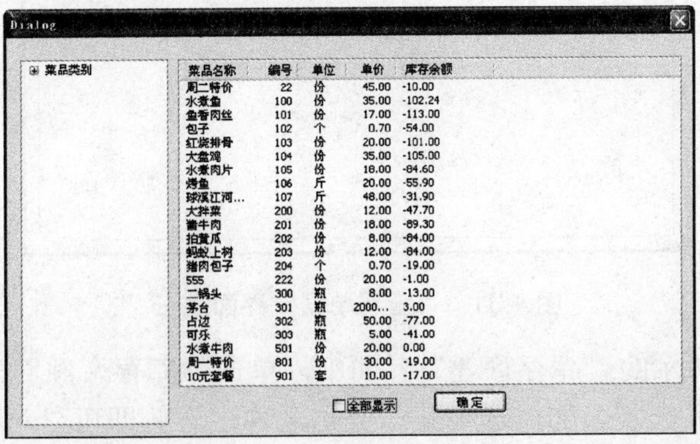

图 4.26 “选择材料”界面之一

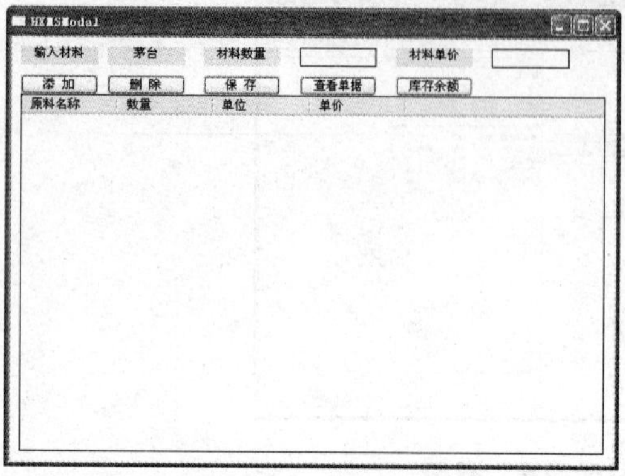

图 4.27 “选择材料”界面之二

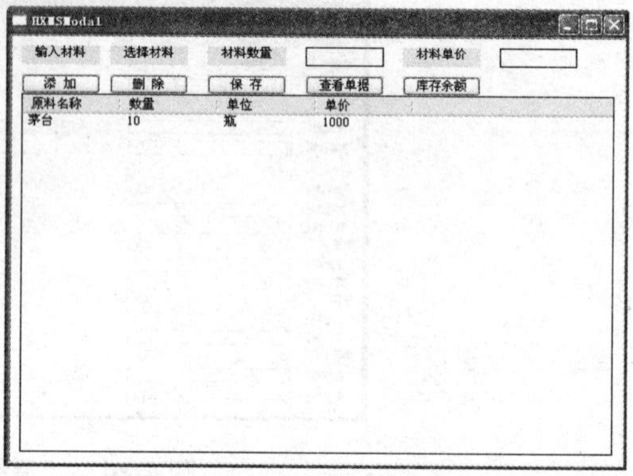

图 4.28 “选择材料”界面之三

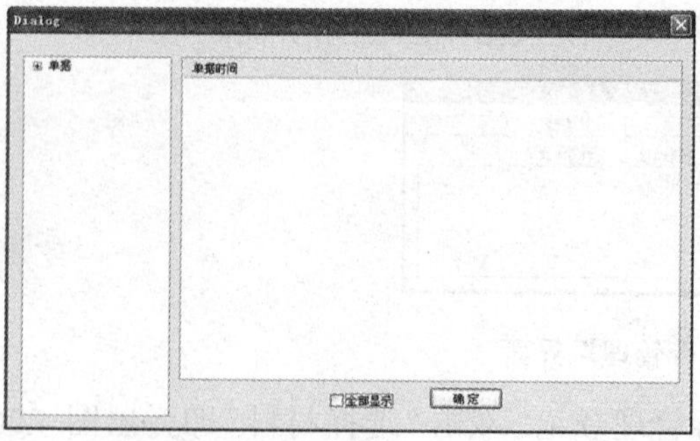

图 4.29 “查看单据”界面之一

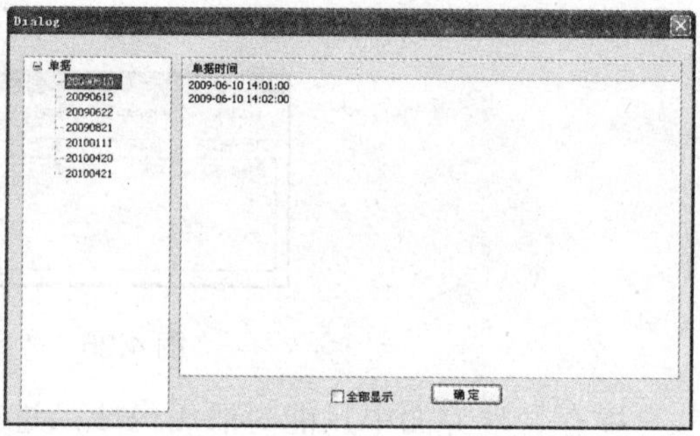

图 4.30 “查看单据”界面之二

选中具体时间，单击“确定”按钮即可查询单据详情。显示图 4.31 所示界面，如果单击 “新建单据”按钮即可返回图 4.25 所示的“库存管理”界面。

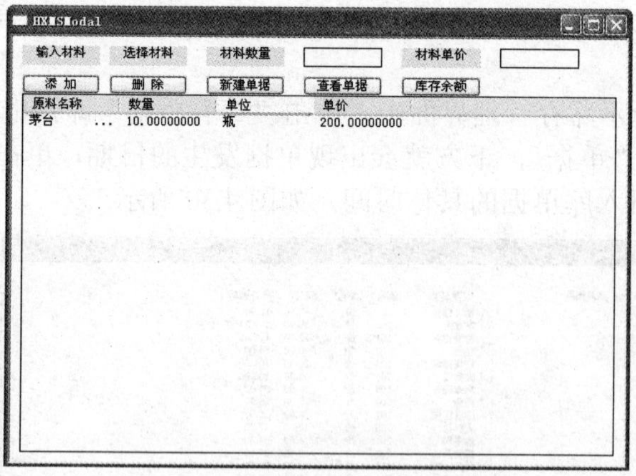

图 4.31 “查看单据”界面之三

(3) 在图 4.25 所示的“库存管理”界面中，单击“库存余额”按钮进入图 4.32 所示界面，左侧为菜品类别名称，选中某一类别名称，右侧即可显示该类别菜品的库存情况(以热菜为例)。

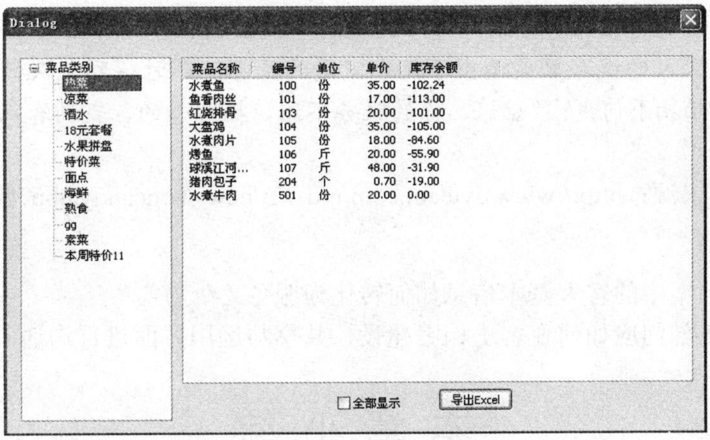

图 4.32 “库存余额”界面

单击“导出 Excel”按钮，库存余额的查询结果则以 Excel 电子表格的形式导出。

除了前台管理系统，大食客餐饮管理系统软件还提供了后台管理系统。在后台管理系统中实现四大功能：①营业实况，包括房台实况、营业统计与已结房台；②营业情况，包括收银情况、营业情况、畅销排名、账单查询、房台统计、菜品类别销售统计、历史营业统计，以及菜品类别及收银统计；③员工查询，包括员工业绩查询与点菜统计；④出品及退赠菜，包括出品查询、退菜赠菜查询，以及导出菜单。

延伸案例

客史档案——最好的服务“处方”

某天，17：30，河南某大酒店餐饮部员工和往日一样准时进行着班前会。会上，宴会厅主管小薛根据预订单分配好服务人员，并着重强调了菊花厅 VIP 预订客人的姓名。

17：40，小薛来到菊花厅，正在摆台的服务员小何看到主管过来，便放下手中工作，询问对今天的服务有什么特别要求。小薛对小何说：“今天预订菊花厅的 VIP 客人是咱们酒店的常客，但你可能以前没有为他进行过宴会服务。根据这位客人的个性特征，结合酒店 VIP 客史档案的记录，我为你今天的服务开一张简易服务“处方”，以便你在服务过程中去迎合客人的个性要求。”于是列出以下要求。

(1) 餐前要对所有餐具进行消毒。

(2) 如果主人先到，要在主人面前对主人位餐具进行消毒。如果主人与客人同时到，用餐前要告知主人餐具已消毒。

(3) 主人是回族人，不能推荐民族禁忌菜肴。如果宴请的客人点到民族禁忌菜肴，要婉转推辞，并介绍同档次菜肴。

(4) 在服务过程中，要注意小节，不要有任何不必要的动作，如触碰食品、摸头发等。

(5) 主人不喝白酒，喜欢喝王朝干红。

(6) 在席间为客人换骨碟时，要轻声告知主人餐具已消毒。

对主管的叮嘱，小何一一记在心里。40 分钟后，客人如期而至。小何按照主管的服务“处方”，并结合实际情况，一步步地进行着细致的、有针对性的服务。自始至终，小何以行动在客人的视野里展示出了几乎完美的服务，不时得到主人的赞许。在离席的时候，主人拍拍小何说：“姑娘，你的服务不错，挺留心的，我的客人满意，我更满意，谢谢你。”

资料来源：http://www.dyteam.com/mdzxB/news/bencandy.php?fid=28id=36985.

请思考：

1．客史档案中的客人基本信息如何转化为服务“处方”？

2．酒店各部门应如何在客史档案建设、共享与运用方面进行沟通？

本章小结

餐饮部是酒店中不可或缺的重要部门，能够为客人提供各种餐饮服务。本章阐述了手工点菜服务流程，介绍了无线点菜技术的发展，详细介绍了 WiFi 点菜机的操作，以及酒店餐饮管理信息系统中前台管理软件操作。

练习题

一、选择题

1．餐饮前台服务的关键环节是(　　)。

A．订餐服务　　B．点菜服务　　C．餐中服务　　D．迎宾服务

2．结束点菜服务后，酒水单不需要送至(　　)。

A．收银处　　B．酒水吧台　　C．传菜员　　D．值台服务员

3．大食客尖刀系列 PDA 点菜机提供的点菜方式不包括(　　)。

A．编码式点菜　　B．简码拼音点菜　　C．分类式点菜　　D．全拼点菜

4．大食客餐饮管理系统中，收银结账操作位于(　　)功能菜单。

A．前台点菜　　B．前台设置　　C．库存管理　　D．后台管理

5．大食客餐饮管理系统中，菜品类别添加位于(　　)功能菜单。

A．前台点菜　　B．前台设置　　C．库存管理　　D．后台管理

二、判断题

1．起叫是指客人点取好菜品，但不要求厨房及时出品。(　　)

2．抹台即将可分开的桌子拆开、分别进行就餐和结账收银。(　　)

3．WiFi 点菜机必须每机备有手机卡。(　　)

4．大食客尖刀系列 PDA 点菜机属于无线射频点菜机。(　　)

5．PDA 点菜机能自动从后台服务器无线下载菜品、台位等数据。(　　)

6．自定义菜能为顾客点取菜谱中不存在的菜品。(　　)

7．PDA 点菜机在客人确定下单后不能改菜与赠菜。 （ ）

8．点菜信息发送后，再点新菜需要再次使用点菜功能。 （ ）

9．PDA 点菜机能够实现抹台操作。 （ ）

10．当客人未携带会员卡时，收银员就无法为其提供会员结账服务。 （ ）

三、论述题

1．餐饮部业务流程再造与无线信息技术有何联系？

2．面对顾客需求趋势，对点菜服务提出改进建议。

四、实训题

1．提高手工点菜质量的关键点有哪些？

2．熟悉 PDA 点菜机的操作技巧。

3．在菜品类别设置界面(图 4.33)中，完成地方菜类别的设置。

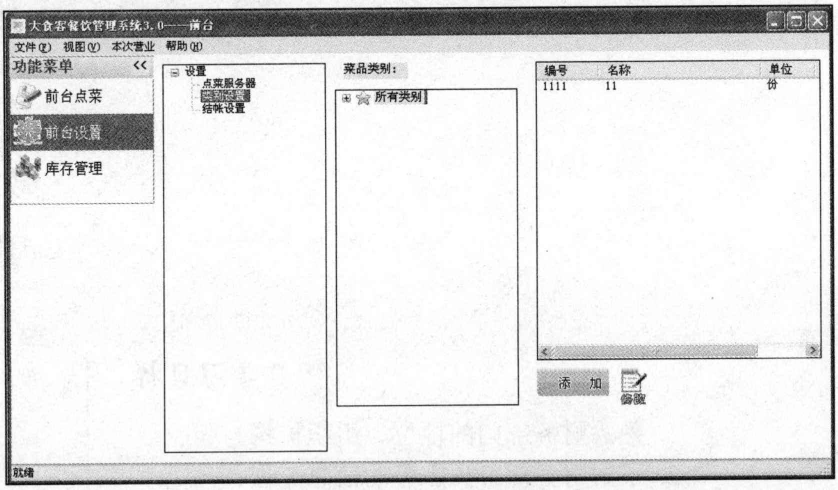

图 4.33 菜品类别设置界面

5

酒店财务信息管理

学习目标

1. 熟悉财务部门的地位、组织机构与职能
2. 了解财务部各项服务的信息流程
3. 掌握财务信息管理子系统的操作

导入案例

7天连锁酒店：规范企业资金管理

7天连锁酒店集团(7 Days Group Holdings)于2005年创建，目前已建立了覆盖全国的经济型连锁酒店网络，作为中国连锁酒店行业的领导品牌，秉承让客人“天天睡好觉”的愿景，集团自成立以来，一直从关注客户的核心需求出发，在产品及服务流程的设计上不断整合创新，致力于向客人提供环保、健康、便捷的专业酒店服务；致力于向超过150万“7天会”会员提供更具人性化的优质会员服务。拥有分店近2000家，创造行业快速发展的佳话。凭借快速的发展势头及优异的盈利能力，7天连锁酒店集团于2006年11月获得美国华平投资集团(Warburg Pincus)注资。2007年9月再获得美国华平投资集团、德意志银行、美林集团9500万美元融资。

随着7天酒店业务快速发展，财务部门工作量加大，人工审批单据、付款、做账远远落后于企业业务的发展。财务部门意识到急需一种提高工作效率的方法，深入分析自身实际需求，先后考察了几家财务报销管理软件。7天酒店财务部负责人说，费用报销在财务部门所占的工作量比重大，实现信息化管理很必要。在项目选型时不能只看软件的价格，更要看软件整体的性价比。通过了解，在同行业中安财软件有限公司成功实施的项目多，并且多为大型企业，产品成熟，口碑好，最终决定选择安财网上报销系统。

深圳市安财软件有限公司是最早开发财务网上报销系统的公司，拥有一套成熟的产品和优势的市场地位。其产品是一套基于Internet/intranet、采用B/S结构的应用软件。针对7天酒店的业务特征，安财软件的实施人员与7天酒店财务部门领导及员工进行了探讨，深入分析了目前财务人员工作上面临的难题。

1. 存在问题

(1) 报销周期长。由于业务发展迅速，员工报销的单据量加大，原始的报销模式是员工到处找领导签字，严重影响了报销进度，给财务人员也带来了压力，员工经常电话询问费用报销进展情况，财务人员的正常工作常常被电话打断。

(2) 合同类费用管理不规范。同样由于业务发展迅速，分店增长速度快，新增店面的费用支出，除了正常的日常差旅、借款等费用的报销外，合同类费用的报销比重很大，如工程类的款项(进度款/结算款/质保金)、资产采购、运营物资采购、广告合同等费用占了80%，合同费用的管理成了财务部的难题。

(3) 分店多，费用控制困难。目前拥有2000多家分店，总店对分店的费用控制很重要，财务人员手工处理工作量大；并且与供应商之间的费用报销很烦琐，管理欠规范。

(4) 账务科目复杂。核算项目类别多，账务科目变化复杂，根据合同款项进度不同，账务科目的借方、贷方要不断变化，还要判断多借、多贷的科目情况。

(5) 审批流程繁多。费用类型多，各类费用要区分预算内、预算外，付款计划内、付款计划外等，业务审批流程复杂。

(6) 多审核/记账会计。分店多，审核会计、记账会计的人数增多，多个审核会计和记账会计控制不同分店的业务费用。

(7) 多个财务经理。财务审批的时候按照费用类和合同类，而两个财务经理审批的权限不同。

2. 解决方案

对于财务部门面临的工作压力，安财网上报销系统为其制定了富有针对性的解决方案。

1) 网络办公，实时查询

安财网上报销系统实现了网络化办公，员工只需提交电子单据，审批领导即可在网络上进行审批。实时地显示报销流程，方便员工查看报销进度，不需询问财务人员，员工以往的借款信息也可以进行查看和冲销，如图 5.1 和图 5.2 所示。

审批流程　填单人：DEM01---聂东明　申请时间：2008-1-19 11:18:03

审批职务	审批人	审批时间	审批类型	审批意见
销售部经理	部门经理	2008-1-19 11:20:19	业务审批	同意！(ok)
审核会计	审核会计	2008-1-19 11:25:48	财务审批	单据审核
出纳	出纳	2008-1-19 11:51:59	财务审批	
记帐会计			财务审批	

图 5.1　清晰的报销流程

个人银行

单据号	申请日期	借款	借款冲款	应还借款	类别	状态
ZB00000162	2007-11-2 14:58:42	111.00	.00	111.00	借款	流程结束
单据号	申请日期	报销金额	还款金额	报销冲款	类别	状态
ZB00000098	2006-12-8 16:39:28	300.00	.00	.00	报销	流程结束
ZB00000101	2006-12-12 10:56:03	333.00	.00	.00	报销	流程结束
ZB00000105	2006-12-22 11:35:55	648.00	.00	.00	报销	流程结束
ZB00000112	2007-1-25 16:10:01	500.00	.00	.00	报销	流程结束
ZB00000113	2007-2-7 16:58:15	.00	1,000.00	.00	还款	待财务审批
ZB00000117	2007-3-22 15:42:30	.00	2.00	.00	还款	
ZB00000125	2007-5-6 14:24:11	100.00	.00	.00	报销	待财务执行
ZB00000129	2007-6-1 11:22:27	.00	500.00	.00	还款	流程结束
ZB00000130	2007-6-1 14:27:12	611.00	.00	.00	报销	流程结束
ZB00000135	2007-7-5 23:04:34	.00	1,502.00	.00	还款	流程结束
ZB00000139	2007-7-24 10:09:53	2,001.00	.00	.00	报销	流程结束
ZB00000151	2007-9-3 17:25:15	1,634.00	.00	.00	报销	流程结束
初始借款：			.00 元			
借款总额：		+	111.00 元			
冲借款总额：		-	.00 元			
应还借款：		=	111.00 元			
报销总额：	(8笔)	+	6,127.00 元			
个人收款总额：		=	6,238.00 元			

图 5.2　详细的冲借款信息

2) 规范合同管理

安财网上报销系统灵活的报销模版界面设计，与实际签署的合同信息相同，方便领导审批查看，以及后期的归档工作，纸张合同在保管中容易破损或丢失，使用了安财网上报销系统，做到了电子版和纸张版同步，实现了合同类费用的信息化管理。

安财网上报销系统的费用申请系统，提供了合同类费用电子版的申请审批流程，员工不必拿着纸张合同到处找领导签字，只要在报销申请系统里提交电子单据，即可等待领导的审批，审批结束，就可签署纸张合同，同时合同的费用报销也通过电子流实现，大大加快了报销进度，如图 5.3 所示。

合同付款审批单							
合同编号		合同类别			合同项目名称		填单提示
合同方名称		合同总金额			合同决算金额		
本次付款类型		本次付款金额			已申报付款计划金额		
本次付款说明		附件张数			费用类别		
已付款明细（不含本次付款）	类型	已付款金额		付款描述			
首期							
2期							
3期							
4期							
5期							
6期							
7期							
8期							
累计付款	¥0.00	未付金额	¥0.00	扣款		扣款说明	
支付方式	汇个人	实付金额	¥0.00	付款信息			

图 5.3 费用申请电子流

3) 自动生成会计科目

根据费用类型不同，会计科目和账务的借方、贷方、核算项目也随之变化，根据变化规则，系统可以自动判断会计科目、借方、贷方等信息，不需财务人员手工录入，减少了财务人员的工作量，提高了工作效率。

4) 简化报销步骤

针对复杂的审批流程，安财网上报销系统也实现了系统自动判断流程走向，不需员工自己判断，员工只要选择报销的单据类型即可实现本费用类型的报销流程，简化了员工费用报销的操作。

5) 明确的分管职责

安财网上报销系统实现了多审核会计、多记账会计的管理，做到了按部门、单据、项目、人员等区分控制。同时针对 7 天酒店 2 个财务经理的分管职责，也按单据的属性(合同类费用、日常费用)区分开，不是本人负责审批的单据，不会出现在本人待审批的单据信息中。

6) 网银/账务接口

安财网上报销系统的网银和账务系统管理，实现了网银和账务的接口可以针对不同的网络银行(如中国银行、中国工商银行、中国农业银行、中国建设银行等)不同的付款方式进行付款，针对不同的账务系统(如用友、金蝶、新大中、SAP 等)，进行账务处理，大大减轻了出纳和记账会计的工作量。

7) 供应商规范化管理

供应商管理模块实现对供应商基本信息的管理，将供应商名称、银行账号等信息维护到系统中，当报销有关供应商的费用时，报销人可以在用户名处选择供应商名称，提交报销单据，系统在付款操作时，会自动将供应商的银行账号作为收款账号，不需报销人每次报销的时候手工输入供应商相关信息，为采购部门的工作带来了极大方便，如图 5.4 所示。

供应商列表

供应商简称	供应商名称	供应商所属部门	供应商编号	审批领导	供应商地址	状态	操作
0	洁立达洗涤中心	呼和浩特鼓楼店	001		内蒙古呼和浩特	已禁用	启用

图 5.4　供应商管理模块

3．实施效果

连锁型酒店行业是个快速增长的行业，由于业务的扩张，常常要对旧房改造以增加店面，已有的店面需要规范的酒店配套设施，这样产生了大量的新店筹建的工程类费用、店面的资产采购类费用，安财网上报销系统个性化的填单界面满足了客户不同费用报销的内容需求。

(1) 实时修改，满足业务变化。连锁型酒店项目分散，项目变化快，人员调动频繁，安财网上报销系统维护更改简单，能够根据实际情况实时进行修改，有很强的灵活性。

(2) 便捷的薪资福利查询。以往企业薪资福利的发放是通过工资条的形式反映员工的工资明细，这不仅仅增加财务人员的工作量，而且容易出错，安财网上报销系统可以实时地让每一名员工都能方便地查询到个人的工资信息。

(3) 领导及时审批。企业领导经常出差，必然造成审批不及时的情况，领导通过安财网上报销系统可以随时随地地审批单据，大大提高了办事效率。

(4) 网银互连。网银互连，将报销的钱直接打入银行卡规避现金风险，给员工带来了很大的便利。

通过提高管理水平来降低成本已经成为经济型连锁酒店行业发展的一个必然趋势，而提高管理水平离不开提高企业的信息化程度，特别是企业财务的信息化程度，由于连锁型酒店行业涉及的面比较广，费用报销成为控制财务支出的关键所在。

资料来源：http://wenku.baidu.com/view196cffb1910a6f524ccbf8522.html.

请思考：

1．财务信息系统对酒店财务部的工作有什么影响？

2．网上财务报销系统比手工报销有什么便利之处？

5.1　财务部的地位、组织机构与职能

5.1.1　财务部的地位

酒店的财务工作是在会计核算的基础上进行的。在日常工作中既要定期或不定期地进行各项统计工作，还要编制酒店的经营计划、购置计划，而且有的财务部门还要兼管物价工作。概括而言，酒店财务工作的主要任务是：促进本店生产经营的发展，

对本店的经济活动进行财务监督，具体而言，就是筹集资金，经济核算；合理分配资金；通报或反映经营管理中的信息；对货币的收支进行监督；对国家财产的安全进行监督等。而酒店的财务管理工作，则是由财务工作的实质所决定的。这是因为财务工作在酒店的生产经营活动中，对于资金的取得与使用，对生产经营中成本与费用的开支，对于经济效果的形成和分配，都要进行管理，而且要处理好各方面的财务关系，促进生产经营的发展。

为达到这个目的，必须做好以下三个方面的工作：第一，制订财务计划。酒店的财务工作，必须要有计划地进行。必须制订切实可行的、具有开创性的财务计划，使企业不但能够依次进行再生产，而且应该进行扩大再生产，以增加服务项目，增加服务设施，挖掘内部潜力，满足宾客需要。因此，在国家有关方针政策的指导下，要对各项活动作出决策，在经营决策者与职工群众相结合的前提下，制订客房出租率计划、餐厅收入计划，商品销售计划、成本计划、费用计划、利润计划、外汇收支计划等。各项计划不但要有数量的要求，还应有质量的要求，使企业在一年的经济活动中有明确的奋斗目标。第二，进行日常的财务管理工作。酒店的财务计划确定后，财务管理工作就有章可循了。可以根据各个营业性部门的业务量，组织资金来源，保证供应业务资金。对业务活动中偏离国家方针政策及各项规章制度的现象，随时进行纠正和监督。财务管理的重点是资金管理、费用管理和利润管理。在管理过程中，一定要实行专业管理与民主管理相结合，充分发挥各经营性部门、组班核算人员、统计人员的劳动积极性。第三，做好财务分析。财务管理工作是在生产经营过程中进行的，在管理中会遇到各式各样的问题，酒店与各部门之间的一些经济利害关系，有一些会随着业务的发展得到解决，也有一些问题，由于种种原因得不到解决。因此，按月按季地进行财务分析，从现象中找出问题的实质，加以研究，提出改进的意见，对于调整企业的经营计划，调整各方面的经济关系，都是非常必要的。以上三个方面的工作是相互联系、相互补充的。财务计划是酒店的奋斗目标之一，财务管理是为了达到目标采取的必要途径。

5.1.2 财务部的组织机构与职能

酒店财务机构的设置从组织形式上来说一般有以下两种。

一是财务采供一体式，即财务工作、会计工作和物资采购工作都由财务部负责完成。这种组织形式的优点主要有利于控制资金使用，尤其是对物资储备资金的控制。由于管理的跨度增大，这种组织形式对财务部经理或计财总监的业务管理素质要求较高。

二是财会一体式，即物资采购供应工作由专门的职能部门负责，财务部只负责财务会计工作。这种组织形式的优点是管理专业化较强，缺点是对采供环节的资金占用难以有效控制，资金不能合理利用。

财务部组织机构的设置没有固定的模式，根据不同酒店的规模、等级和人员素质、内部管理的需要而设置。不过综合来看，越来越多的酒店采用财务统管组织形式，如图 5.5 所示。

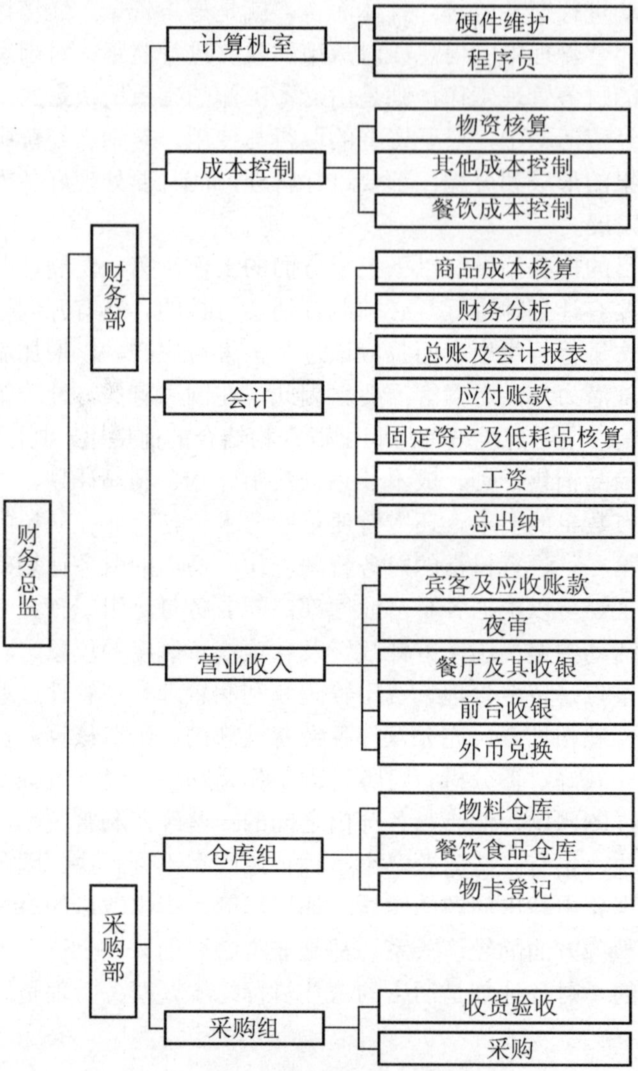

图 5.5 酒店财务部组织结构图

5.2 财务部信息流程

5.2.1 销售与应收账款数据流程

酒店应收账款主要来源于客房、餐饮等业务的销售，销售与应收系统数据流程主要包括销售订单确认、销售和货款结算两个环节。这两个环节中既包含着物流的流动，又包含着资金的流动。

(1) 客房预订单输入：预订人员输入客户订单并记录在客户订单文件内。

(2) 订单审计：主管人员从订单文件中提取客户订单进行审核，在经过审计的订单上记录审核标志。

(3) 输入销售发票：业务人员根据客户已消费的活动生成销售发票。如果属于赊销业务，同时登记客户的应收账款明细账。

(4) 收款单输入：客户付款后，会计人员输入付款单据，并核销对应的客户销售发票。如果属于赊销的客户，同时修改客户的应收账款明细账。

(5) 会计凭证生成：根据业务单据自动生成会计凭证。

(6) 信息输出：按使用者的要求，对各数据文件的数据分类汇总，输出统计或会计报告。

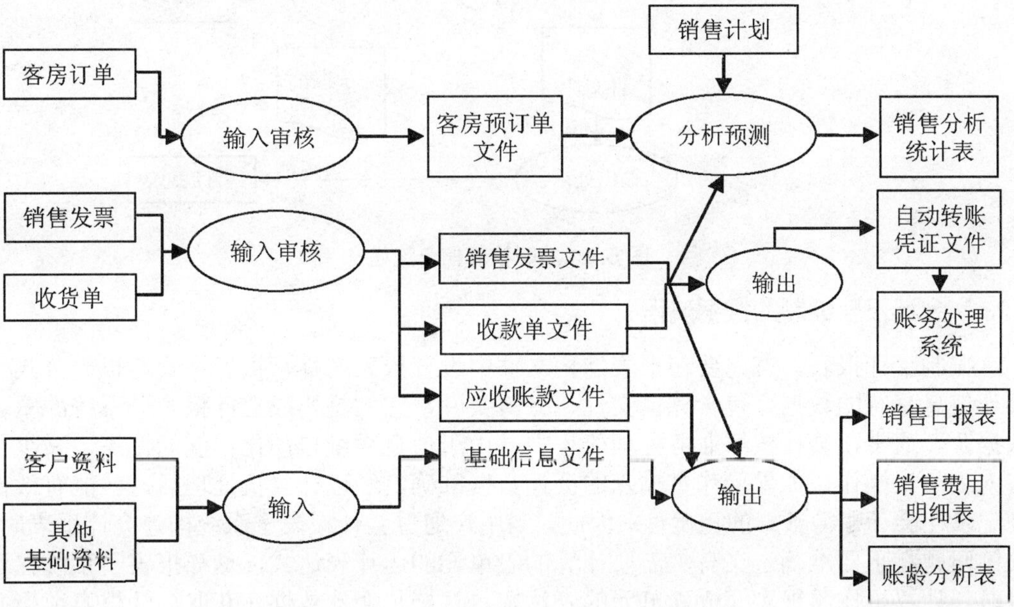

图 5.6 销售与应收数据流程图

5.2.2 总账核算信息流程

在手工记账的情况下，账务处理程序可以简单地概括为：凭证→账簿→报表，凭证→账簿的处理用图示法简要标明如图 5.7 所示。

图 5.7 凭证→账簿处理图示

依据这一处理流程来描述酒店财务信息系统的总账核算信息流程。

(1) 将手工制作的审核无误的记账凭证，通过人机对话输入到计算机中，并存贮在凭证文件中。

(2) 审核输入凭证的正确性。

(3) 将审核无误的记账凭证从记账凭证数据库文件追加到账簿文件中，同时更新科目数据库文件。

(4) 根据账簿数据库文件和科目数据库文件的有关内容，形成各式账簿和查询资料。

根据以上分析结果，可以归纳出总账核算的信息流程图，如图 5.8 所示。

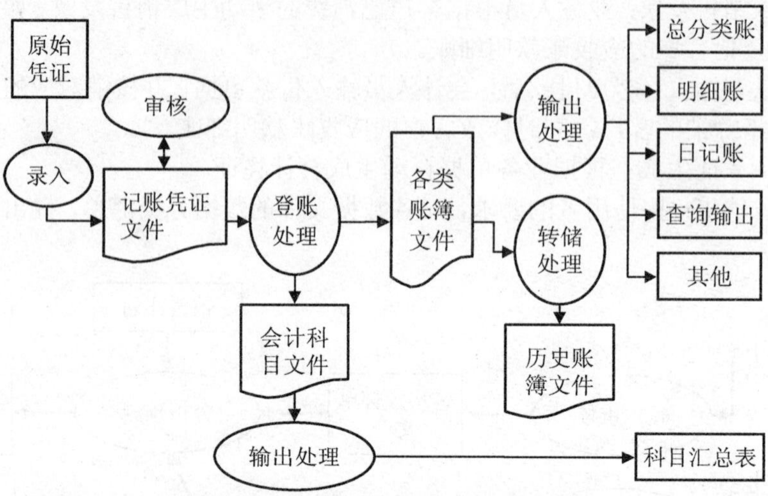

图 5.8　总账核算信息流程

5.2.3　会计报表编制的数据流程

编制会计报表，首先要在报表结构文件中设置报表名称、报表格式和报表公式。会计信息系统的数据库包含凭证文件、账簿文件，它们是构成会计报表子系统的重要数据源。通常在会计核算业务处理流程中，由于信息系统自动化程度的提高，减少许多人工的误操作，如果操作员输入的会计数据准确，经过计算机处理后，就能有效保证记录在会计账簿数据的正确性。因此，当用户通过会计报表子系统构建会计报表时，关键问题在于要准确定义有关需要计算的表单元的运算表达式，这样报表子系统在运行时，计算机按照报表模板表单元的表达式，直接从会计数据库获取会计报表数据并进行运算，由此生成的会计报表在一定程度上能保障所输出的会计信息的准确性、可靠性和一致性。上述数据流程如图 5.9 所示。

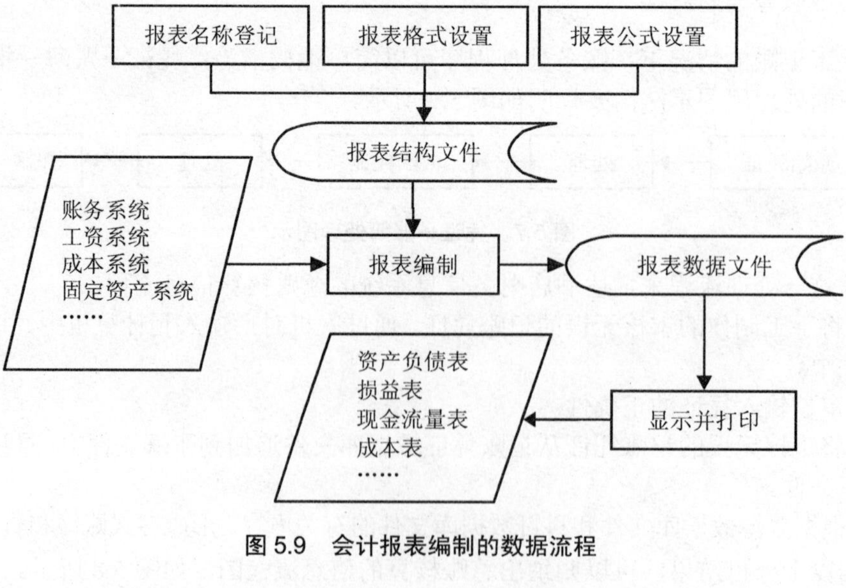

图 5.9　会计报表编制的数据流程

5.3 财务部信息系统操作

酒店财务信息系统用于管理客户、处理应收账款、查看应收账款报表、支付账款、核算工资及管理资金卡等。

5.3.1 客户档案管理操作

1. 客户类型设置

打开“客户类型设置”可对客户类型进行增加、修改和删除。

增加客户类型：在右侧的框中输入新的客户类型，单击“增加”按钮，将新增一个客户类型。

修改客户类型：选中左侧列表中的条目，其内容将出现在右侧的输入框中，修改后单击“修改”按钮，可更改其信息。

删除客户类型：选中左侧列表中要删除的条目，单击“删除”按钮，系统提示是否确定，单击“是”，可将其删除。

客户类型设置操作窗口如图 5.10 所示。

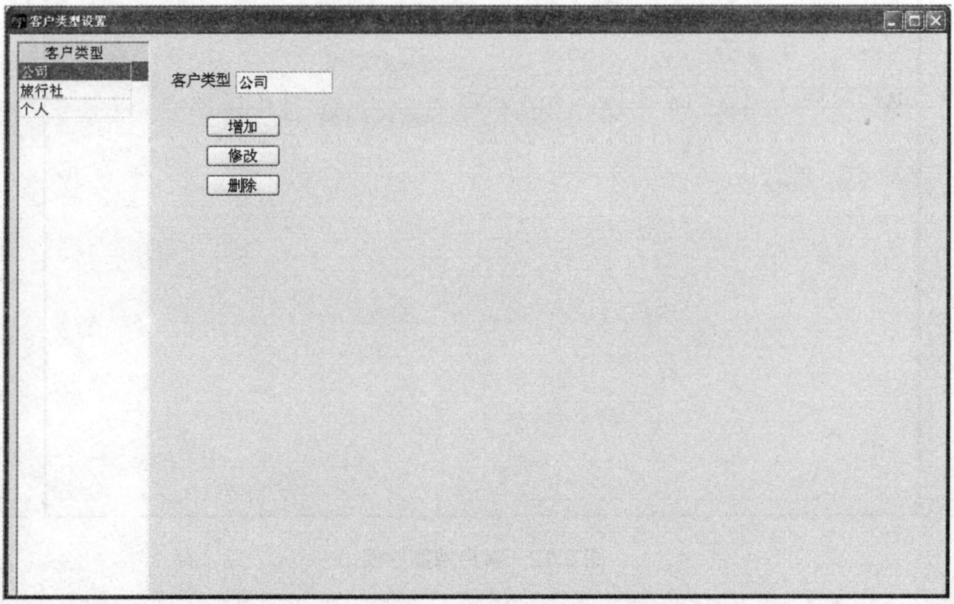

图 5.10 客户类型设置操作窗口

2. 增加客户

单击“增加”按钮，将弹出客户档案窗口，输入相关内容，单击“确定”按钮，可增加一个新客户，如图 5.11 所示。

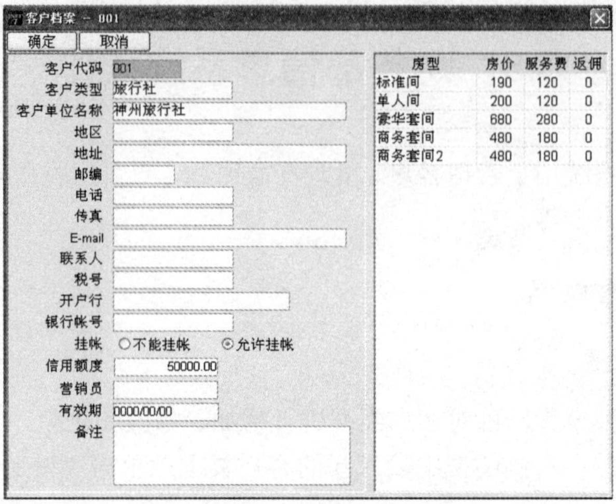

图 5.11　增加客户档案操作窗口

3. 查询客户档案

输入查询条件(代码、类型、名称、地区)，单击“查询”按钮可得结果，该结果可作为修改、删除的选择，如图 5.12 所示。

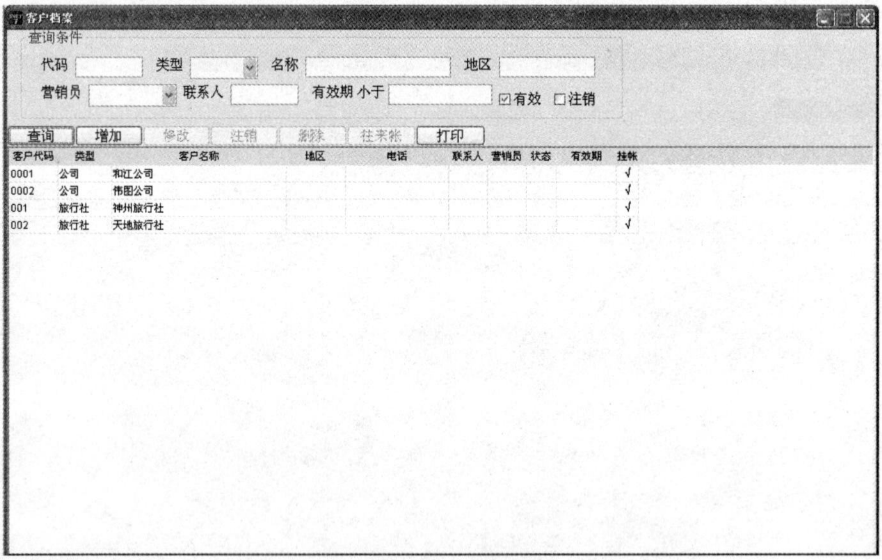

图 5.12　客户档案界面

4. 修改客户

选择要修改的客户，单击“修改”按钮，将出现客户档案窗口，修改后单击“确定”按钮，可将修改内容储存。

5. 删除客户

选择要删除的客户，单击“删除”按钮，提问确认后单击“确定”按钮，如果该客户已经使用，系统会提示不可删除，否则将删除该客户。

6. 注销与恢复账户

选择要注销的账户，单击“注销”按钮，提问确认后单击“确定”按钮，可注销该账户，注销后，该账户将不能被用于挂账，但其账目依然保留。

选择已注销的账户，此时原“注销”按钮显示为“恢复”，单击“恢复”按钮可使该账户恢复使用。

5.3.2 往来账系统操作

选择要处理的账户，单击“明细账”按钮，将出现该账户明细账窗口，如图 5.13 所示。

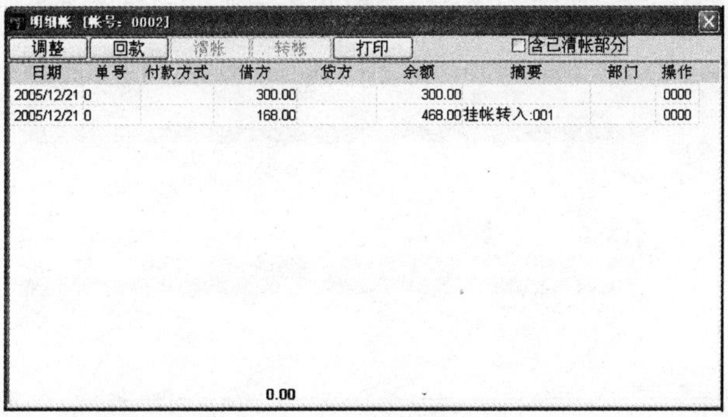

图 5.13 明细账操作窗口

若要对应收账款进行调整，单击“调整”按钮，将弹出应收款调整操作窗口(图 5.14)，输入相关内容，单击“确认”按钮将记入该账户中。该金额作为增加应收款记入借方，同消费结账中挂账的功能相同。

收回应收账款之后，单击“回款”按钮，将弹出应收款回款操作窗口(图 5.15)，输入相关内容，单击“确认”按钮将记入该账户中。该金额作为减少应收款记入贷方。

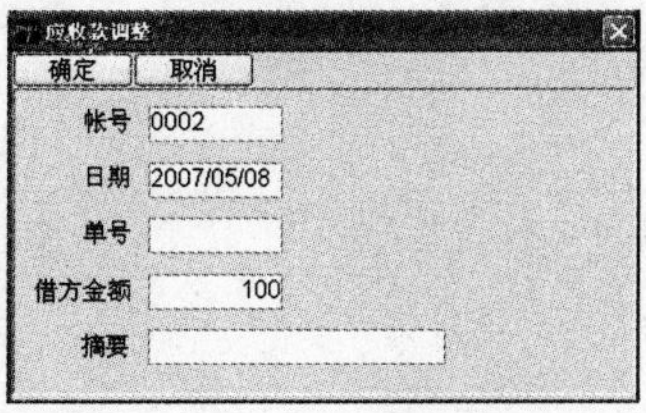

图 5.14 应收款调整操作窗口

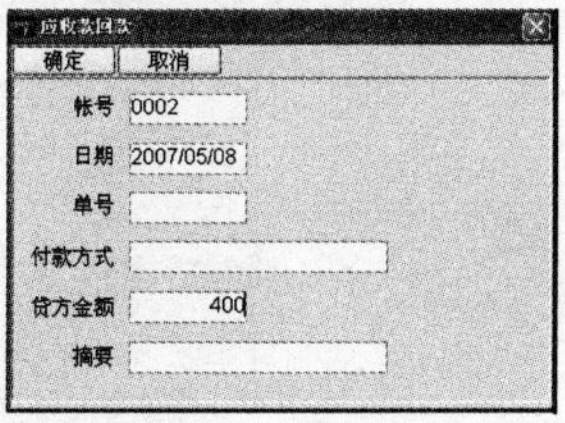

图 5.15 应收款回款操作窗口

清账时，选择相应的清账应收款项目，单击“清账”按钮，将弹出应收款清账操作窗口，输入相关内容，单击“确认”按钮将记入该账户中。该金额作为减少应收款记入贷方。与回款不同的是，该功能自动计算贷方金额，并作清账标志，以便过滤应收款明细账，使之仅留下未清账部分。

5.3.3 结算系统操作

酒店进行结算时，有不同的类别。在日常业务往来中，有许多协议单位，一般是按具体单位定期或不定期的结算。对于供货商，通过“货商结算”模块进行结算；对于酒店会员，需通过“会员结算”模块操作。

1. 协议单位结算

协议单位即为签订销售合同的企事业单位。“协议单位”模块记录协议单位客户档案、签约价格、欠款缴款金额，并记入财务现金账。协议单位结算单只发生在与协议单位有签单销售时，首先要允许协议单位挂账，其次协议单位要有相应的挂账限额。结算时，在主界面选择“协议单位”模块进入，根据协议信息即可操作，如图 5.16 所示。

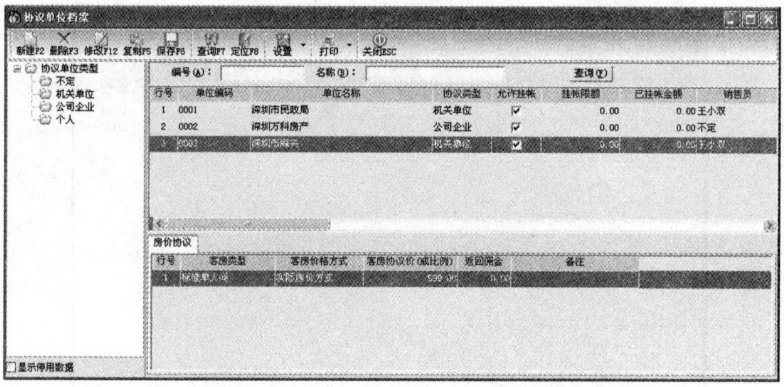

图 5.16 协议单位档案操作窗口

新建协议单位时，可在“主界面”中选择“协议单位”模块进入，如图 5.17 所示。在“协议单位档案”页面，记录是否允许挂账(即是否允许客户签单付款，前台结算时用签单付款方式支付)、最大挂账限额。建立协议单位档案的同时，需录入客房签约价格，作为与协议单位结算时的依据。

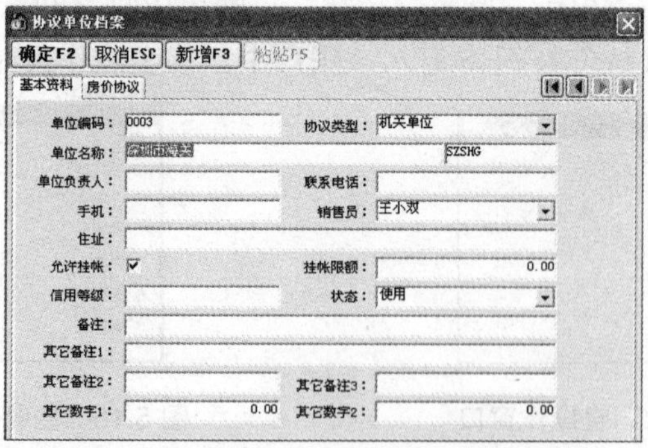

图 5.17 新建协议单位档案操作窗口

2. 货商结算

在“主界面”中顶部菜单项选择“财务”→“货商结算单”项进入本模块，记录会员欠款缴款金额，并记入财务现金账，如图 5.18 所示。

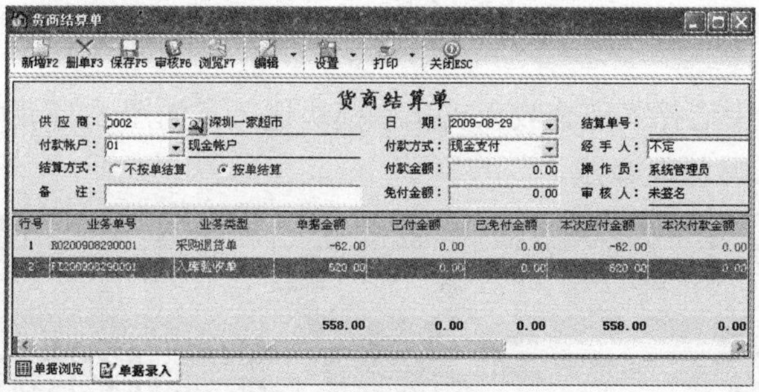

图 5.18 货商结算单操作窗口

3. 会员结算

进行会员结算时，在“主界面”中选择“会员结算”模块进入，记录会员欠款缴款金额，并记入财务现金账，如图 5.19 所示。

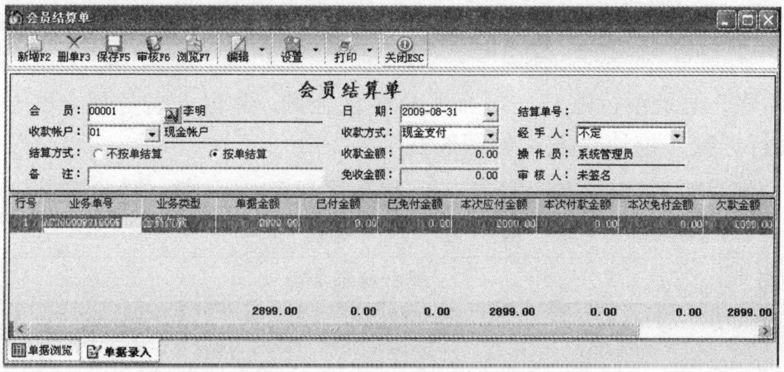

图 5.19 会员结算单操作窗口

4. 收银交款

在“主界面”中选择“收银交款”模块进入，如图 5.20 所示，记录前台收银员收银的金额，并记入财务现金账。此处收银交款单为自动生成，调用的数据为“日常业务”→“收银交班”生成的数据。

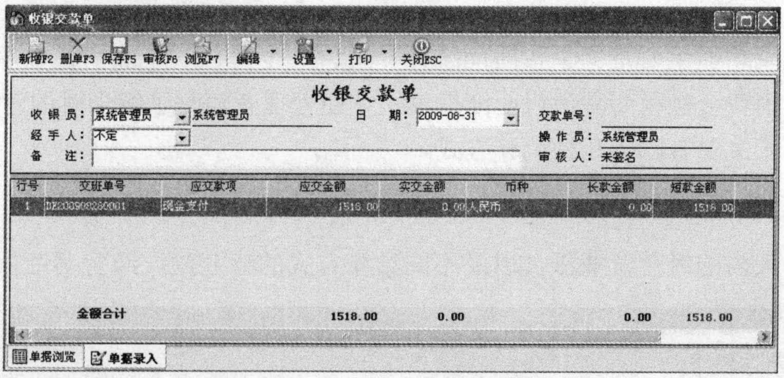

图 5.20 收银交款单操作窗口

5.3.4　现金收入支出

在“主界面”中选择“现金收入支出”模块进入，如图 5.21 所示，记录现金收入、支出金额，并记入财务现金账。

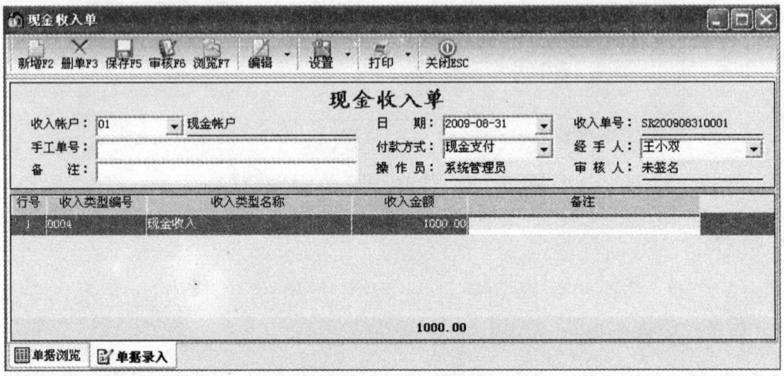

图 5.21　现金收入单操作窗口

“银行转账”记录银行账户与现金账户转款金额，并记入财务现金账。在“主界面”中选择“银行转账”模块进入，如图 5.22 所示。

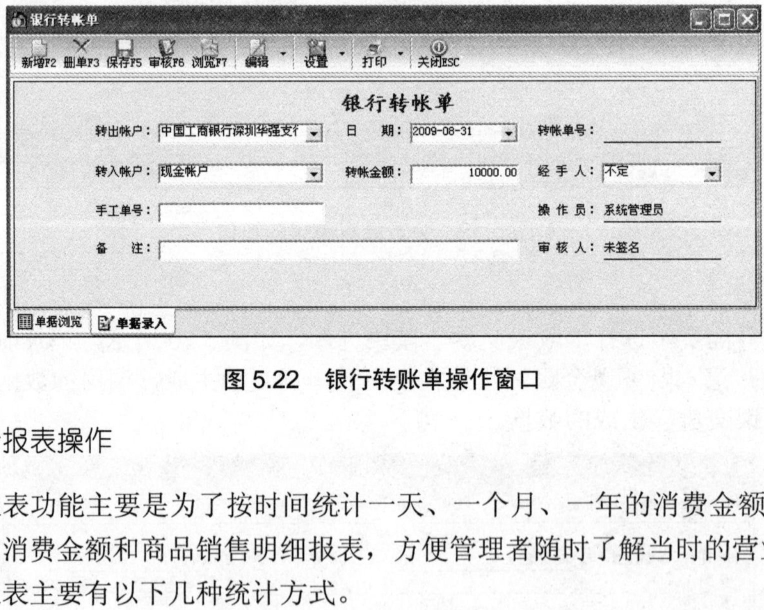

图 5.22　银行转账单操作窗口

5.3.5　统计报表操作

统计报表功能主要是为了按时间统计一天、一个月、一年的消费金额，以及不同结算方式的消费金额和商品销售明细报表，方便管理者随时了解当时的营业额。

统计报表主要有以下几种统计方式。

1. 经营日报表

统计一天内的经营营业额，以及不同结算方式的营业额，经营明细报表操作窗口如图 5.23 所示。

2. 经营月报表

统计每个月的经营营业额，以及不同结算方式的营业额，经营月报表操作窗口如

图 5.24 所示。

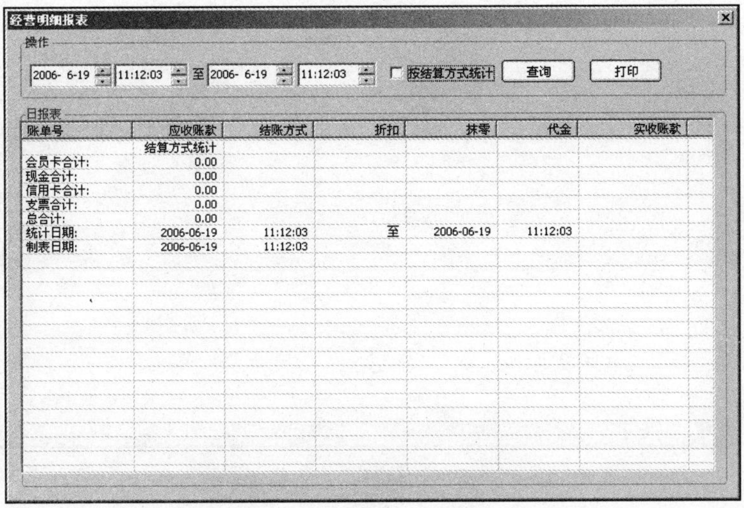

图 5.23 经营明细报表操作窗口

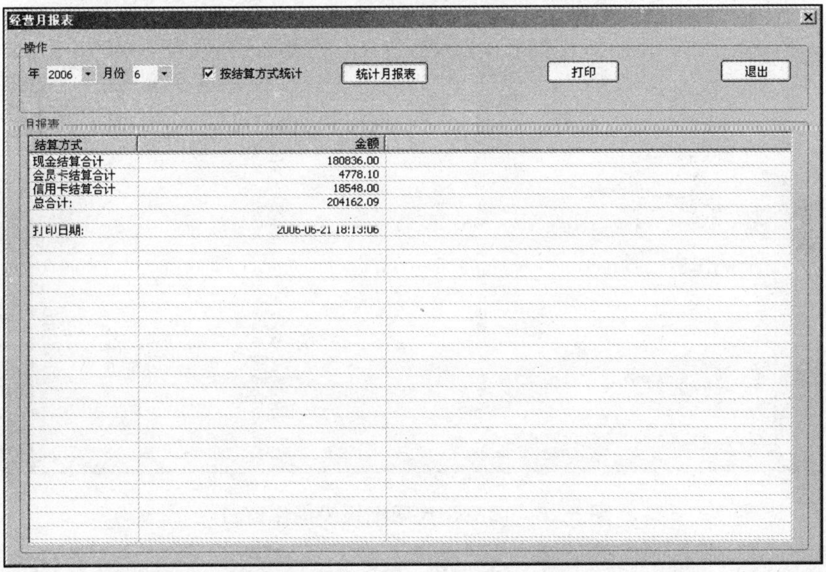

图 5.24 经营月报表操作窗口

3. 经营年报表

统计每年的经营营业额，以及不同结算方式的营业额，经营年报表操作窗口如图 5.25 所示。

4. 商品销售明细报表

统计任意时间段内商品销售的详细情况，如商品名称、数量、单价及总价等，商品销售明细报表操作窗口如图 5.26 所示。

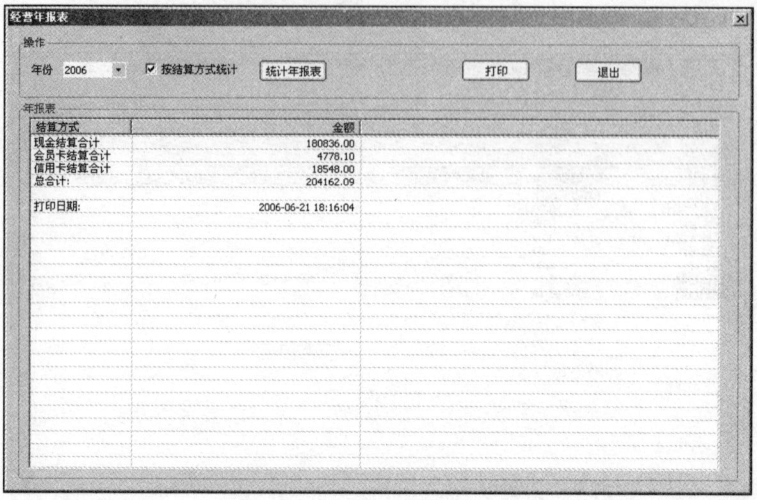

图 5.25　经营年报表操作窗口

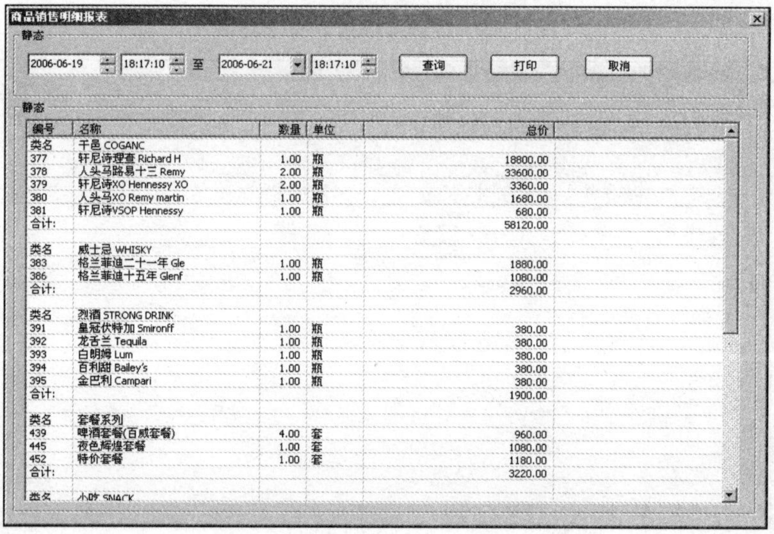

图 5.26　商品销售明细报表操作窗口

延 伸 案 例

北京国际饭店信息化平台整合

北京国际饭店(简称国际饭店)是北京首旅集团旗下的五星级饭店，国际饭店在以往的信息化建设当中，已经采用了 Micros-Fidelio 的酒店前台系统、用友的财务核算系统、久其的财务报表系统，虽然各环节都采用了先进的产品，但由于没有构建在统一的信息平台上，造成各环节相对独立，信息不能共享。而且在酒店行业，采购业务和物资存储涉及采购、仓库、财务、厨房等多个部门，环节多，跨度大，流程管理十分困难。同时，为了满足酒店内部绩效管理的要求，财务人员要对饭店内部众多部门进行指标考核，工作量庞大，信息收集十分困难。基于上述原因，国际饭店将信息化建设的目标定为：在解决酒店供应链、财务核算等问题的基础上，实现信息平台的整合。

2004年4月，国际饭店在对管理软件供应商进行初步筛选后，久其公司、Micros-Fidelio公司、用友公司等几个知名公司进入参选范围。在与这几家公司进一步接洽中，国际饭店认为，久其公司不仅对酒店特有的经营管理方式非常熟悉，而且能够根据用户的实际需求，进行灵活的定制开发；在同类、同品质产品中，久其公司还具有很大的价格优势。因此，国际饭店决定选择久其公司作为合作伙伴。国际饭店要求久其公司在新的系统实施后，能够实现国际饭店以往采用的Fidelio、用友U8、久其报表的全部功能，同时还能够实现以下功能。

(1) 采购管理方面：实现申领、申购的多级审批、采购流程灵活定义、采购价格全程管理。实施人员在与用户确认采购流程后，优化了从部门到采购再到供应商，直至送货的所有环节，并根据业务不同，设计了库房采购、直入直出和一次性采购三种采购方式。

(2) 库存管理方面：实现对一般职能部门、餐厅、厨房以及酒吧、仓库实行不同的成本管理方式，并根据入库类型，实现对成本、费用的归集。对于普通部门，通过一次性采购减少库房的压力，并随时计算归集成本费用；对于各营业部门，通过虚拟库房、倒算成本的方式进行成本管理；对于一般职能部门，需经多层审批领用物品。该模块的实施，规范了业务流程，并为各环节的查询提供了方便。

(3) 应付管理方面：可以自动生成应付款单；按照供应商资质、结算周期自动生成结算表。应付和实际付款信息自动生成记账凭证，实现数据联查及账龄分析。也可不通过采购模块形成应付数据，从而实现对全部应付业务的掌控。

(4) 财务核算方面：自动生成会计凭证、账簿、报表以及会计报表附注；所有的数据流程可以逆向查询。

(5) 报表管理方面：实现报表汇总及分部报表汇总，同类别不同部门的报表可进行模板替换；可编制多体系预算指标，用户根据不同的经营目标，编制各部门的业务预算，并随时进行预算监控。同时，系统内置强大的Excel报表模板导入功能，能够对现有报表进行快速创建。

(6) 总账管理：根据饭店的核算特点，通过划分收入构成和设置成本科目，实现收入与费用的配比管理。为了解决核算效率与精度的平衡问题，采用了单据类型和字段组合后再与会计科目进行映射的方式，经过使用验证，效果极佳；系统还实现了凭证到单据之间的双向联查。在总账模块中，采购、库存和应付模块的单据能够自动汇总，并生成会计凭证。

(7) 信息系统实施之后，将物品的申购、审批、询价、采购、申领、调拨、盘点等繁杂的酒店后台业务整合在一个平台上，可以随时查询业务单据所处的环节，实现规范化、透明化管理。既实现财务上所有核算口径的统一，使财务信息的真实性、可比性大大增强，又加强了供应商管理，实现系统内采购单价审批管理，外部采购成本得到了进一步的控制，单品采购单价在一定范围内有所降低。

(8) 账务数据与报表数据的优化整合使得工作效率明显提高。对大量内部考核报表可以快速实现自动出表；以往现金流量表需要半天到一天才能完成的工作，目前只需要十几分钟；以往应付岗位在每月处理结算信息需要三个或四个工作日，目前时间缩短到两个工作日以内。

资料来源：http://www.jiuqi.com.cn/html/chenggonganli/qiyejituan/canyinlvyou/20100108/1406.html.

请思考：

1．久其软件在哪些方面对财务工作进行了整合？

2．北京国际饭店信息化平台整合之后，对原来的工作产生什么影响？

本章小结

财务部在酒店中具有重要作用，其工作是以会计核算为基础进行的，主要包括酒店预算，应收、应付款的核算，成本控制，结算工资，财务分析等职能。本章详细介绍了如何在酒店财务管理信息系统中具体操作，从而快速、规范地开展财务部门的工作。

练习题

一、选择题

1．酒店的财务工作主要包括(　　)。

A．制订财务计划　　B．日常财务管理

C．财务分析　　D．财务安全管理

2．财务采购一体式工作需要负责(　　)。

A．财务工作　　B．会计工作

C．采购工作　　D．库存管理

3．账务处理程序可概括为(　　)。

A．凭证→账簿→报表　　B．凭证→报表→账簿

C．账簿→凭证→报表　　D．报表→凭证→账簿

4．下列各选项属于结算系统操作模块的是(　　)。

A．协议单位结算　　B．货商结算

C．会员结算　　D．收银交款

5．财务统计报表包括(　　)。

A．经营日报表　B．经营月报表　C．经营年报表　D. 商品销售明细报表

二、判断题

1．酒店财务部的设置从组织形式上来说一般有财务采供一体式和财会一体式。(　　)

2．在手工记账的情况下，账务处理程序可以简单地概括为：凭证→账簿→报表。(　　)

3．编制会计报表，只需要在报表结构文件中设置报表名称、报表格式。 ( )

4．进行往来账系统操作时，选择要处理的账户，单击“明细账”按钮，将弹出该账户明细账窗口。 ( )

5. 进行结算系统操作时，对于供货商，需通过“会员结算”模块操作。 ( )

6．“协议单位”模块记录协议单位客户档案、签约价格、欠款缴款金额，并记入财务现金账。 ( )

三、简答题

1．财务部的信息化对财务部的工作流程有什么影响？

2．总账核算信息流程与传统的手工记账流程有什么区别？

四、实训题

1．协议单位结算是如何操作的？

2．掌握几种统计报表的操作方式。

3．图 5.27 是明细账操作窗口，写出对应收账款进行调整以及收回应收账款的操作步骤。

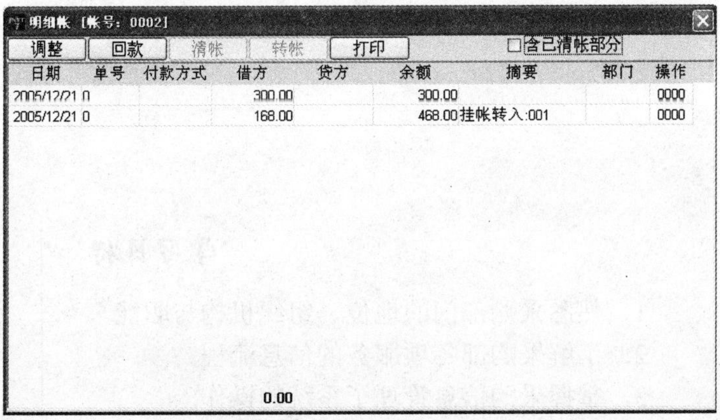

图 5.27 明细账操作窗口

6

酒店采购信息管理

学习目标

1. 熟悉采购部门的地位、组织机构与职能
2. 了解采购部各项服务的信息流程
3. 掌握采购信息管理子系统的操作

导入案例

金陵电子采购系统

2006年3月31日，由《中国酒店采购报》承办的“金陵电子采购系统上线运行座谈会”于深圳成功召开。座谈会以“颠覆传统弊端，引领协同高效”为主题，直击酒店采购领域中存在的问题，会上畅谈了酒店采购现状及未来发展趋势和“阳光采购”等行业热点话题，并演示了金陵中央电子采购的网上采购流程。中国饭店协会及中国饭店协会供应商委员会秘书长范光煜、广州酒店用品商会会长李国昭、秘书长陈彦、深圳五星级酒店采购总监和明辉实业(深圳)有限公司、江苏康乃馨织造有限公司、雨润集团代表人等都出席了座谈会。此外，座谈会也吸引了南方日报、21世纪经济报道、南方都市报、香港商报、中国旅游报等众多主流媒体和行业媒体参加。

会议重点对金陵中央电子采购网做了介绍，传统的酒店采购往往存在以下弊端：成本难以控制、采购周期冗长、信息共享程度弱、监控困难等。而新上线的金陵中央电子采购网通过系统化的协同管理，实施“标准公开、价格透明、采购过程高效”的采购原则，彻底解决了以往酒店采购中的种种问题。

金陵酒店联合采购中心总经理助理吴凯向与会人员讲解和展示功能，对系统上线的过程、运行模式和重要意义作了分析。金陵电子采购网将各酒店与供应商的多头业务状态统一到联合采购中心。各连锁酒店可在网上多点申购，联合采购中心则根据相应的标准，集中统一下订单，从而以批量来获取价格优势，最大限度地降低了各酒店的采购成本。各连锁酒店、供应商、联合采购中心都可以随时跟踪订单的全过程执行状况，大大促进了采购供应链的协同和效率。通过招标通知、询报价、新品询价、合格供应商报价、供应商新品推荐报价等多种方式，采购网与供应商之间建立了公开透明的价格信息发布体系，任何一家供应商都能方便地向金陵连锁酒店提供报价及服务。采购网还建立了科学规范的供应商考核体系，以达到不断优化供应体系的目的。任何一家真正有实力的企业都能通过这一便捷的途径，成为“金陵”合格的供应商。

如今，只要进入金陵电子采购网，金陵连锁酒店采购物品的类别就会出现，买卖双方可以在网上自由交易。截至2008年“金陵”旗下经济型酒店品牌“金一村”五家分店已率先在网上进行申购业务，而在金陵连锁酒店总经理研讨会上，此采购网让各连锁酒店的总经理们振奋，他们认为做好系统建设是连锁发展的重要基础，“金陵”投入巨资建设的这些系统具有长远的战略眼光，连锁经营要充分依靠和使用好系统资源，实现每家酒店经济效益的持续增长。

“我们可以向所有金陵连锁酒店承诺：与酒店自行采购相比，所有通过金陵电子采购网所采购的物品，同等质量情况下价格最低，同等价格情况下质量最好。”金陵酒店联合采购中心总经理孙玉振奋人心地说：“我相信，广大酒店用品供应商与‘金陵’旗下的30余家成员酒店以及更多的非成员酒店，必将通过这种公开、透明、高效的采购运作模式，搭建一个融入现代采购理念的在线交易、交流的平台。”

在"公开、透明、高效"的现代采购理念的指导下，汇聚各方声音，本次座谈会以公正的视角、诚实的声音、强大的影响力，为酒店网上采购的发展献计献策，并将推动酒店采购的健康发展。

座谈会经典语录摘录如下。

孙玉(金陵酒店联合采购中心总经理)：借助金陵中央电子采购网，金陵连锁酒店希望与广大酒店用品供应商构建体现现代采购理念的在线交易平台。

王爱良(中国酒店采购报社长)：全力推进"阳光采购"，这对于酒店采购能否实现"版本升级"，推动和提升中国酒店行业的发展，使中国酒店跻身世界酒店行业的先进行列将会带来深远的影响，金陵电子采购系统值得推崇。

范光煜(中国饭店协会供应商委员会会长助理)：形成现代酒店采购理念，共同促进酒店发展，希望金陵电子采购系统使中国酒店业发展蒸蒸日上。

陈彦(广州酒店用品商会秘书长)：金陵电子采购系统的上线运行将带来中国酒店采购业内的革新，这次座谈会后我要向我们的会员单位引荐这一模式。

周正山(深圳饭店协会)：希望借助这一体系的发展提升深圳饭店采购管理水平，促进酒店业内质的飞跃。

刘子刚(明辉(深圳)实业有限公司销售总经理)：敢为酒店集团之先，令人振奋，系统快捷、透明、完善，佩服！

周观林(江苏康乃馨织造有限公司董事长)：我公司是金陵电子采购系统上线运行以后的第一家受惠的供应商。

欧阳晓静(深圳威尼斯酒店采购部经理)：高效的采购运作模式是采购经理的梦想，向"金陵"学习协同高效之道。

劳家梁(深圳骏豪酒店采购部经理)：采购发展也要与时俱进，金陵电子采购系统为我们的采购管理提供了新标杆。

阮德友(南京雨润食品有限公司推广经理)：标准公开、价格透明、过程高效，酒店采购在管理水平上有了质的飞跃。

黄邵文(联合利华食品(中国)有限公司销售经理)：采购也有自己的范畴，连采购的后延服务都考虑到了，"金陵"不愧为酒店的楷模。

曾华侨(香港商报记者)：放诸四海而皆准，真金不怕火炼，欢迎"金陵"将先进的酒店采购交易模式应用到香港。

资料来源：http://www.jinlinghotels.com/cn/Press Center/newsdetail.asp?id=165.

请思考：

1. 电子化的采购系统相对传统的采购方式有什么便利之处？
2. 采购系统如何进行高效的采购运作？

6.1 采购部的地位、组织机构与职能

酒店采购部一般直属于财务部。酒店采购对于酒店来说是相当重要的，酒店采购

是酒店生产经营活动过程中的重要环节，是酒店生产发展的基础，也成为酒店最为核心的部门之一，采购的价格与质量直接影响到酒店的竞争力。酒店为了能及时给顾客提供优质的产品与服务，必须确定在合适时间内准确采购酒店生产所需的、适用的、价格合理、质量合格的生产资料，以保障生产或服务活动的正常进行。酒店经常强调“开源节流”这句话，所谓开源，即希望酒店销售部门广开渠道，拓展客源市场，而节流就是采购部首当其冲，因为采购直接影响到酒店各项成本，而成本增加必然导致利润减少，成本降低则会使利润提高。因此，对于酒店来说，开源与节流同样重要。

酒店采购部一般隶属于财务部，在酒店财务部的统一计划下进行物资的采购。采购部的组织结构可参照图 6.1 进行设置。

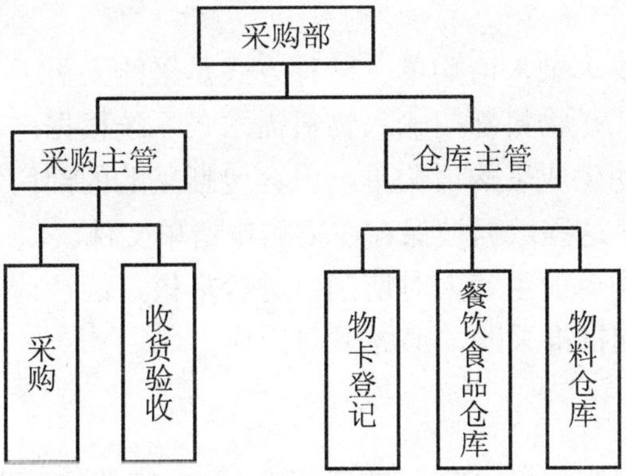

图 6.1　酒店采购部的组织结构

采购组负责采购部的日常工作，按质、按量、按时、低价满足酒店的一切供应要求。具体内容包括：审核酒店各部门采购需求计划，审核无误后及时下采购订单，确保采购材料的正确，满足生产要求；与供应商建立良好的业务往来关系，不牟取私利；经常了解市场，以质论价，以降低酒店费用开支。

仓库组主要负责酒店多种食品、饮料、各种物品、工程用品等资源共享的申购、验收、保管及发放业务的组织管理工作；对入库前物资严格把关，对低质量物品提出退货或拒收意见；加强对食品库、酒水库和物品库的管理，对于保质期将至和消耗速度慢的食品、饮料以及酒水要和酒店使用部门联系，在保质期内用完；每月进行库房盘点，做到账物相符，出现差错及时处理。

6.2　采购部信息流程

6.2.1　采购流程

1. 供应商资料的建立和维护

企业通过市场需求预测或客户订单来组织生产，并根据企业生产计划、产品结构和加工流程、存货状况生成物料需求计划和采购计划。采购管理的核心问题之一是如何找到合适的供应商，应注重供应商供给的稳定性、协作性，努力降低采购环节的成本，提高采购活动的价值增值。

在企业价值链中，通过购买行为获得的竞争优势是建立在良好的供应商关系基础上。建立与供应商长期密切的合作关系是有利的，它将会降低酒店采购成本、生产成本。酒店可以通过信息系统与供应商进行信息沟通，使供应商及时了解产品和供应计划的变化情况。酒店采购信息系统也提供供应商的价值评价功能，建立供应商的价值评价标准，使酒店在进行购买决策时，能保证所选择的供应商符合酒店生产所需、符合酒店质量要求、符合酒店采购政策。

2. 请购单生成

酒店购买物料时要求录入请购单。一种方式是采购人员手工从计算机终端输入采购申请单，另一种方式是物料部门输入物料需求，系统根据产品结构文件、存货子系统中存货库存情况自动生成采购请购单，内容包括采购的部门、采购的存货、采购时间、交货事件等信息，这些数据被保存在采购申请单文件。

负责审核采购请购单的主管人对请购单进行审核，确认请购单的请购数据十分合理，如果请求合理，则批准采购，形成采购计划。

3. 采购订单

采购订单是记录酒店与供应商之间的一种协议，主要包括采购货物的品种、数量、采购加工、供应商、到货时间、运输方式、运费等项目。采购订单是酒店经济活动中重要的组成部分，采购订单管理模块的主要功能包括编制采购订单、修订和审核采购订单、关闭采购订单等。

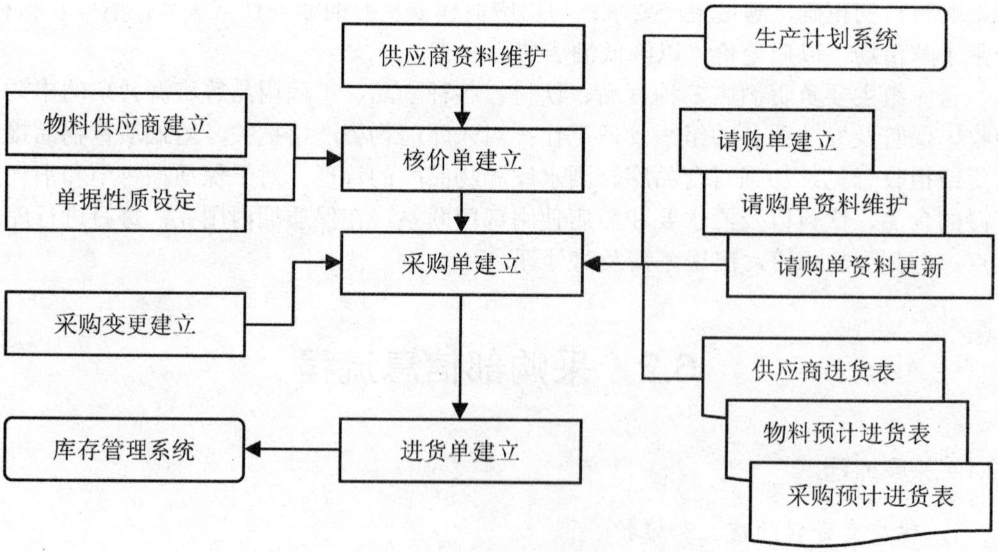

图 6.2 采购的信息流程

6.2.2 入库检验流程

入库检验流程主要是检查收到的物料是否与采购订单一致，以及物料质量是否符合要求。酒店对于进货的物料，有验收处理的程序，对于验收不合格的物料，需要退货。对于检验合格的物料，通过进货单建立作业、确认功能入库。入库检验流程如图 6.3 所示。

入库检验系统可以提供供应商进货明细表、供应商进货汇总表、物料历史进货记录表，它们可以记录各供应商的交易记录和交易条件，以供下次采购时参考。

系统提供的采购价格异常表，管理采购对象异常(即未向主供应商采购的物品)以及价格异常(即非标准物料供应商价格异常)，协助采购效益的评估与衡量。

供应商进货异常表可对供应商交货的八大异常情况进行分析，如早交、迟交、多交、少交、溢价、低价、不良、扣款等状况。

采购入库单是根据采购到货签发的实收数量填制的单据。入库单据类型按进出仓库方向分为入库单、退货单，按业务类型分为普通业务入库单、受托带销入库单。采购入库单录入方式可以直接录入，也可以由采购订单或发票自动生成。如果根据采购订单生成入库单，系统自动按订单编号获取订单数据到入库单，然后依据入库的实际情况补齐修正入库单数据，此时生成的入库单为暂估入库单(货到票未到)。如果根据采购发票生成入库单，系统自动按发票编号获取发票中数据并复制到入库单，然后补齐入库单的其他数据，此时生成的入库单为实际的入库单。

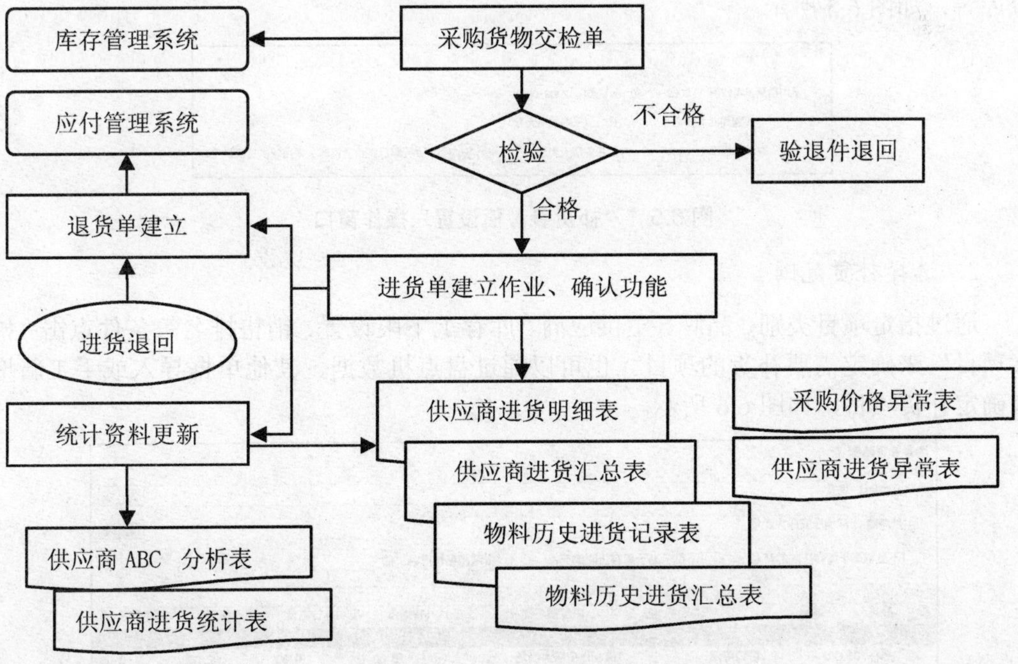

图 6.3 入库检验流程

6.3 采购部信息系统操作

6.3.1 智能补货系统操作

酒店中一些常用的易消耗物料可以通过系统自动补货完成采购过程，免去每天人工操作的烦琐，进行智能补货操作如图 6.4 所示。

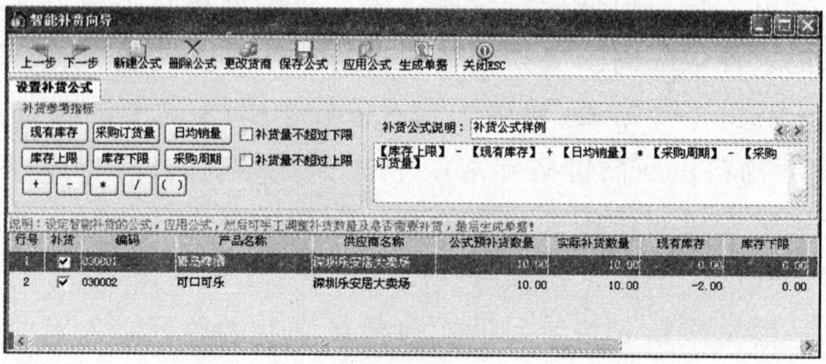

图 6.4 “智能补货向导”操作界面

进入智能补货向导界面，在智能补货系统中设置好补货公式以及供应商的配送方式，即可形成采购订单。

1. 设置补货参考值

首先要设置补货参考值，包括日均销量参考时间、采购周期、默认供应商、补货仓库等，如图 6.5 所示。

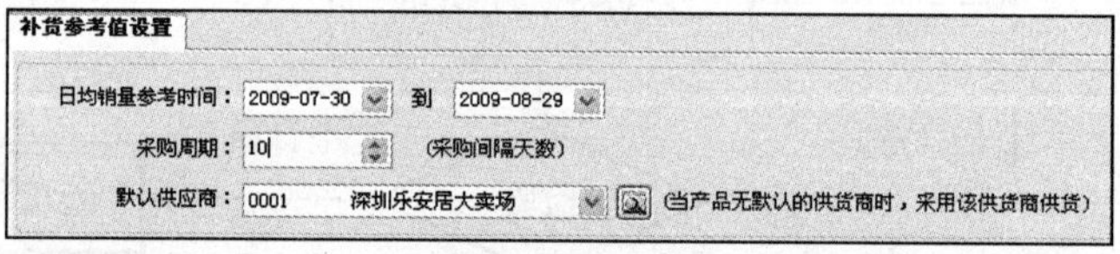

图 6.5 “补货参考值设置”操作窗口

2. 选择补货范围

通过指定项目类别、品牌、主供应商、库存上下限设置、销售排名等条件点击“检索项目”来确定需要补货的项目。也可以通过盘点机数据、其他单据导入或手工新增来确定补货项目，如图 6.6 所示。

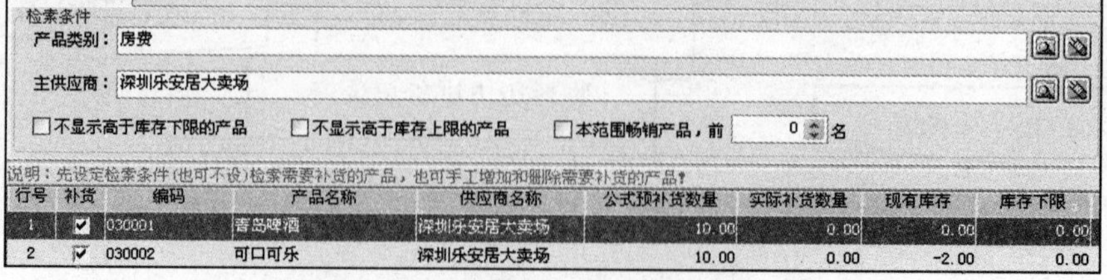

图 6.6 “选择补货范围”操作窗口

3. 设置补货公式

补货公式各运算项目如下。

(1) 现有库存：按现有的库存数据为基数。

(2) 采购订货量：根据未到期的采购订单未完成数量为基数。

(3) 日均销量：每天平均销量为基数(默认以最近一月、也可指定时间段)。

(4) 库存上限：以事先设置好的项目存货上限为基数。

(5) 库存下限：以事先设置好的项目存货下限为基数。

(6) 销售订货量：以前台未完成客户订货量为基数。

(7) 采购周期：以当前采购周期为基数。

(8) 日均直配量：每天平均配送量为基数(默认以最近一月、也可指定时间段)。

根据订货周期、到货周期、库存量和销售量制作相应的公式，一般公式为

订货量＝(订货周期＋到货间隔日期)×日均销售量＋安全库存－现有库存(库存上/下限)

单击“应用公式”生成要货数据，如图 6.7 所示。

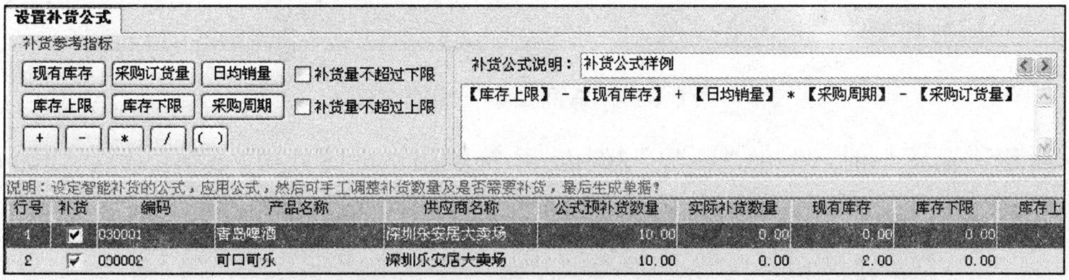

图 6.7 “设置补货公式”窗口

4. 生成补货单据

根据供应商的性质，确定供应商的配送方式。可以采取供应商直接供货的方式，即供应商先把货发给当地的一级代理商，再由代理商向酒店供货，系统可生成该供应商的采购订货单；另外，对于大型酒店集团来说，部分物料集团负责集中采购，系统生成向总部的要货申请单。单击“生成单据”生成该项目主供应商未审核的采购订货单。补货结果窗口如图 6.8 所示。

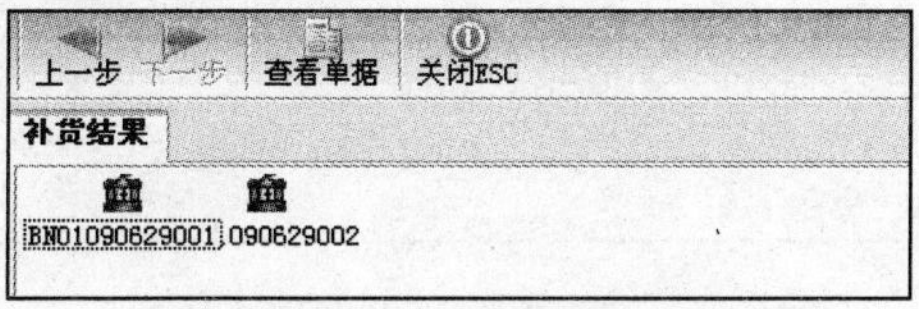

图 6.8 “补货结果”窗口

5. 查看/打印单据

生成相应单据，单击“查看单据”即可查看当前生成的单据。单击“打印”则执行相应的打印操作。

6.3.2 采购订货系统操作

1. 建立货商档案

酒店只要有采购业务发生，就需要对供应商的情况进行全面的了解、统计。建立供应商档案有利于酒店对供应商的信息进行全面掌握，也为采购订货提供了便利条件。货商档案操作窗口如图 6.9 所示。

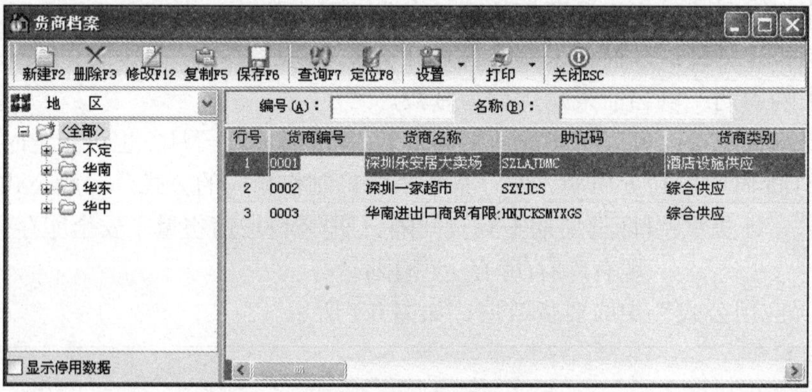

图 6.9 “货商档案”操作窗口

新建货商资料时，单击“新建”按钮，系统弹出“货商分类”操作窗口，如图 6.10 所示。

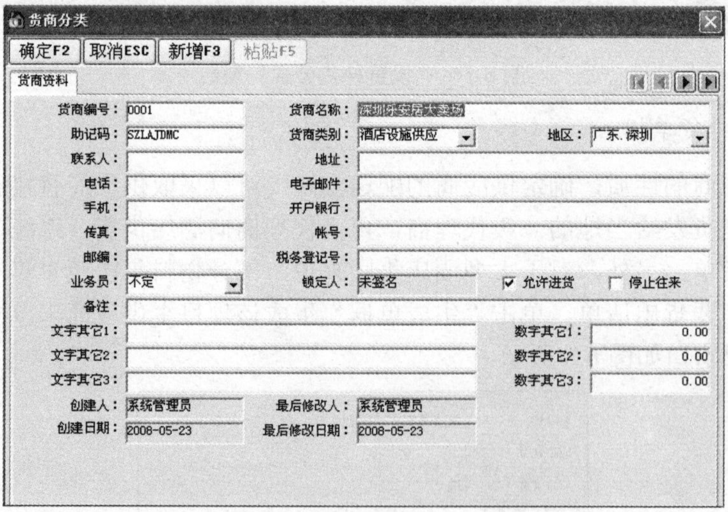

图 6.10 “货商分类”操作窗口

在货商分类窗口中，供应商代号一般由系统自动按顺序产生。在供应商名称编辑框中可以输入该供应商的名称。在下面的空白选项中可以输入该供应商的任何其他信息，包括该供应商的企业类型、地址、联系人、电子邮件、传真、开户行、账号、税务登记号、邮编等其他信息。

单击“新增”按钮保存当前的供应商资料，并继续新增其他供应商资料。单击“确定”按钮则保存当前新增的供应商资料，并关闭该窗口。单击“取消”按钮，则放弃对当前供应商资料的编辑操作。

双击查看当前货商档案，可以进行相应的修改然后保存。

2. 新建采购订货资料

建立供应商档案后，酒店可以很方便地进行采购活动。首先选择采购订货，单击“新建”按钮，自动建立一行空白数据。采购订货编码自动产生，在“项目名称”中输入相应的订货名称。单击“新建”按钮保存当前的采购订货资料，并继续新增其他采购订货资料。单击“保存”按钮则保存当前新增的采购订货资料，如图 6.11 所示。

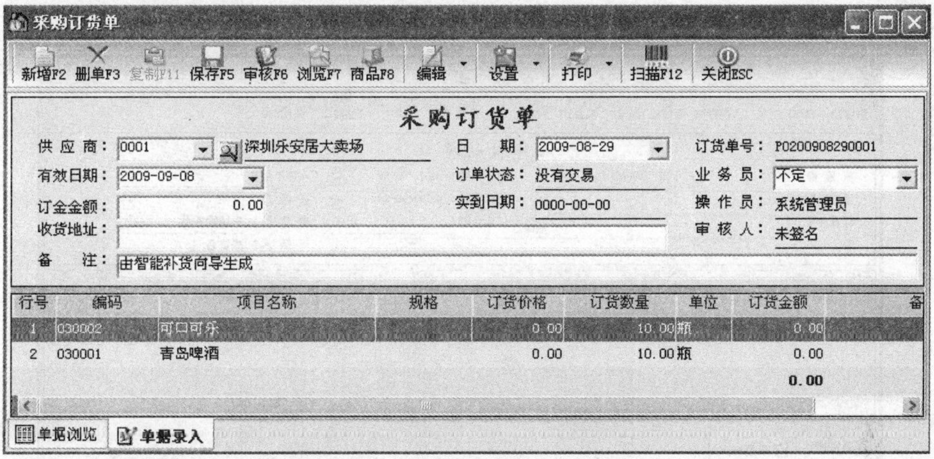

图 6.11 “采购订货单”操作窗口

3. 修改采购订货资料

(1) 从采购订货列表窗口中选择一个要修改的采购订货。

(2) 然后修改采购订货名称。

(3) 单击“保存”按钮，保存对该采购订货资料所做的修改。

4. 删除采购订货资料

(1) 从采购订货列表窗口中选择一个要删除的采购订货。

(2) 单击“删除”按钮。

(3) 如果该采购订货资料未在任何业务中使用过，则系统弹出一个对话框，询问是否确实要删除该采购订货资料。单击“确定”按钮，则相应的采购订货资料被删除，单击“取消”按钮，则放弃删除采购订货资料的操作。

(4) 如果该采购订货资料已在业务中使用过，则系统给出提示，不能删除该采购订货资料。

(5) 如果需要删除的采购订货资料中包含下级从属采购订货资料，则必须先删除下级从属资料，然后才能删除上级采购订货资料。

5. 打印采购订货资料

如需打印采购订货资料列表，直接单击工具栏上的“打印”按钮，然后选择打印即可。

6.3.3 入库验收系统操作

1. 入库验收

入库验收模块用于记录详细的采购收货业务，可以引用订单进行收货，也可以人工录入单据。

进行入库验收系统操作时，首先在“主界面”中选择入库验收模块进入，如图6.12所示。

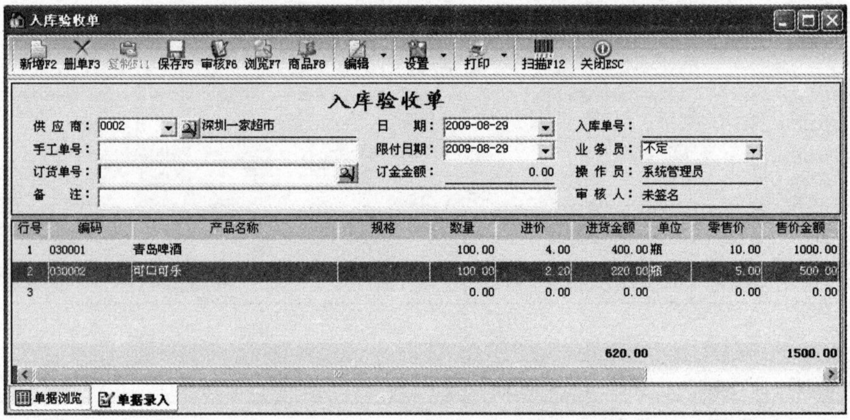

图6.12 “入库验收单”操作窗口

当打开“入库验收单”窗口时，该窗口即处于新增状态，可新增入库验收单。

如果该窗口处于修改状态，可以通过单击“增加”按钮使其处在新增状态，此时即可输入一张新的入库验收单。

新增入库验收单时，既可以通过系统操作，也可以手工录入。

方法一：通过系统操作，引用采购订单收货。

(1) 输入单据日期：系统默认单据的日期为当前系统日期，可以修改。

(2) 选择供应商：在“供应商”栏的下拉列表框中选择相应的供应商。

(3) 订单单号：单击订单单号后面的按钮，弹出如下窗口(图6.13)。

在此窗口中，列出了该供应商的全部未执行完毕的订单，选择一张订单，双击订单或单击“确定”按钮，订单的数据自动复制到入库验收单中。系统是完全复制订单，订单数据与实际执行有差异时，可以修改。未执行完毕的订单可以留待以后执行。

(4) 入库单号：由系统自动连续编号，不可以修改。

(5) 限付日期：系统默认为当天，可更改，表示该入库单的付款日期。

(6) 录入备注：需要时可以在“备注”编辑框中，录入备注事项。

(7) 录入业务员：从“业务员”栏下拉列表框中，选择执行采购任务的业务员。

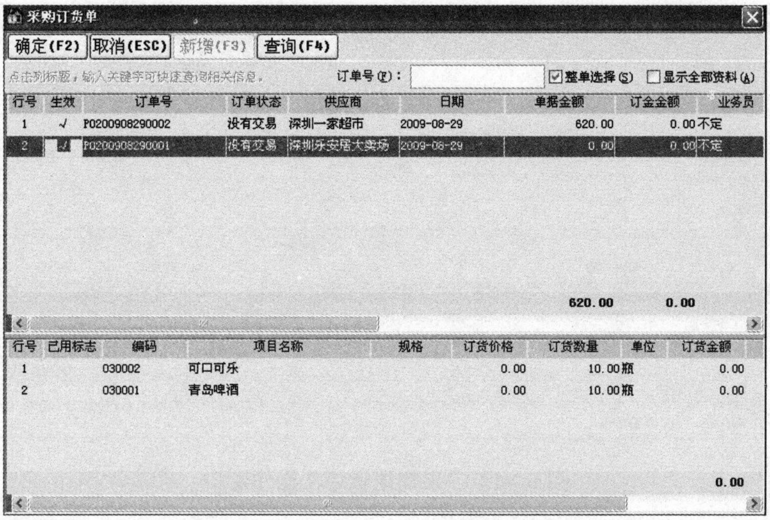

图 6.13　采购订货单操作窗口

方法二：手工录入单据。

(1) 录入单据日期、供应商、进货仓库、业务员等资料，操作方法引用订单。

(2) 在窗口下部明细列表框中录入采购的货品名称、数量、单价等信息，有两种方法：在项目编码栏直接输入相应货品编码；通过双击该栏目弹出“选择货品”对话框，选择货品。

① 计量单位：计量单位是在定义货品资料时定义的，此处不可以修改。

② 数量：在数量栏录入进货数量。

③ 单价：如果在货品资料中输入了该货品的参考进价，系统将会自动给出这一参考进价，以供参考。此处可以根据实际情况进行修改。

④ 金额：该栏的金额是根据数量、单价计算而来，用户不需操作。

⑤ 零售价：如果在货品资料中输入了该货品的零售价，系统将会自动给出这一零售价，以供参考。此处可以根据实际情况进行修改。

⑥ 售价金额：该栏的金额是根据数量、零售价计算而来，用户不需操作。

(3) 录入备注：在编辑框中录入采购货品的有关事项。

(4) 手工单号：指以前的进货单号或其他单号。

单击“保存”按钮保存单据，保存完成后即马上会提示是否审核，如需审核则选择“是”，不需要审核就选择“否”，要注意的是单据一经审核就不能再进行修改操作。

数据影响：此单据生效后为库存数量增加、库存金额增加、货商应付款增加。

修改、删除、打印方法同“采购订货”，以下类同。

2. 采购退货

在采购退货业务中，可以按单进行退货，也可以不按单退货；在货款结算上，可以退现金，也可以将退货款冲销应付款。以上处理用户可以根据实际情况自由选择。

在“主界面”中选择采购退货模块进入，如图 6.14 所示。

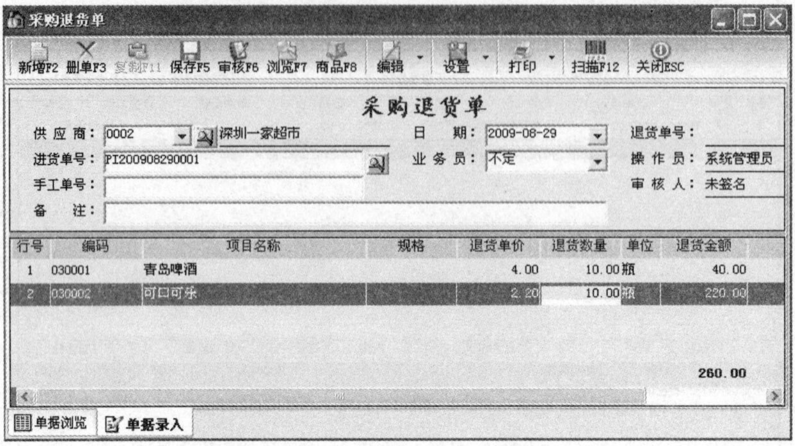

图 6.14 “采购退货单”操作窗口

当打开采购退货单窗口时，该窗口即处于新增采购退货单状态。如果该窗口处于修改状态，可以通过单击“新增”按钮使其处于新增状态，此时即可输入一张新的采购退货单。

方法一：通过进货单号退货。

(1) 在供应商栏选择供应商后，单击“进货单号”右边按钮，即弹出“入库验收单选择”窗口，如图 6.15 所示。

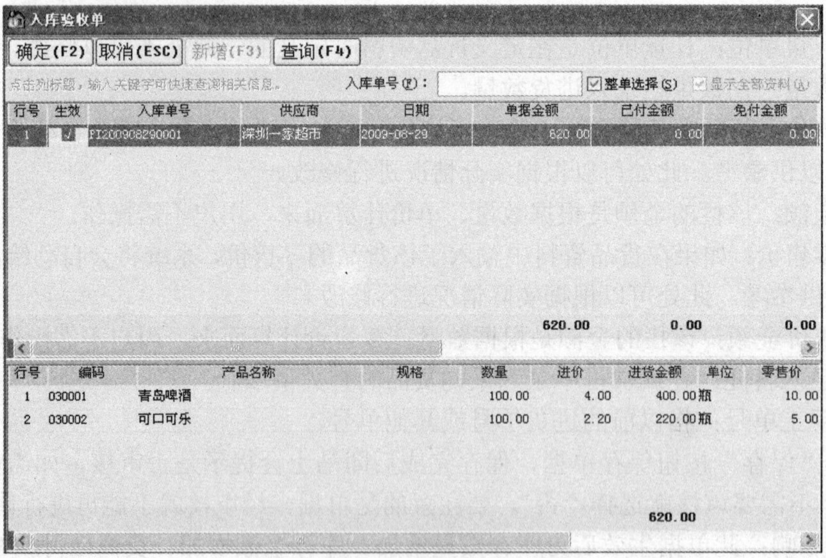

图 6.15 “入库验收单”操作窗口

(2) 图 6.15 中列出了全部进货单，选择某一进货单记录单击可以查看原始单据。选择本次退货对应的进货单，单击“确定”按钮或者双击鼠标左键，原进货单的数据就会复制到退货单上。

(3) 系统默认对原进货单全部退货。如退货数量、单价等信息与原进货单不一致，均可以修改。未退完的进货单以后还可以进行退货。

(4) 选择退出仓库：单击“仓库”后面的下拉按钮，在弹出的下拉列表框中选择“退出仓库”。

(5) 录入业务员：从业务员下拉列表框中选择业务员。

方法二：手工录入单据。

(1) 单号：系统自动连续编号，不可以修改。

(2) 选择供应商：在“供应商”栏的下拉列表框中选择相应的供应商。

(3) 录入业务员：选择负责该退货单的业务员。

(4) 手工单号：指以前的进货单号或其他单号。

(5) 在窗口下部明细列表框中录入退货的货品名称、数量、单价等信息。

① 输入退货的品名规格：既可在项目编码栏直接输入相应货品编码，又可以通过双击该栏目弹出“选择货品”对话框，选择货品。

② 数量：在数量栏录入退货的数量。

③ 单价：如果在货品资料中输入了该货品的参考进价，系统将会自动给出这一参考进价，以供参考。此处可以根据实际情况进行修改。

④ 金额：该栏的金额是根据数量、单价计算而来，用户不需操作。

⑤ 每张退货单可以输入多种货品，若想在录完一种货品后增加另一种货品明细，可以用单击右键，增加一行，或按【Enter】键切换到下一行。

(6) 单击“保存”按钮保存单据，保存完成后即马上会提示是否审核，如需审核则选择“是”，不需要审核就选择“否”，要注意的是单据一经审核就不能再进行修改操作。

数据影响：此单据生效后库存数量减少，货商应付款减少。

延伸案例

维也纳酒店集团实现集中采购

维也纳酒店集团成立于 1993 年，以“创世界品牌、立百年伟业”为愿景，以“通过持续不断改善产品品质，让商旅人士更加称心愉悦，让礼仪之邦拥有世界上最著名的酒店品牌”为使命，经过多年的不断积累，现已发展成为深圳区域客房数量最多、最受客户信赖、最具影响力、最具规模且分店遍布全国大中城市的大型知名连锁酒店集团。

截至 2008 年，维也纳酒店集团拥有精品商务酒店 52 家(含在建酒店)、10 000 多间客房、7000 多个餐位、3000 多名员工。国际著名风险基金软银赛富已巨额注资维也纳酒店集团，启动了企业上市计划。集团计划以每年新开 60～80 家的速度，用 3～5 年的时间，完成全国达 300 家酒店以上的战略布局，成为中国中档商务连锁酒店的领袖品牌。

集中采购高度体现了集团对采购物流、资金流的控制，体现了集团内部的业务协同。围绕这种需求，维也纳集团通过金蝶 EAS 系统进行了以下关键处理。

1. 建立集团统一控制的供应商管理、评估、价格管理平台

在集团层面建立统一的供应商档案、采购许可、配额管理、采购策略等，制定统一的采购价格、最高限价，授权给下属企业使用，实现统一控制、体现快速反应。

2．建立完善的计划、订单、收货集中控制平台

采购计划(申请)层层汇总、分解、平衡，最终形成集团的采购计划。集团根据采购计划进行统一订货或分开订货，取决于预先制定的采购流程，这种采购流程能根据不同情况分别控制，并按规定执行。对于集中订货，集团根据需求状况下达收货指令给相应收货机构，收货机构根据这些指令进行收货并受指令约束。

3．建立完善的外部结算、内部结算平台

根据预先设定的结算流程进行外部结算，若流程规定由集团集中结算，则集团汇集下属企业入库数据进行结算，并由此产生集团与下属企业的内部结算需求。

4．建立多维集团采购分析平台

建立全集团采购信息分析平台，从多个角度分析全集团的供应商供货状况，价格变动状况，采购数量、资金占用状况，订单收货、欠收状况，为集团采购决策提供支持。

5．对物品采购实行分级管理

整个企业内部采购业务以后分为四类：分店计划内物资采购、分店计划外物资采购、集团总部物品采购、集团物配中心中央仓备货采购。

(1) 分店计划内：分店的月度需求采购计划，一个月一次。

(2) 分店计划外：分店超出当月原计划的采购申请，一个月不能超过三次。

(3) 总部物品采购：总部日常用品采购业务，用量相对很少。

(4) 中央仓备货采购：物配中心为满足各分店调拨需求而进行的A类物品采购业务。

资料来源：http://longgang.kingdee.com/pub/show/2011/4/101203301/11166.html.

请思考：

1．集团集中采购为维也纳酒店集团的管理带来哪些便利？

2．请描述酒店集团集中采购的信息流程。

本章小结

酒店采购部一般直属于财务部。采购部主要有采购、仓库保管两大职能。本章阐述了信息化系统下的采购流程和入库检验流程，并详细介绍了如何在酒店采购管理信息系统中具体操作，从而快速、规范地开展采购工作。

练习题

一、选择题

1．仓库部门主要负责的工作有(　　)。

A．审核采购需求计划　　B．对采购物品的验收

C．每月进行库房盘点　　D．对库存商品的日常管理

2．采购订单中需包含的项目有(　　)。

A．采购物品的品种、数量　　　　B．采购供应商

C．到货时间　　　　　　　　　　D．运费

二、判断题

1. 酒店购买材料时录入请购单，可采用从计算机终端输入方式和手工填制的方式。(　　)

2．采购订单管理模块的主要功能包括编制采购订单、修订和审核采购订单，无法关闭采购订单。(　　)

3．采购入库单是根据采购到货签发的实收数量填制的单据。(　　)

4．酒店中一些常用的易消耗物料可以通过系统自动补货完成采购过程。(　　)

5．在货商分类窗口中，供应商代号一般由系统自动按顺序产生。(　　)

6．入库验收模块只可引用订单进行收货，不能人工填制。(　　)

7．在货款结算上，可以退现金，也可以将退货款冲销应付款。(　　)

三、简答题

1．结合第 5 部分的内容思考，采购部的信息流程是如何与财务部信息流程相联系的?

2．请对酒店入库检验系统流程再造提出合理的建议。

四、实训题

1．在信息系统中如何进行补货的操作?

2．掌握订货系统的操作。

3．采购退货的两种操作方式有什么区别?

4．丽苑酒店希望对一些常用的易消耗物料通过系统自动补货完成采购过程，智能补货操作如图 6.16 所示，请说明进行智能补货的操作步骤。

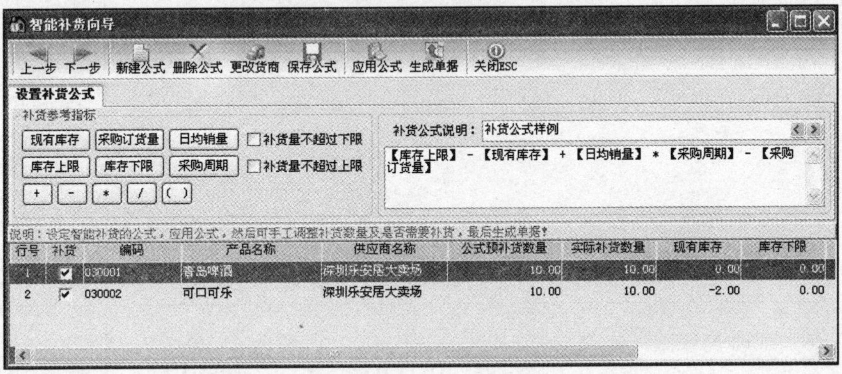

图 6.16　智能补货操作图

7

酒店电子商务常识

学习目标

1．了解我国电子商务的发展
2．理解酒店电子商务的概念
3．熟悉酒店电子商务的模式

导入案例

7天连锁酒店聚焦电子商务

在Alexa网站最新排名中，7天连锁酒店网站的流量排名首度超越全球经济型酒店领头羊——宜必思连锁酒店，成为全球第一流量的酒店网站。全球经济型酒店网站流量排名前三位依次为7天连锁酒店、宜必思连锁酒店、速8连锁酒店。7天连锁酒店CEO郑南雁在接受记者采访时说，电子商务已经成为7天连锁酒店区别于其他经济型酒店的核心竞争力之一。

7天连锁酒店在电子商务上的动作持续吸引人们的眼球。

首先是在全球金融风暴袭击最猛烈之时，7天连锁酒店逆市获得国际金融机构高达6500万美元的融资，并宣布融资将重点投入7天连锁酒店“中国酒店业第一电子商业平台”。接着7天连锁酒店又高调宣布与腾讯公司正式达成战略合作关系。此前，7天连锁酒店已与多个互联网平台展开合作，包括国内极具影响力的综合性虚拟社区天涯社区、51同城论坛，知名的网络支付平台财付通，以及生活咨询搜索平台去哪儿网、酷迅网、口碑网等。接二连三的举动显示出7天连锁酒店电子商务平台的外部延展已深入到互联网的各个方面，其历时3年打造的电子商务航母业已完成。

随着7天连锁酒店电子商务航母的成功缔造，消费者可通过网络，使用主流的论坛、社区、搜索引擎、即时通信工具和电子商务网站等，实现即时获得7天连锁酒店免费会员注册入口及酒店预订入口提交订单等服务。由于信息是“推送式”的，网民不需专门、复杂和烦琐的信息寻找，也不需做太多改变，即可轻松地获得7天连锁酒店200多家分店的信息，选择和预订分店所在区域、房型和房价等。

7天连锁酒店的电子商务平台使运营成本更加优化。7天连锁酒店电子商务平台使酒店的分销环节减少，压缩了销售和人员成本，从而能以优惠价格回馈消费者。这种成本优化更是7天连锁酒店电子商务航母起航时所掀起的“收益巨浪”。传统酒店平台依赖其他分销平台，每卖出一间房，分销代理商就要抽走20%甚至更多的交易额。酒店因此支付了越来越高的利润比例，间接使酒店降低了服务质量，使得消费者成为中间环节高昂成本的买单人。而7天连锁酒店电子商务平台更加扁平化，所以成本更低，流程更简单。通过技术手段优化能有效地降低成本，一方面最大程度地优化订房模式，便于满足来自不同渠道的客商订房需求，使客人真正享受透明、便捷服务。另一方面在减轻了前台、呼叫中心压力的同时，压缩了销售成本，保证以优惠的价格反馈给消费者。

7天连锁酒店CEO郑南雁表示：“当网民在适应了方便快捷的网络服务后，他们首选的消费方式将是直接进入最常用的互联网平台，电子商务的长尾消费力量将充分体现出来。”

资料来源：http://travel.sohu.com/20081217/n261264164.shtml.

请思考：

1．在互联网时代，酒店开展电子商务的必要性有哪些？

2．酒店电子商务所面临的挑战来自哪些方面？

7.1 中国电子商务的发展

迄今为止，全球电子商务发展可谓经历了一次网络泡沫，即 20 世纪 90 年代中后期至 2001 年，这个阶段出现一大批以“.COM”为代表的新兴网络企业，人们相信互联网是将买家与卖家以低成本联系起来的最佳媒介，以其为基础的新商业模式将会兴起。在投资领域，欧美、亚洲等多个股票市场中与科技及新兴网络相关的企业股价高速上升，风险投资也大量进入新兴网络企业。

“.COM”商业模式主要特征是依赖持续的网络效应，以长期净亏损经营换取市场份额，在亏损期间则以风险资本，尤其是首次公开募股(initial public offering，IPO)从股市获得资金来支付开销。当投向新兴网络企业的大量资金被“燃烧”掉，由此形成的网络泡沫达到顶峰后，不盈利的商业模式最终导致网络泡沫破裂。

尽管许多电子商务企业破产，众多传统企业质疑电子商务的能力，但是有一批电子商务企业坚持下来并获得成功，如亚马逊公司(Amazon.com)。进入 21 世纪后，经受考验的新兴网络企业，以及信息化建设与应用成功的传统企业共同迎来电子商务发展的新浪潮。

7.1.1 我国互联网用户的发展

根据中国互联网络信息中心（CNNIC）于 2014 年 7 月发布的第 34 次《中国互联网络发展状况统计报告》（以下简称报告），截至 2014 年 6 月，我国网民规模达 6.32 亿，半年共计新增网民 1442 万人。互联网普及率为 46.9%，较 2013 年底提升了 1.1 个百分点。我国自 2004 年以来的互联网发展速度如图 7.1 所示。

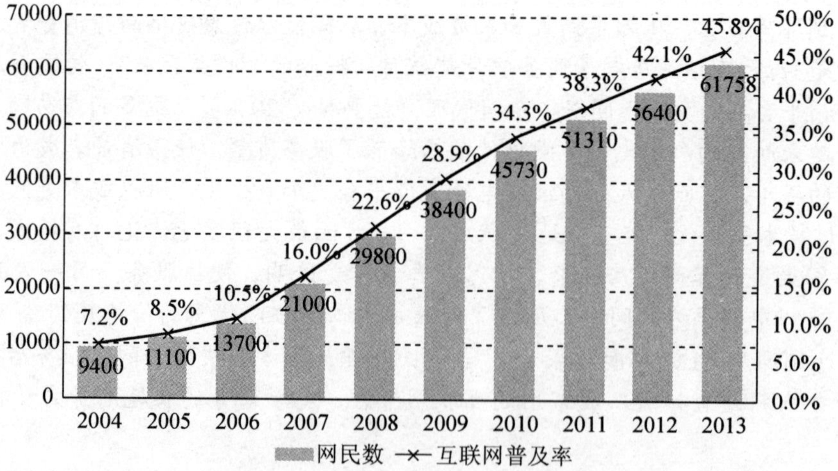

图 7.1 中国 2004～2013 年网民规模与互联网普及率

从图 7.1 可知，我国网民规模自 2006 年起可谓快速增长，特别是在 2008 年和 2009 年，网民年增长量接近 9000 万，尽管在 2010 年后这一增长势头出现减缓迹象，但是网民年增长量还保持在 5000 万左右。互联网普及率自从 2006 年达到 10.5%后，在 2010

年前平均每年普及率提升约 6 个百分点，同样是在 2010 年后每年普及率提升降为 4 个百分点左右。

截至 2014 年 6 月，中国网民男女比例为 55.6:44.4，与 2013 年底基本一致。在庞大的网民基数影响下，中国网民性别结构基本保持稳定。从网民年龄结构看，20～29 岁年龄段网民的比例为 30.7%，在整体网民中占比最大。与 2013 年底相比较，20 岁以下网民规模占比增长 0.6 个百分点，50 岁以上网民规模占比增加 0.3 个百分点，互联网继续向高龄和低龄群体渗透。从网民学历结构看，整体网民中小学及以下学历人群的占比为 12.1%，较 2013 年底上升 0.2 个百分点，同时大专及以上人群占比下降 0.3 个百分点，中国网民继续向低学历人群扩散。

从网民职业结构看，学生依然是中国网民中最大的群体，占比 25.1%，互联网普及率在该群体中已经处于高位。个体户/自由职业者构成网民第二大群体，占比 21.4%。企业/公司中管理人员占比为 2.9%，一般职员占比为 12.2%。从网民收入结构看，整体网民中月收入在 3000 元以上的人群占比明显提升，达 32.3%，相比 2013 年底增长 3.7 个百分点，这也与我国居民收入的增长趋势相符。

我国网民上网设备使用情况如图 7.2 所示。在 2014 年上半年，我国网民中使用手机上网比例由 2013 年底的 81.0%上升至 83.4%，增长 2.4 个百分点，而通过台式电脑和笔记本电脑上网的网民比例略有下降。值得注意的是，我国网民使用手机上网比例首次超过传统 PC 上网比例（80.9%），手机作为第一大上网终端设备的地位更加巩固。近年来，智能手机对我国网民普及率增长的拉动效果明显，但随着 2014 年上半年智能手机对功能手机的替代已经基本完成，同时易转化群体已逐渐被纳入网民群体，可以预见我国互联网渗透的难度将加大。

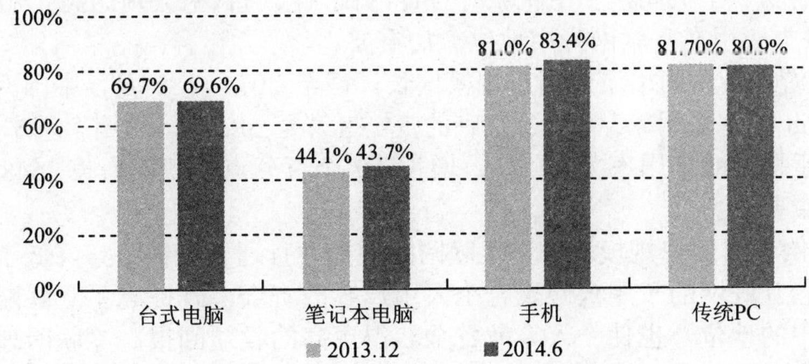

图 7.2　我国 2014 年网民上网设备

目前，我国农村非网民人口仍有 4.5 亿，这是未来互联网普及工作的重要方向。从农村新增学生网民的年龄结构分析，加强我国农村初级学校的信息化基础设施建设，向农村低龄学生开设互联网教育课程，将对我国互联网普及率的提高带来一定的贡献。而从农村新增非学生网民的互联网应用情况分析来看，针对该群体开发操作简便的即时通信、新闻、音乐类软件，拓宽该群体的网络入口，同时还应大开发贴合农村生产、生活的工具类应用力度，向农民提供有实用价值信息内容。

我国网民在 2013.12～2014.6 年的互联网应用状况如图 7.3 所示。

	2014 年 6 月		2013 年 12 月		
应用	用户规模(万)	网民使用率	用户规模(万)	网民使用率	半年增长率
即时通信	56423	89.3%	53215	86.2%	6.0%
搜索引擎	50749	80.3%	48966	79.3%	3.6%
网络新闻	50316	79.6%	49132	79.6%	2.4%
网络音乐	48761	77.2%	45312	73.4%	7.6%
博客/个人空间	44430	70.3%	43658	70.7%	1.8%
网络视频	43877	69.4%	42820	69.3%	2.5%
网络游戏	36811	58.2%	33803	54.7%	8.9%
网络购物	33151	52.5%	30189	48.9%	9.8%
网上支付	29227	46.2%	26020	42.1%	12.3%
网络文学	28939	45.8%	27441	44.4%	5.5%
微博	27535	43.6%	28078	45.5%	-1.9%
网上银行	27188	43.0%	25006	40.5%	8.7%
电子邮件	26867	42.5%	25921	42.0%	3.6%
社交网站	25722	40.7%	27769	45.0%	-7.4%
旅行预订	18960	30.0%	18077	29.3%	4.9%
团购	14827	23.5%	14067	22.8%	5.4%
论坛/bbs	12407	19.6%	12046	19.5%	3.0%
互联网理财	6383	10.1%	-	-	-

图 7.3　2013.12～2014.6 中国网民各类网络应用的使用率

我国网民 2014 年上半年的互联网应用其特征主要有:

1) 手机支付带动商务类应用高速增长。手机支付成为网络应用发展的亮点，用户规模半年增长率达 63.4%，使用率由 2013 年底 25.1%增至 38.9%。移动支付打通各种商务应用，带动手机购物、手机团购和手机旅游预订等商务类应用快速增长。相比 2013 年底，手机购物、手机团购和手机旅行预订网民规模增长率分别达到 42.0%、25.5%、65.4%，商务类应用在互联网应用地位愈加重要。

2) 手机游戏带动网络游戏用户规模增长。截至 2014 年 6 月，中国网络游戏用户规模达到 3.68 亿，使用率从 2013 年底的 54.7%升至 58.2%，使用率基本恢复至 2012 年底水平。手机游戏使用率为 47.8%，增长 4.7 个百分点，规模增长 3648 万，是游戏用户增长的主要动力。

3) 互联网理财用户规模增长。互联网的便捷性打通资金链条，降低了理财品管理及运营成本。互联网的长尾效应聚合个人用户零散资金，既提高了互联网理财运营商在商业谈判中的地位，也使个人零散资金获得更高的收益回报。互联网理财产品推出仅一年时间内，用户规模达到 6383 万，使用率达 10.1%。

4) 社交网站使用率延续下滑趋势。2014 年上半年，我国社交网站用户规模为 2.57 亿，较 2013 年底减少 2047 万，网民中社交网站使用率为 40.7%，比去年年底下降 4.3 个百分点，用户规模和使用率持续下滑。近几年，社交类应用更新迅速，对社交网站用户产生较大分流。

我国网民在 2013.12～2014.6 年各类手机网络应用的使用率如图 7.4 所示。

2014 年上半年，我国网民使用旅行预订的比例由 29.3%提升至 30.0%。在网上预订机票、酒店、火车票和旅行行程的网民占比分别为 23.9%、11.7%、10.7%和 8.1%。其中，网上预订旅行行程的网民规模增长迅速，对整体在线旅行预订用户规模增长的贡献最大。与此同时，手机预订机票、酒店、火车票或旅行行程用户规模达到 7537 万，较 2013

年底增长 2980 万人，半年度增长率为 65.4%。我国网民使用手机在线旅行预订的比例由 9.1%提升至 14.3%。目前，手机在线旅行预订用户的增长空间与增长速度都值得关注。

	2014 年 6 月		2013 年 12 月		
应用	用户规模（万）	网民使用率	用户规模（万）	网民使用率	半年增长率
手机即时通信	45921	87.1%	43079	86.1%	6.6%
手机搜索	40583	77.0%	36503	73.0%	11.2%
手机网络新闻	39087	74.2%	36651	73.3%	6.6%
手机网络音乐	35462	67.3%	29104	58.2%	21.8%
手机网络视频	29378	55.7%	24669	49.3%	19.1%
手机网络游戏	25182	47.8%	21535	43.1%	16.9%
手机网络文学	22211	42.1%	20228	40.5%	9.8%
手机网上支付	20509	38.9%	12548	25.1%	63.4%
手机网络购物	20499	38.9%	14440	28.9%	42.0%
手机微博	18851	35.8%	19645	39.3%	-4.0%
手机网上银行	18316	34.8%	11713	23.4%	56.4%
手机邮件	14827	28.1%	12714	25.4%	16.6%
手机社交网站	13387	25.4%	15430	30.9%	-13.2%
手机团购	10220	19.4%	8146	16.3%	25.5%
手机旅行预订	7537	14.3%	4557	9.1%	65.4%
手机论坛	6890	13.1%	5535	11.1%	24.5%

图 7.4 2013.12～2014.6 中国网民各类手机网络应用的使用率

基础知识

CNNIC 报告的术语界定

网民：过去半年内使用过互联网的 6 周岁及以上中国居民。

电脑网民：指过去半年通过电脑接入并使用互联网，但不限于仅通过电脑接入互联网的网民。

手机网民：指过去半年通过手机接入并使用互联网，但不限于仅通过手机接入互联网的网民。

农村网民：指过去半年主要居住在我国农村地区的网民。

城镇网民：指过去半年主要居住在我国城镇地区的网民。

资料来源：第 34 次《中国互联网络发展状况统计报告》. CNNIC.

请调查：

1. 课堂中网民比例、互联网应用的特征。
2. 学生网络消费的主要产品与服务类型。

7.1.2 中国企业的互联网应用状况

根据中国互联网络信息中心（CNNIC）于 2014 年 1 月发布的第 33 次《中国互联网络发展状况统计报告》，截至 2013 年 12 月底，全国使用计算机办公的企业比例为 93.1%。按企业规模划分，7 人及以下的微型企业计算机使用率最低，仅为 83.5%，100 人以上规模的企业，计算机使用率接近 98%。按企业所在区域划分，东部地区最高（95.7%），其次为西部地区（91.9%），中部地区计算机使用率最低，仅为 84.8%。

同时，全国使用互联网办公的企业比例为 83.2%。按企业规模划分，7 人及以下的微型企业的互联网使用率依然最低，相比全国平均水平低 14.4 个百分点，而规模在 100 人以上的企业，互联网的使用率均超过 90%。与计算机使用率的差异状况类似，东部地区企业的互联网使用率最高，达 87.7%，西部地区与东部地区在互联网使用率上存在一定差距，为 79.5%，中部地区企业则相对较低，仅为 70.5%。全国范围内，企业固定宽带使用率为 79.6%，是企业接入互联网的最主要方式。

全国开展在线销售的企业比例为 23.5%。部分重点行业中，制造业、批发和零售业的比例相对较高，分别达到 27.6%和 25.3%。受行业产品特点影响，房地产业、居民服务和其他服务业的在线销售开展比例较低。全国开展在线采购的企业比例为 26.8%。部分重点行业中，仍以制造业、批发和零售业开展在线采购的比例相对较高，分别达 30.6%与 28.8%；房地产业、居民服务和其他服务业的使用率仍然偏低。总体来看，2013 年中各重点行业企业开展在线采购的比例均超过了在线销售。

全国利用互联网开展营销推广活动的企业比例为 20.9%，对各种网络营销方式的使用率如图 7.5 所示。

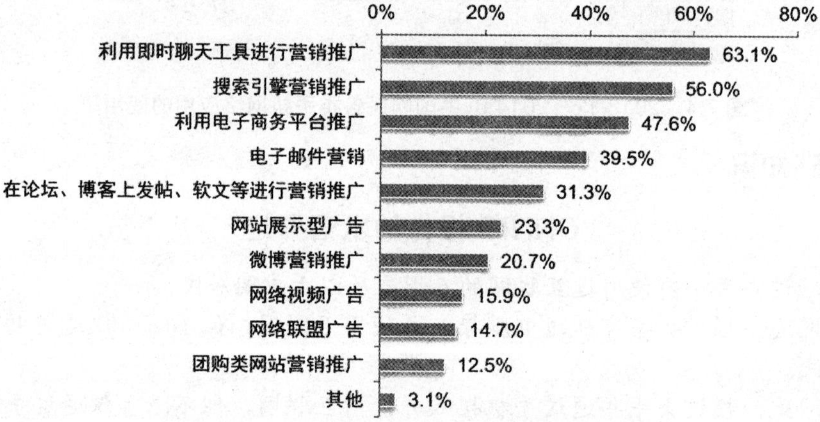

图 7.5 各种网络营销方式的使用率

企业使用率最高的是利用即时聊天工具，达 63.1%。即时通信工具不仅起到交流沟通的作用，其庞大的用户基数、较强的用户黏性和丰富的管理工具，在企业开展电子商务和网络营销方面也扮演着重要角色。除此以外，搜索引擎营销推广、电子商务平台推广方式的使用率也较高，分别达到 56.0%与 47.6%。从消费者行为模式来看，搜索行为直接指向购买，电子商务平台正是购买行为的发生场所，并且由于营销推广成本有限，因此中小企业更倾向于选择投入可控、性价比较高的方式。

从中小企业互联网应用特点与趋势分析：

1. 互联网基础应用稳步推进，微型企业需重点加强

我国企业计算机使用率、互联网使用率和宽带使用率等互联网基础应用指标较 2012 年有所增加，尤其是宽带建设在 2013 年取得了跨越性发展。虽然总体来看我国企业计算机、互联网的信息化基础应用普及状况较好，但是不同规模间企业的差距依然存在。微型企业计算机使用率、互联网使用率均低于全国企业平均水平，且差距明显。

2. 电子商务使用率有待进一步提升，部分行业发展相对较快

我国企业电子商务使用率近年来表现平稳，在线采购和在线销售的比例均维持在25%上下。在调研中发现，虽然企业主对电子商务的意识已有所增强，但网络营销推广实效性欠缺、网销渠道与传统渠道难以协同、电子商务人才缺失等仍然是企业主普遍担心的问题，在很大程度上制约了企业电子商务发展。进一步看，制造业、批发和零售业、信息传输、计算机服务和软件业的在线采购和在线销售比例远高于其它行业，房地产业、建筑业、交通运输业、服务业电子商务的重点在于网络消息获取和品牌及产品的宣传，采购和销售仍较大程度在线下进行。

3. 网络营销方式集中趋势突显

从近两年趋势来看，中小企业利用即时聊天工具、搜索引擎、电子商务平台推广保持在使用率前三甲，其它网络营销方式中除论坛/BBS 使用率明显提高外均有所下降，包括电子邮件营销、网站展示广告、网络视频广告、网络联盟广告和团购。这说明目前中小企业更集中在销售导向明确的网络营销方式，而不再以展示类广告为重点，当然这也跟中小企业资金基础相对薄弱、产品销售需求高于品牌展示需求等自身特点密切相关。

7.2 酒店电子商务概述

7.2.1 酒店电子商务的概念

电子商务本身属于一个动态发展的事物，有关电子商务的概念也在不断发展。下述定义从不同层次、不同侧面阐述了电子商务的概念。

(1) 电子商务(Electronic Commerce)指实现整个贸易活动的电子化。这个定义是国际商会于 1997 年在巴黎举行世界电子商务会议(The World Business Agenda for Electronic Commerce)，经过来自全世界商业、信息技术、法律等领域的专家和政府部门的代表共同探讨，在大会结束时发布的电子商务定义。

国际商会定义的电子商务侧重于技术方面，即电子商务是多种信息技术应用的集合体，包括交换数据(如电子数据交换 EDI、电子邮件 Email)、获得数据(如共享数据库、电子公告牌 BBS)以及自动捕获数据(如条形码、IC 卡应用等)；强调交易各方以电子贸易的方式，而不是通过当面交换或直接面谈方式进行的任何形式的商业交易活动。

(2) 电子商务是利用电子化手段从事的商业活动，基于电子处理和信息技术进行诸如文本、声音和图像等数据的传输。主要遵循 TCP/IP 协议通信传输标准，遵循 Web 信息交换标准，提供安全保密技术。联合国国际经济合作与发展组织同样侧重于技术方面对电子商务进行系统的定义，但是电子商务的涵盖面不再局限于交易活动，而是概括为商业活动。

(3) 电子商务是通过电信网络进行的生产、营销、销售和流通活动，它不仅指基于 Internet 上的交易活动，且指所有利用 IT 来解决问题、降低成本、增加价值、创造商业和贸易机会的商业活动，包括通过网络实现从原材料查询、采购、产品展示、订购到出品、储运、电子支付等一系列贸易活动。世界贸易组织在其《电子商务》专题报告对电子商务的定义中，具体罗列了其涵盖面的所有商业活动。

(4) 电子商务是通过电子方式进行的商务活动。电子商务通过电子方式处理和传递数据，包括文本、声音和图像；其活动涉及货物电子贸易和服务、在线数据传递、电子资金划拨、电子证券交易、电子货运单证、商业拍卖、合作设计和工程、在线资料、公共产品获得；包括了产品(如消费品、专门设备)和服务(如信息服务、金融和法律服务)、传统活动(如健身、教育)和信息活动(如虚拟购物、虚拟训练)。欧洲议会关于电子商务的定义也是涵盖了整个商业活动。

(5) 电子商务(e-Business)是 Internet 上进行的广义商业交易，即

e-Business＝IT＋Web＋Business

这是电子商务的积极倡导者——IBM 公司给出的定义。IBM 公司认为电子商务是指采用数字化电子方式进行商务数据交换和开展商务业务的活动，是在 Internet 的广阔联系与传统信息技术系统的丰富资源相互结合的背景下应运而生的一种相互关联的动态商务活动。这个定义强调电子商务是在计算机网络环境下的商业化应用，不仅仅是硬件和软件的结合，而是在 Internet(因特网)、Intranet(企业内部网)、Extranet(企业外部网)下进行的业务活动。

在上述各种有关电子商务的定义中，相同点是电子信息技术作为手段应用于商业活动中，不同点在于电子信息技术的类型与组合，以及商业活动涵盖面的大小。随着电子商务本身的发展，相关定义也从侧重于贸易层次的 e-Commerce 扩展到商务活动的 e-Business，这说明人们对电子商务的理解正在不断深化。

我们认同 IBM 公司给出电子商务的定义，即酒店电子商务(e-Business)指酒店运用现代信息技术，尤其是计算机技术与网络通信技术所进行的商务活动。

在酒店信息化概念中，酒店电子商务属于酒店信息化的重要内容，并且是酒店信息化的高级阶段，即处于“协同系统”发展阶段。酒店电子与信息化建设初级阶段的差异与联系如图 7.6 所示，信息化建设初阶段的目标是解决企业内部各个部门之间的信业外部的各种信息障碍，即通过电子商务工程实现客户价值链，以及上下游企业之间的

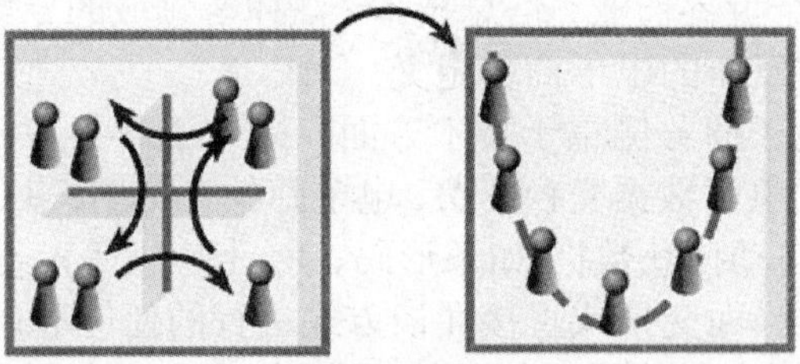

(a)信息化建设初级阶段

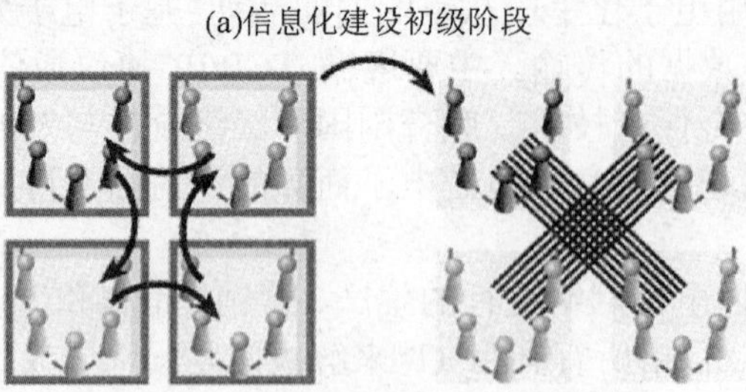

(b)企业电子商务工程

图 7.6　酒店信息化与电子商务的联系

业务链与物流链的再造。显然，只有企业自身、相关的上下游企业，以及消费者都完成信息化建设初级阶段的基础上，酒店电子商务工程才能取得良好的运营效果。

7.2.2 酒店电子商务的特征

与传统商务相比较，电子商务在交易准备、贸易磋商、合同签订、执行支付四个阶段表现出以下特征。

1. 信息的数字化

克劳德·香农在 20 世纪 40 年代证明了采样定理，数字、文字、图像、语音，包括虚拟现实，以及可视世界的各种信息都能够通过采样定理以最基本的 0 和 1 来表示，所以计算机不仅可以对数字进行运算，还可以处理文字、图像、语音与视频等多媒体信息。在通信科技中，数字化是将模拟信号转换为表示同样信息的数字信号的过程。数字信号作为加工信号可以按照相关技术标准编码、加密、解码、校验、压缩与解压缩，因此，可以在杂波和易失真的外部环境和电路条件中稳定、可靠地远距离传送。

操作技巧

WinRAR

WinRAR(图 7.7)是一款功能强大的压缩包管理器，用于备份数据、压缩文件，以及解压缩 RAR、ZIP 等格式的文件。该软件由尤金·罗谢尔(Eugene Roshal)开发，RAR 的全名是 Roshal Archive。首个公开版本 RAR 1.3 发布于 1993 年，最初用于 DOS 平台，后来移植到其他平台，其 Windows 版本称为 WinRAR，以共享软件的形式发行。

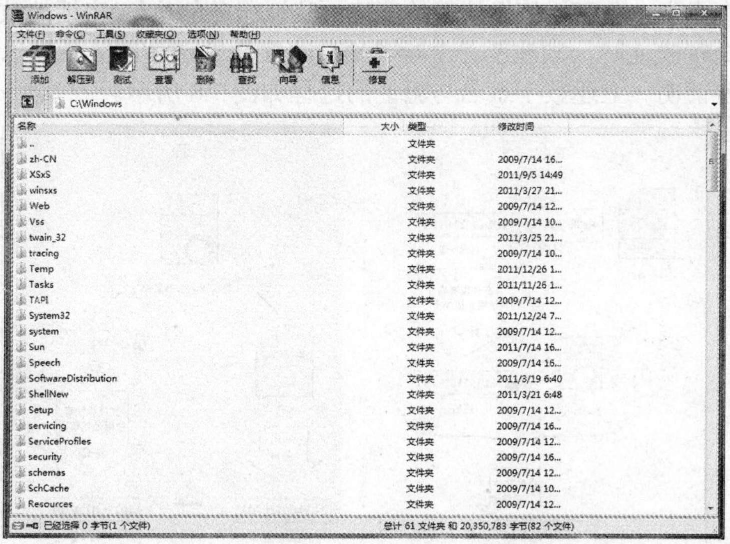

图 7.7 WinRAR

WinRAR 可以解开多种类型的档案文件、镜像文件和 TAR 组合型文件；随着应用新的压缩和加密算法，其压缩率进一步提高，而资源占用相对较少；使用操作简单方便，配置选项也不多。

例如，利用 WinRAR 可以加密、压缩重要文件：在 WinRAR 中选择“文件”菜单下的“设置默认密码”命令，然后设置密码(适当加长口令的长度)，再把要加密的文件压缩起来。这样就可以加密、压缩一气呵成，在加密重要文件的同时还可以压缩文件，可谓一举两得。

资料来源：http://baike.baidu.com/view/2345.htm.

在商务活动中的交易准备阶段，有关产品与服务的生产、功能与使用等方面的信息以往采用文字、图片、音频与视频形式，通过报纸、传单、邮件、电话、传真、电台或电视台等渠道进行传播。上述信息传播渠道或多或少存在时间与空间的限制，当信息经过数字化处理后在网络中高速传播，相关信息以多媒体的形式对产品与服务进行全面的介绍，并且能够突破时空限制。因此，电子商务第一个特征是要面对海量的数字化信息，需要具备极强的信息检索与处理能力。

2. 数字签名

在商务活动的贸易磋商阶段，存在大量的贸易单证传递，这些单证需要当事人的亲笔签名或印章。在网络系统虚拟环境中，数字签名技术是确认身份的重要技术，完全可以代替现实过程中的“亲笔签字”，并且在技术和法律上有保证。数字签名是以电子形式存在于数据信息之中的，或作为其附件的，或逻辑上与之有联系的数据，可用于辨别数据签署人的身份，并表明签署人对数据信息中包含的信息的认可(全国科学技术名词审定委员会审定公布)。

在对一份数字文件进行签名时，涉及一个哈希函数、文件发送者的私钥，以及文件发送者向认证机构(Certification Authority，CA，即用户在电子商务交易活动及相关活动提供一个中立、公正、值得信赖的第三方认证服务的机构)申请的数字证书。对一份数字文件进行验证时，则涉及一个哈希函数、文件发送者的公钥，以及认证机构对发送者的身份证明。上述数字签名与验证的过程如图 7.8 所示。

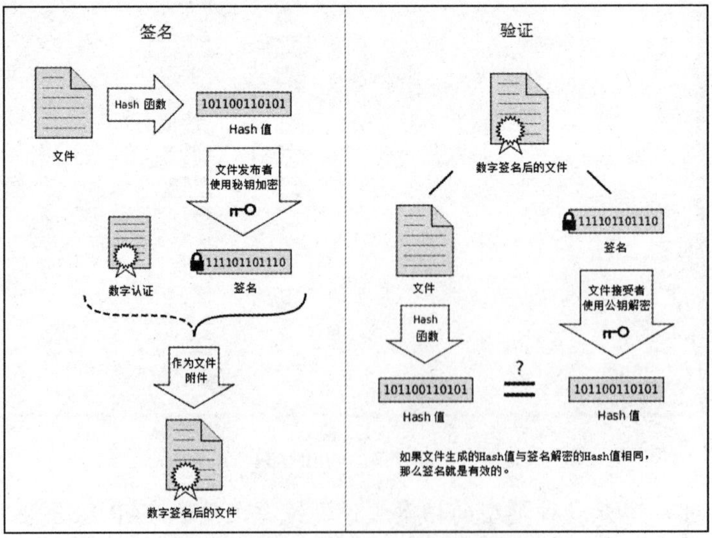

图 7.8　数字签名与验证的示意图

在商务活动中，利用数字签名技术，一是能确定相关单证确实是由发送方签名并发出，二是能够确定单证文件的完整性，因为文件如果发生改变，数字签名的值也将发生变化。2000 年，我国的新《中华人民共和国合同法》(以下简称《合同法》)首次确认了数字签名的法律效力，自 2005 年 4 月 1 日起，我国首部《中华人民共和国电子签名法》(以下简称《电子签名法》)正式实施。因此，数字签名在商务活动中具有法律效力并被普遍使用。

3. 电子合同

根据联合国国际贸易法委员会《电子商务示范法》以及世界各国颁布的电子交易法，同时结合我国《合同法》的有关规定，电子合同可以定义为：双方或多方当事人之间通过网络以电子形式达成的设立、变更、终止财产性民事权利义务关系的协议。与传统商务活动中签订的合同一样，电子合同也是一种民事法律行为。但是，电子合同的订立采用电子形式，即通过电子邮件、EDI 等方式进行合同的要约与承诺，整个过程是基于一系列国际国内的技术标准(如数字签名、数字认证等标准)，并且电子商务活动往往是跨国境的，各个参与方需要由不同国家的认证机构对其身份进行认证，并向商务活动的相对方发放数字证书，即各国需要相互承认对方国家认证机构发放的数字签名、数字证书的法律效力。

2006 年 1 月 23 日，宁波康尔绿色日用品有限公司的业务经理通过互联网与美国万顺工业有限公司签订了一笔价值 20 万美元合同。这是我国《电子签名法》正式实施后浙江省签订的第一份外贸电子合同。双方合同签订过程为：甲方在确认合同后把一个类似于 U 盘(即闪存)的电子印章插入计算机，两次输入密码后，该公司的红色印章就印在了合同数字文件的指定位置；甲方用网络将盖上电子印章的合同文件传输到乙方，乙方用同样方法盖上自己公司的电子印章。这样，一份具有法律效力的电子合同就生效了，整个过程前后只花费不到 2 分钟时间。

与传统纸质合同相比，电子合同具有便捷、节约成本、效率高等优势，能够极大程度上提高企业的整体商务水平。外贸公司经常要与国外企业签署合同，以往都采用传真来传输纸质合同，在传输时间、合同管理等方面存在诸多不便，当公司每年需要签订大量合同，采用传统方式管理尤其显得繁杂。电子合同则可以方便地在计算机中原样归档、检索、提供数据，还可以导入企业的 ERP 系统，在对账、结算、资金控制等方面提供便利。

4. 电子货币

电子货币是指用一定金额的现金或存款从银行等电子货币发行机构兑换、获得代表相同金额的数据，将该数据进行数字化并通过网络直接转移给各种支付对象，从而完成储蓄、投资和消费等功能。在电子商务活动中，能否有效地实现电子支付已成为电子商务成败的关键。

以淘宝网的交易流程为例，首先买方在卖方网店选择商品放入购物车，确定购买数量之后确认并发出购物请求，根据买方的购物请求，淘宝网生成在线支付单证，由买家在支付宝账户余额、信用卡网银、储蓄卡网银、网点或消费卡等多种方式中选择此次购物的支付方式(如果选择网银支付方式，则是买家在银行的电子货币转移到支付宝账户)；买家完成支付后，淘宝网通知卖家，卖家随后发货；买家收到货物后在线进行收货确认，如不需要退换货，则可进一步确认付款，支付宝将买家之前转移的电子货币打入卖家的账户。由此完成一次在线交易。从上述交易流程中不难发现，网上交易可以分为交易环节和支付结算环节两大部分，其中支付结算环节由金融专业网络完成的。如果无法完成网上交易的支付，不能算是真正的电子商务。

目前电子货币主要包括两种形式，一种是在网络环境中使用的代表货币价值的二进制数据，一种是保存在IC卡内可以脱离银行支付系统而流通的电子钱包。电子钱包是人们在小额购物或支付时常用的新式钱包，如常见的公共交通储值卡。实质上，电子货币是由一组含有用户的身份、密码、金额、使用范围等内容的数据构成的特殊信息，因此，也可以称其为数字货币。

商务信息的数字化、数字签名、电子合同与电子货币是计算机与现代网络通信技术对传统商务活动的直接再造。这种商务工具与商务环境的变化，对企业发展有以下影响。

首先使得电子商务具有全球化特点。实体市场的时空限制体现在商品交易规模和范围的有限性，而电子商务突破了时空限制，商品交易规模与范围更容易从有限的区域性市场走向全球化市场。

其次，在充分利用各种电子商务工具的情况下，企业能够在采购、生产、物流、营销、管理、财务等方面有效降低其运营成本与各项费用，从而使企业在以较低价格向消费者提供产品与服务的同时，相对保持较高的利润。低成本是电子商务最不易被忽略的一个特点，也是电子商务得以推广的驱动力。

此外，电子商务还对企业经营管理提出了新要求。由于所有商务信息的交互都可以在极短时间内完成，这一方面要求企业适应这种速度，为上下游企业或者消费者提供及时的反馈信息，另一方面也要求企业再造业务流程，合理安排各个业务环节。因此，协同性是电子商务另一个显著特点。

相对于全球化与低成本，协同性是酒店电子商务最重要的特征。由于服务属于酒店的核心产品，服务所具备的无形性、生产与消费的同步性，以及不可储存性等特征要求酒店的所有员工能够及时发现客人需求、适时提供整合服务，从而实现并提高客人的满意度。例如，酒店可以从客历档案数据库中挖掘相关需求信息，对客人进行一对一的个性化营销、一对一的个性化服务设计，最终实现全程的一对一个性化服务。显然，这样的个性化服务需要酒店内部各个部门协调配合。

7.3 酒店电子商务的模式

电子商务模式指在网络环境中基于一定技术基础的商务运作方式和盈利模式。对电子商务模式进行分类，不仅有助于企业制定自己的电子商务策略和实施步骤，还有助于挖掘新的电子商务模式，为电子商务模式的创新提供启示与途径。以企业为电子商务的主体，电子商务模式可简单划分为以下几种。

(1) B2B(Business-to-Business)，是指企业对企业通过电子商务的方式进行交易，此外，B2B 也泛指企业间的市场活动，不局限于最终交易对象的认定。B2B 着重于企业间网络的建立、供应链体系的稳固。

(2) B2C(Business-to-Consumer)，即企业与消费者之间的电子商务，消费者利用 Internet 直接参与经济活动的形式，类同于商业电子化的零售商务。B2C 需要靠规模经济的方式，吸引购买、降低售价来增加利润。

(3) B2G(Business-to-Government)，指企业与政府之间通过网络进行交易活动的运作模式，比较典型的例子是网上采购，即政府机构在网上进行产品、服务的招标和采购，此外还有电子通关、电子报税等。

在我国酒店电子商务领域，都能找到上述模式现实的案例。

7.3.1 酒店电子商务的 B2B 模式

在酒店用品采购方面，我国 B2B 模式的酒店电子商务近来发展迅速。例如，雅库网(中国)于 2011 年 3 月在上海新国际展览中心宣布上线，8 月在美国亚利桑那州的凯萨市宣布全面启动雅库网美国酒店用品城项目。雅库网采取直接获得酒店用品制造商的授权，以代理商与在线卖场的形式进行销售，主要为高端酒店提供包括开业酒店补货、酒店筹备采购顾问、集团客户酒店物资标准建设及管理等服务，致力成为国内顶尖的餐饮酒店用品团购供应链服务商，以及全球餐饮酒店用品在线采购、轻松补货的专属商务平台。雅库网(http://www.yakool.com/index.html)主页截图如图 7.9 所示。

图 7.9 雅库网主页

慧聪酒店网成立于 1992 年，在国内信息服务业及 B2B 电子商务服务业中属于首家上市公司(2003 年 12 月于香港创业板上市，HK8292)，通过依托其核心互联网产品买卖通，以及雄厚的传统营销渠道——《慧聪商情广告》与《中国资讯大全》、研究院行业分析报告为客户提供线上、线下的全方位服务，以提高电子商务社区买卖双方的交易机会、扩大国内乃至国际贸易创造机会为企业目标。在慧聪网的行业市场分类中，慧聪酒店网提供酒店用品相关资讯，以及供应与需求信息，慧聪酒店网(http://www.hotel.ht360.com/)主页截图如图 7.10 所示。

图 7.10　慧聪酒店网主页

传统的酒店用品批发市场也纷纷开通网站加入到 B2B 酒店电子商务的行列。例如，广州沙溪国际酒店用品城，其占地面积为 12 万米^2，经营品类包括厨房设备、餐饮用品、酒店布草、酒店家具等十二大系列，产品达数十万种，以打造“中国酒店用品及设备专业批发市场第一品牌”为目标。除了展会、行业协会等积极推广，与国内外大型采购团交流合作，广州沙溪国际酒店用品城还开通了“酒店采购网”(http://cc365.cn/index/)，为酒店用品的供需双方提供信息服务，其主页截图如图 7.11 所示。

图 7.11　酒店采购网主页

上述 B2B 酒店电子商务是酒店向上游企业的采购，RTS 国际酒店预订系统则属于酒店批发商、代理商与旅行社的B2B电子商务平台。作为专供旅行社使用的酒店预订比价系统，RTS系统直联全球绝大多数酒店预订系统，其中包括很多区域性著名酒店批发商，在酒店供货渠道上保证了数量优势。与GDS酒店预订系统相比较，RTS系统不设高门槛限制，不用缴纳不合理的保证金和准入条件，同时采用中文界面，并支持人民币结算及银联卡在线实时预订支付功能，以及旅行社不同业务部门单独账号申请与旅行社经理人的后台管理系统等功能。

7.3.2 酒店电子商务的B2C模式

1. 平台式B2C酒店电子商务

在酒店电子商务领域中，B2C酒店电子商务一贯比较活跃，类型与案例丰富。例如，创立于1999年的携程旅行网向超过5000万会员提供集酒店预订、机票预订、旅游度假、商旅管理、特约商户及旅游资讯在内的全方位旅行服务，已于2003年在美国纳斯达克成功上市。目前携程旅行网总部设在中国上海，在我国北京、广州、香港、杭州、厦门、重庆、青岛、沈阳、武汉、三亚、丽江、南通等16个城市或特区设立分支机构，员工人数达12 000余人，并于2010年战略投资中国台湾易游网和中国香港永安旅游，完成了两岸三地的布局。携程旅行网与全球138个国家和地区的32 000多家酒店建立了长期稳定的合作关系，在B2C酒店电子商务领域具有重要地位，携程旅行网(http://www.ctrip.com/)主页截图如图7.12所示。

图7.12 携程旅行网主页

去哪儿网作为旅游搜索引擎于2005年上线，截至2011年9月，可搜索超过700家机票和酒店供应商网站，向消费者提供包括实时价格和产品信息在内的搜索结果，搜索范围超过150 000家酒店和15 000条国内、国际机票航线以及100 000条度假线路、25 000个旅游景点。去哪儿网于2010年8月开发了中文酒店点评系统，用户酒店点评量突破100

万条，实现由单纯的旅游搜索引擎转变成在线旅游媒体，去哪儿网(http://hotel.qunar.com/)主页截图如图 7.13 所示。

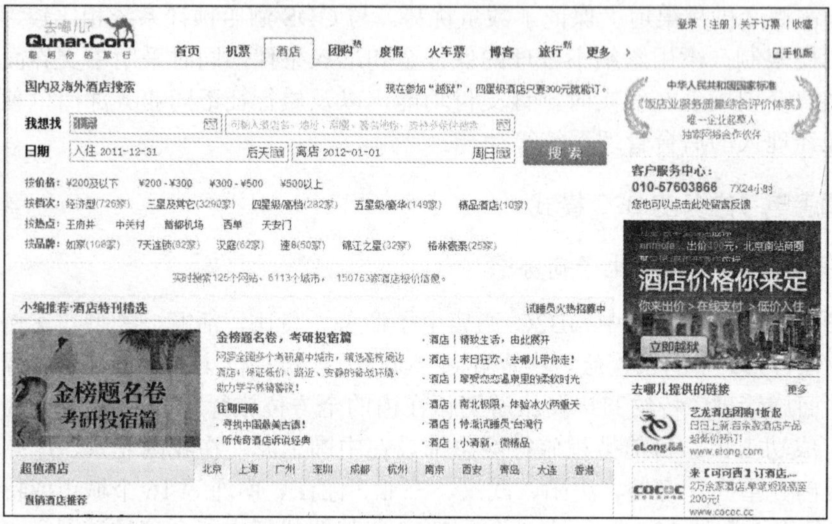

图 7.13　去哪儿网主页

2. 站点式 B2C 酒店电子商务

我国大多数经济型酒店都开通了网站进行电子商务，如本章导入案例中的 7 天连锁酒店，7 天连锁酒店网站(http://www.7daysinn.cn/)主页截图如图 7.14 所示。

图 7.14　7 天连锁酒店网站主页

汉庭酒店集团创立于 2005 年，其第一家门店于 2005 年 8 月开业，2010 年 10 月在纳斯达克成功上市，2011 年 4 月全国门店发展至 500 家，2011 年 10 月在上海单一城市突破 100 家门店，目前整个集团拥有“汉庭快捷”、“汉庭全季酒店”、“汉庭海友客栈”三个系列品牌，汉庭酒店集团网站(http://www.htinns.com/)主页截图如图 7.15 所示。

图 7.15 汉庭酒店集团网站主页

3. 团购式 B2C 酒店电子商务

此外，连锁酒店还尝试团购方式拓展销售渠道。例如，新概念型连锁酒店布丁酒店与 F 团网站携手推出客房住宿团购产品，布丁酒店团购网页截图如图 7.16 所示。

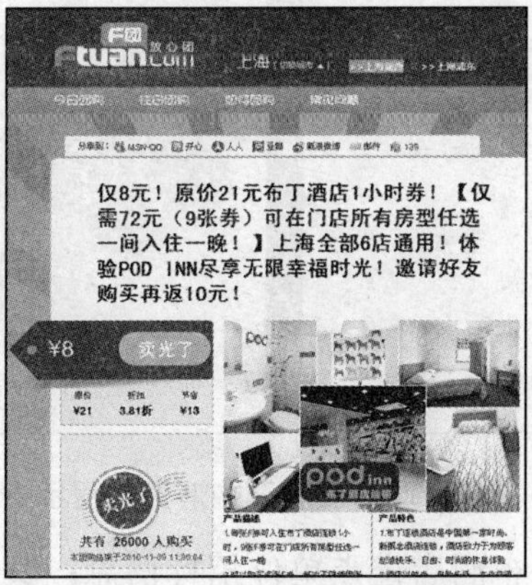

图 7.16 布丁酒店团购网页

图 7.16 中，原价 21 元的布丁酒店 1 小时券在团购活动中仅售 8 元，即客人只需 72 元钱就可以在布丁酒店住宿一晚。此次团购从 2010 年 11 月 8 日在 F 团上海站上线，短短 10 小时就售出了长达 26 000 小时的客房销售业绩，平均每分钟就有 18 单交易成交。

在 B2C 酒店电子商务中，各种新型销售方式不断创新。图 7.13 中，去哪儿网推出“越狱”产品，以“酒店价格你来定”为口号，倡导消费者出价、酒店方竞单的方式，即逆向拍卖，是一种用户主导价格的 C2B 酒店预订模式。按照这一模式，“越狱”成功的用户可享受酒店最低 3 折的价格优惠。此外，去哪儿网还推出“夜销”产品，这是基于智能手机客户端的酒店“Last Minute”模式，每晚 6 点开始打折出售酒店剩余房间，这种销售方式类似面包房每晚将所剩面包打折出售。

7.3.3 酒店电子商务的 B2G 模式

政府酒店采购属于酒店电子商务的 B2G 模式，其消费流程如图 7.17 所示。

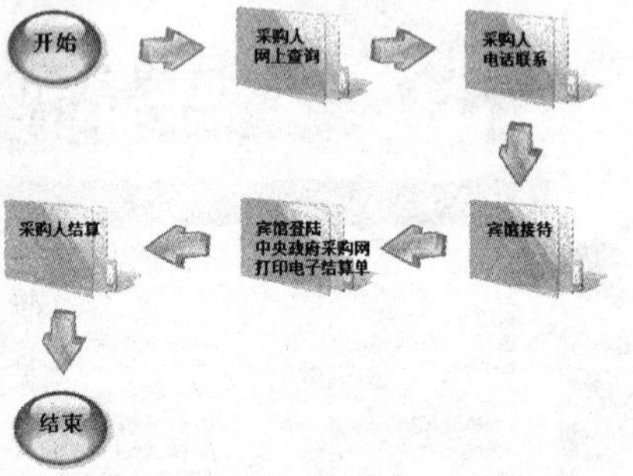

图 7.17 政府酒店采购消费流程示意图

其中，政府酒店采购人的网上查询页面如图 7.18 所示。

图 7.18 政府酒店采购消费流程示意图

政府采购中心首先会发布酒店定点单位招标信息；其次，酒店只要在所投包组地区范围内注册、具有独立承担民事责任能力的法人资格，无违法违规或违反政策的不良纪录，并符合政府采购法的相关规定就可以投标，进而竞标成为政府采购定点单位。

延伸案例

“初见” 移动 020 领域的新“攻播者”

上网（传统互联网）或许是一项与看书、打球、吃饭相互“竞争”时间的活动，而手机（移动互联网）则类似一种延伸人类大脑及四肢活动能力的工具。由于手机可以随时随地地帮助我们去获取、记忆和处理信息，手机（移动端）将逐渐取代 PC（固定端）而成为个人计算的中心。所以，人类行为习惯在移动互联时代正在发生一场巨大的变革。当这种变革与O2O（Online to Offline）结合在一起时，虚拟世界与真实世界的界限被打破，不仅互联网上形成的广泛而松散的人际关系被导入到线下，真实世界里的人际交往还以虚拟世界的沟通方式而变得更加舒适便捷。从这个意义上讲，移动O2O的本质就是为了相聚。

当人们从火爆一时的陌生人聚会等移动应用中清醒过来后，回想一下大部分开心的记忆都是真实生活中和家人、爱人、朋友一起产生的。从用户角度分析，本地消费类移动 O2O 项目的巨大发展空间必定存在于熟人之间，而从商业角度来说，一旦将O2O领域里的核心业务框定在建立熟人范围内线上线下的信息流、现金流，那么引爆这块市场的关键即在于怎样整合那些原本只适用于虚拟世界的沟通方式，来让真实世界里的人际交往更加舒适便捷。只要能让这些相熟的人更容易在线下聚在一起，O2O在商业模式和盈利空间上就赋予了人们不可估量的想象力。

"初见—吃喝玩乐"要做的事正是相聚。这款 2012 年 8 的本地消费类应用先后登陆 ios 和 android 平台。不同于传统的"黄页式"信息分类方式，华丽的杂志式风格界面、经过系统计算的个性化推荐等颇有新意的产品设计让人眼前一亮。据业内人士透露，"初见"背后的两位操盘手是年初从 7 天连锁酒店集团前 CEO 郑南雁和前电子商务总监全曼午。曾有投资者断言，O2O 必须拥有一支强大的地面部队，对线下商户进行高速拓展和有效维护。这不仅需要大量的资金投入，更依赖于丰富的线下团队管理经验，因此这是一场只属于大公司的"寡头游戏"，而不是绝大多数技术型创业团队所能够攻陷的擂台。

"初见"能否成为一名不容小觑的"攻擂者"呢？首先，"初见"的个性化信息推送方式会随用户积累的行为轨迹而使推荐精准性越来越高，并且能够响应用户更即兴、更复杂的搜索需求。例如，用户可通过多词义组合搜索引擎同时搜索几个不同菜系、地理位置以及其他参考因素。其次，"初见"的相聚功能可以实现直接把要约的好友(尤其是周边附近的好友)拉进信息页面，在对话框里添加想去的餐馆或咖啡厅，这样用户能够邀请所有人去赴约，而不再需要挨个电话或短信通知。融入社交元素的产品设计响应用户最直接的需求—"有什么能比直接在客户端里实现更好的呢"。此外，有着多年酒店直销经验的郑南雁和全曼午在线下地面团队的建设上有着强大的竞争力。

"初见"，真的会成为下一个从移动互联网上崛起的"十亿美金"明星公司吗？或许值得期待。

资料来源：http://m.donews.com/content/201208/1531663.shtm. 2012. DoNews，有删改。

请思考：

1．探讨酒店通过 OTO 消费类应用平台开展电子商务的可行性。

2．OTO 消费类应用与传统"水泥+鼠标"的酒店采购 B2B 平台的盈利点有哪些？

本章小结

首先，本章从网民与企业两个角度介绍了我国电子商务的发展。其次，在列举多个电子商务定义的基础上，定义了酒店电子商务，并阐述了酒店信息化与酒店电子商务的区别与联系；同时，从信息数字化、数字签名、电子合同与电子货币角度论述了电子商务的基本特征，以及酒店电子商务的协同性、全球化与低成本特征。最后，按照酒店电子商务的B2B、B2C，以及B2G模式，简要介绍了几个案例。

练习题

一、选择题

1．国际商会对电子商务的定义是(　　)。

A．利用电子化手段从事的商业活动

B．实现整个贸易活动的电子化

C．通过电信网络进行的生产、营销、销售和流通活动

D．Internet上进行的广义商业交易

2．对一份数字文件进行签名涉及(　　)。

A．哈希函数　　B．文件发送者的私钥

C．文件发送者的公钥　　D．数字证书

3．企业对企业透过电子商务的方式进行交易可简称为(　　)。

A．B2B　　B．B2G　　C．B2C　　D．C2C

4．与我国网民发展特征不符的是(　　)。

A．低学历化　　B．低收入化　　C．学生化　　D．低龄化

5．2010年我国网民的第一互联网应用是(　　)。

A．搜索引擎　　B．商务类应用　　C．娱乐类应用　　D．社交类应用

二、判断题

1．全球电子商务发展可谓一路顺利，目前处于发展的新浪潮。(　　)

2．宽带网民是当前拉动中国总体网民规模攀升的主要动力。(　　)

3．网络购物居于2010年各项网络应用增长的首位。(　　)

4．2010年社交类应用使用率普遍下降。(　　)

5．HP公司认为e-Business＝IT＋Web＋Business。(　　)

6．酒店电子商务工程目标是解决企业内部的信息障碍。(　　)

7．数字签名的验证过程需要文件发送者的公钥。(　　)

8．跨境的电子商务活动需要各国相互承认对方国家认证机构发放的数字签名、数字证书的法律效力。(　　)

9．B2C 模式即企业与消费者之间的电子商务。（ ）

10．B2B 模式是指企业与政府之间的电子商务。（ ）

三、论述题

1．酒店信息化与酒店电子商务的区别与联系是什么？

2．酒店电子商务会对其业务流程带来哪些变化？

四、实训题

1．分析本地的酒店用品供销企业及其网站。

2．整理一个高星级酒店的 B2C 电子商务案例。

8

酒店网络营销

学习目标

1．了解市场营销理论及其发展
2．熟悉酒店网络营销的内容
3．熟悉酒店网站搜索引擎优化

导入案例

“千万别错过”——锦江之星网络促销活动

2010年，我国在线旅游热闹非凡，酒店、机票等在线预订企业纷纷打出网络促销牌。在纷繁的旅游网络促销中，国内连锁酒店品牌——锦江之星的营销团队认为，要真正实现网络促销效果的最大化，必须将企业营销目标和网民消费习惯结合起来，形成网民、企业自身，以及第三方合作企业的共赢局面。锦江之星营销团队最终选择与国内风头正盛的SNS媒体——开心网合作，在开心网上于2010年1月20日开始到3月10日共同推出“千万(奖品)别错过”的主题优惠活动。

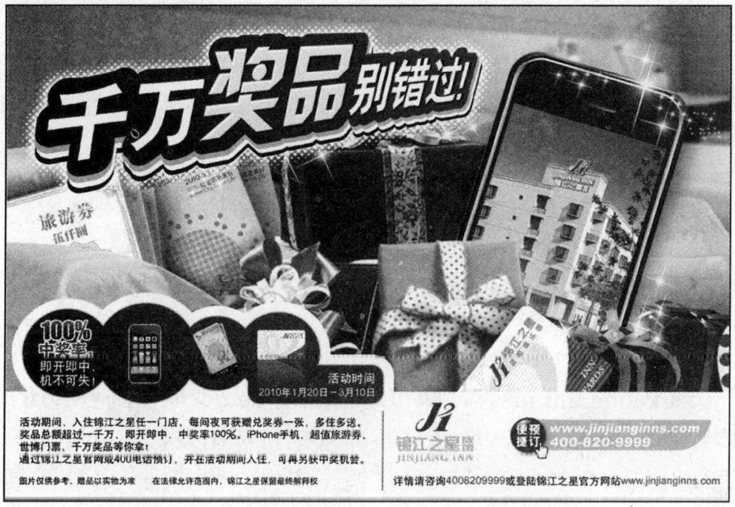

图8.1　锦江之星“千万(奖品)别错过”

这次促销活动巧妙地将活动代金券作为用户礼物植入开心网。活动期间，只要入住遍布全国的300多家锦江之星，所有客人都有可能获得奖品，包括价值5000元的旅游券和iPhone手机。此次促销活动效果是：网民对开心网首页广告的浏览量超过100万次，对活动帖子的浏览量达到500万次，每天有近10万人次将锦江之星的抵用券作为礼物在亲朋好友之间互相赠送。

锦江之星市场部总监陈文哲先生指出，开心网的用户主要以国内各大城市的白领为主，其人群特征和消费品位符合锦江之星的品牌定位。在不影响开心网用户体验的前提下，给予潜在客户人群以足够的利益驱动，就有可能让开心网的用户也能成为锦江之星的用户。这是锦江之星选择与开心网合作的重要原因之一。

与其他模仿国外的网络促销活动相比，“千万(奖品)别错过”活动的锦江之星负责人童吉泉先生表示，“我们会始终从客户体验的角度，坚持做好品质，用务实的精神、专业的技能和真诚的服务打动每一位顾客。而且，我们会不断地坚持走创新营销之路，本着互惠互利、合作双赢的目的与消费者进行全方位的沟通。”显然，面对竞争激烈的经济型连锁酒店行业，锦江之星在网络促销策略中不仅考虑了目标市场的网民行为特征，还照顾到了潜在客户在开心网上的用户体验，同时提升了锦江之星与开心网的品牌知名度。

相关网络营销专家认为，锦江之星始终怀着一种与新老顾客、合作方利益共享的理念，并能够敏锐地捕捉和把握不断年轻化、网络化的客群特点。而国内酒店行业专家表示，酒店营销团队需要具备危机感和使命感，努力避免盲目削价造成内耗，导致行业无序竞争，以及在营销中寻找、培养忠诚伙伴，学会双赢或多赢，这才是新形势下酒店营销的大势所趋。

资料来源：http://tech.qq.com/a/20100204100339.htm.

请思考：

1．如何在网络中区分不同群体的行为与消费特征？

2．除了潜在客户的行为与消费特征，设计网络促销活动还要考虑哪些因素？

3．怎样评估网络促销活动的整体效果，具体可以从哪些方面展开评估？

8.1 市场营销理论的发展

8.1.1 经典营销理论——4P 营销理论

1953 年，尼尔·博登(Neil Borden)在他的美国市场营销学会就职演说中提出“市场营销组合”(marketing mix)概念，即市场需求或多或少地受到各种所谓“营销变量”或“营销要素”的影响。因此，企业从整体营销目标出发，有必要对产品、品牌、包装、定价、调研分析、分销渠道、人员推销、广告、营业推广、售点展示、售后服务以及物流等各种营销要素进行统筹和协调，从而获得一定的市场反应，进而满足市场需求，最终获得最大利润。

1960 年，杰罗姆·麦卡锡(Jerome McCarthy)出版《基础营销》(*Basic Marketing*)一书，他第一次将企业的营销要素归结为四个基本策略的组合，即产品(Product)、价格(Price)、渠道(Place)、促销(Promotion)，这四个单词的首写字母都是“P”，所以这个理论又简称为 4P 营销理论(the marketing theory of 4Ps)。1967 年，菲利普·科特勒(Philip Kotler)出版《营销管理：分析、规划与控制》，他在书中进一步确认了以 4P 为核心的营销组合方法，如图 8.2 所示。

图 8.2　4P 营销理论

(1) 产品(Product)：注重开发产品功能，突出功能的独特性，这是产品开发第一诉求。

(2) 价格(Price)：根据市场定位制定价格，同时依据企业的品牌战略制定价格。

(3) 渠道(Place)：注重培育经销商和建立销售网络，即通过销售渠道联系消费者。

(4) 促销(Promotion)：通过短期的销售行为来刺激消费者，使原有消费者扩大消费或提前消费，吸引其他消费者前来消费，总体上促进销售的增长。

实质上，4P营销理论强调企业在营销活动中的主体地位，及其对产品、商标、品牌、价格、渠道、广告所涉及的各种因素的控制能力。例如，产品策略(Product Strategy)包括对产品相关的品种、规格、式样、质量、包装、商标、品牌，以及各种服务措施等因素的组合和运用。定价策略(Pricing Strategy)包括对基本价格、折扣价格、津贴、付款期限、商业信用，以及各种定价方法和定价技巧等因素的组合和运用。分销策略(Placing Strategy)包括对销售渠道的覆盖面、商品流转环节、中间商、网点设置，以及储存运输等因素的组合和运用。促销策略(Promotion Strategy)包括对广告制作与发布、人员推销、活动推广，以及公共关系等因素的组合和运用。

课堂案例

4P营销理论在酒店的应用

宁波开元名都大酒店从筹建期开始就运用4P营销理论，也正是在4P营销理论的有效应用下，酒店逐步开拓了目标客源市场、提升了经营业绩。

1. 产品——结合酒店实际，依托宾客需求

从筹建期开始，宁波开元名都大酒店就从软硬件两方面关注酒店产品的设计和品质。例如，在产品设计上，康体产品以俱乐部的形式推出，采用会员制的操作模式；结合启笑轩中餐宴会厅独特的形式规格和装修特点，将之定位于高档宴请场所。在酒店经营过程中，为满足宾客对棋牌、足浴方面的需求，将部分房间改造成专业的棋牌室和足浴室；为了解决宾客“打的”难的问题，开通了往返于酒店与万达广场之间的免费穿梭巴士；对宾客集中反映的客房噪声问题、玻璃台阶安全问题、会议室规模和品种等问题，酒店也给予重视并整改。

酒店产品质量采取总经理负责制，在筹建期对施工质量、设备选型到原材料选择等各个环节实施监控。在酒店开业后，首先通过建立酒店质量管理体系，从制度层面来提升酒店产品质量。其次，通过学习标杆企业进一步提升酒店产品品质，如房务部组织专人前往上海瑞吉红塔学习贴身式管家服务。再次，通过经营过程中的培训、总结与整改，如餐饮部从礼仪、形象、语言艺术、服务标准等方面对VIP接待小组进行全方位培训，并在每次重要接待后进行总结与整改。最后，酒店广泛收集宾客意见，采用渠道包括大堂副理的每日拜访、参观房的宾客意见收集、会议接待后的宾客意见反馈、宴会预订的宾客拜访等，对于宾客意见及时召开专题会议讨论，并督促相关部门进行有效整改。

2. 价格——实施收益管理，追求三赢效果

随着酒店市场价格透明度越来越高，网络预订客户和会议客户对价格越来越敏感。宁波开元名都大酒店引入了收益管理，指定市场部负责酒店产品的价格体系，对宾客

进行分类并预测其需求，对酒店产品价格实施动态管理，定价方式更加灵活、折扣管理更加有效，以此提高酒店产品的市场竞争力，追求酒店利益的最大化。

首先，酒店产品价格根据市场动态、酒店实际情况和宾客需求进行调整。例如，西餐厅自助晚餐的标价设计为128元/位，但有向客人推出的特价88元/位，员工或员工朋友的超级特价64元/位，正式开业后根据经营毛利，标价再一次调整至108元/位；对于会议室的场租费用和设备设施的使用费用，则根据宾客的综合消费额来决定场租费用的折扣和设备设施使用费用的减免。此外，景观房价格的调整、客房VIP水果价格的调整等也是运用收益管理的结果。其次，酒店分销价格体系直接影响到合作伙伴对酒店产品的推荐力度，进而影响到酒店产品的市场竞争力。因此，酒店在市场调查和宾客意见基础上，制定了客房的旅行社价格、网络价格(包括不含早价格)、网络预订公司的回佣等。

3. 渠道——针对目标市场，广泛开拓渠道

在渠道为王的今天，渠道的选择对酒店产品的促销显得尤为重要。宁波开元名都大酒店将旅行社市场和网络客源市场作为重要的短期客源市场，以补充长期政务客源市场。首先，酒店收集杭州、江苏、上海等外地旅行社名单，制订详细的促销拜访计划，并逐一进行集中拜访。此外，由宁波市旅游局出面邀请本地旅行社前来参加酒店产品的推荐会，一方面使旅行社通过体验消费了解酒店产品，进而推荐给合适的宾客，另一方面通过坦诚的交流促进双方合作关系。

其次，酒店加强了网络预订公司的渠道开拓。除了依托集团网站和GDS系统，以及携程、e龙等传统网络预订公司外，酒店渠道开拓的目标还包括同程网等新兴的网络预订公司。酒店不仅登门拜访网络预订公司，还邀请网络预订公司的负责人前来酒店考察，以此维护双方合作关系。此外，酒店对通过网络预订入住的宾客采取了特殊的“开元关怀”，通过赠送水果、电话问候、客房免费升级等方式赢得宾客的好评(入住客人在网络上对酒店进行评分和评价)。这样不仅使该客人成为酒店忠诚客户，而且还影响其他网络客人的选择。

4. 促销——借力政府关系，开展针对促销

宁波开元名都大酒店的促销活动涵盖了广告、公关、营销促进、人员推销等各个方面，是通过全方位促销来推介酒店产品。首先是内部促销，除了通过下达指标，还针对部分产品设置合理的促销提成，如年货的促销、客房大礼包的促销、春茶的促销、圣诞节产品的促销等，以此来推动酒店产品的真正全员促销，促进酒店产品的销售。其次是外部促销，酒店针对各个分销渠道制定不同的促销方式。例如，通过餐饮消费送客房的形式来带动客房促销，除了在一些特殊媒体投放形象宣传广告，酒店还在《宁波晚报》开辟一个产品专栏，不定期宣传、推介酒店产品。此外，在酒店附近道路边设置了前往酒店的指示牌，既方便宾客顺利地到达酒店，也对酒店起到一定的宣传作用。另外，酒店积极从政府举办的活动中借力，通过政府的影响力来促进酒店产品的销售、提高酒店的知名度。例如，宁波市首届国际烧烤节由市旅游局和鄞州区政府主办，相信随着烧烤节的成功举办，酒店作为唯一承办方也必将提升酒店的知名度。

资料来源：http://www.veryeast.cn/cms/Html/guanli/Expertrostrum/2008-7/22/0872215214679362.htm.

请思考：

1．归纳4P营销理论在酒店营销中运用的特殊性。

2．网络信息技术发展对4P营销理论产生什么影响？

8.1.2 现代营销理论——4C营销理论

伴随着经济以及网络信息技术的发展，“以消费者为中心”的体验经济时代特征越来越显著。早在1970年，阿尔温·托夫勒(Alvin Tohler)出版《未来的冲击》(*Future Shock*)，预言“未来社会不需要有限的、标准化的商品，而是有史以来最大多样化的、非标准化的商品和服务”，人类社会将由农业经济、工业经济到服务经济，进而由服务经济走向体验经济。但是由于当时的经济与社会发展水平，“体验经济”第一次提出时并未引起广泛注意。1998年，约瑟夫·派恩(Joseph Pine II)与詹姆斯·吉尔摩(James Gilmore)在《哈佛商业评论》上发表《欢迎进入体验经济》，并于次年合著《体验经济》一书后，体验经济开始成为时尚名词。

在以消费者为核心的体验经济中，企业面临一个充满“个性化”的社会，4P营销理论似乎无法完全顺应时代要求，1990年由罗伯特·劳特朋(Robert Lauterborn)提出的4C营销理论逐渐获得广泛的认同。与以企业为核心的4P营销理论不同，罗伯特·劳特朋强调把追求顾客满意放在首位，产品与服务必须满足顾客需求，同时降低顾客的购买成本，产品与服务在研发时就要考虑客户的购买力，并且要注意到顾客购买过程的便利性，最后还应以消费者为中心实施有效的营销沟通，即以4C为核心的营销组合方法，如图8.2所示。

(1) 顾客(Consumer)：企业以顾客为核心，根据顾客需求设计、提供产品与服务，以实现客户价值(Consumer Value)实现企业利润目标。

(2) 沟通(Communication)：企业与顾客建立长期的、积极的、有效的双向沟通关系，不再是短期的、功利性的、单向的促销，期望在互动沟通中同时实现各自的目标。

(3) 便利(Convenience)：企业在构建分销渠道时更多考虑顾客而不是自己的方便，通过更好的售前、售中和售后服务来让顾客享受便利，这是客户价值不可或缺的一部分。

(4) 成本(Cost)：企业不单是考虑产品的生产成本，还考虑顾客的购买成本，这其中不仅包括顾客的货币支出，还包括其为此耗费的时间、体力和精力消耗，以及购买风险。

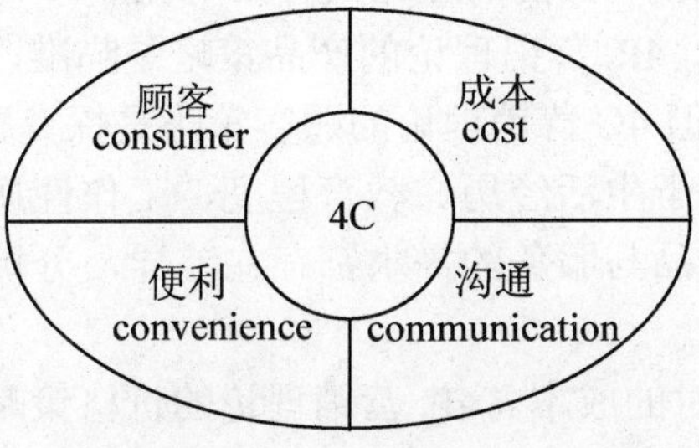

图8.2 4C营销理论

有观点认为4C营销理论“深化了”4P营销理论，但4C营销理论只是明确了企业营销策略的基本前提和指导思想，在企业层面的可操作性不强，企业营销活动还是需要4P营销理论进行具体运作，即两者是互补关系而非替代关系。

可是，4C营销理论与4P营销理论存在“质”的区别：①“顾客策略”与“产品策略”是站在截然不同的位置与层次，虽然顾客与产品在消费中有着天然的联系；②体验经济时代已经证明，恰当的“成本策略”能够为企业带来高于“价格策略”的利润率，因为在激烈的市场竞争中“自我超越”难于“超越他人”；③伴随着体验经济而来的虚拟经济反而突出了“便利策略”的现实性，“分销策略”所注重的流通渠道已简化为现代物流；④伴随着体验经济而来的还有网络时代与信息经济，个人信息传播能力与社会影响能力空前强化，这意味着线性、单向的推动或是拉动“促销策略”让位于环形、双向的互动“沟通策略”。总之，4C营销理论可视为4P营销理论的“升级版”，两者的联系与区别如图8.3所示。

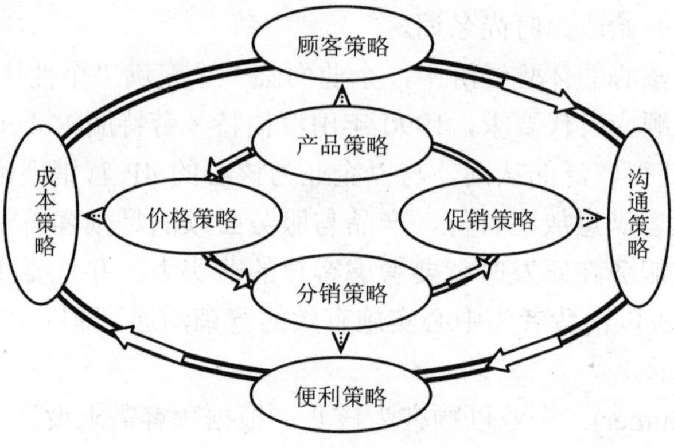

图8.3 4C营销理论与4P营销理论

图8.3中，4C营销理论的策略组合可以理解为“顾客策略”起点，顺时针方向依次经过“沟通策略”、“便利策略”，到达“成本策略”；4P营销理论的策略组合则可以理解为从“产品策略”起点，逆时针方向经过“价格策略”、“分销策略”，到达“促销策略”。因此，4C营销理论与4P营销理论的互补是两个营销水平层次的互补。也可以说，在体验经济、虚拟经济与信息经济的新时代条件下，运用4C营销理论需要企业具备更强的营销能力。

与4P营销理论相比较，4C营销理论具有如下优点。

(1) 瞄准消费者需求。4P营销理论的产品策略是瞄准产品自身的功能特征，虽然也要满足消费者的需求，但4C营销理论的顾客策略是探究顾客内在的需求，并据此进行产品与服务的设计。由于生活经历、教育程度、工作性质、家庭结构、审美情趣不尽相同，每位消费者对产品与服务的需求都存在差异，分析、了解并满足消费者的需求并非易事。

(2) 消费者所愿意支付的成本。4P营销理论的价格策略是依据市场定位与品牌战略，而4C营销理论的成本策略是以消费者所愿意支付的成本为定价依据，这种成本包括因为消费而产生的心理压力，以及为化解或降低相关风险而耗费的时间、精力等诸多方面。

(3) 消费者的便利性。4P 营销理论的分销策略是构建渠道与消费者的间接联系，而 4C 营销理论的便利策略是通过咨询，销售人员与消费者直接接触，通过上述人员的积极服务心态、知识素养、信息掌握量、言语交流水平，对消费者的购买决策起到正面影响作用，并且为消费者提供最大可能的便利性。

(4) 与消费者沟通。4P 营销理论的促销策略是“请消费者注意”的模式，这种模式是通过广告大战，以广告文案、创意表现向消费者单方面灌输信息，但 4C 营销理论的沟通策略是“注意消费者”的模式，这种模式是通过各种信息渠道，与消费者展开积极的、平等的互动沟通，以此了解目标消费者及公众的真正需求。

课堂案例

4C 营销理论的有效应用

通用汽车的 FastLane 博客是最受欢迎的企业博客之一，该博客由汽车业传奇人物、通用汽车副总裁鲍勃·卢茨(Bob Lutz)主笔，话题集中在汽车设计、新产品、企业战略等方面。这个博客的日浏览量近 5000 人，对每个话题的评论都有 60 ~ 100 条，其营销效果有以下几个方面。

1. 利用博客接受读者的直接反馈，发现用户需求、改进产品

在博客中，鲍勃·卢茨发表诚实而且深入、直接涉及社会公众对通用汽车正负面评论的文章，也欢迎读者的批评意见，通用汽车是唯一一家愿意让客户公开反馈意见的汽车公司，并尽力对每一个评论做出反应。鲍勃·卢茨表示“我们真的收到了不少有价值的反馈，FastLane 上的每一个话题都是一次极好的对话”。

2. 直接与顾客沟通，利用博客进行危机公关

通用汽车新媒体公关总监迈克尔·威利(Michael Wiley)把 FastLane 博客的目标设定为创造一个超越所有传统形式，一个面向通用汽车所有受众的直接沟通渠道。通用汽车曾经因为一篇报道撤销了在《洛杉矶时报》的广告投入而引起不少负面评论。通用汽车在 FastLane 博客直接与“大众”沟通，表达对此事的看法和意见，漂亮地处理了这次“危机”。

3. 精心的写作和频繁的内容更新

FastLane 博客一方面由于副总裁本身的人格魅力提高了博客的影响力；另一方面，频繁更新发布热门话题的“推”策略，以及其搜索引擎友好的特点而产生的“拉”策略，这些都大大提高了博客的访问量。

4. 充分利用 Podcast 和 RSS 技术提高博客的营销效果

在文字博客之外，通用汽车还尝试了 Podcast 传播车展现场、试车、新车上市、总裁演说、性能演示等多媒体信息，这种方式尤其方便 iPod、MP3、手机等移动终端用户。随着使用 RSS 记者人数的增多，博客上的话题都同时带有 RSS 网络输出和邮件订阅选择。上述技术进一步加强了博客的营销效果。

总之，FastLane 博客是通用汽车提升企业声誉和进行产品测试的良好渠道。这个案例表明，只要遵从倾听客户声音、开放诚实、不回避批评的原则，企业就可以运用博客营销领先竞争者一步，更贴近细分市场并与之对话，了解用户需求、改进产品、提高企业的美誉度。

资料来源：http://www.qikan.com.cn/Article/xixi/xixi 200511/xixi 20051109.html.

请思考：

1．与 4P 营销理论比较，4C 营销理论在网络营销中具有哪些优势？

2．在酒店网络营销中，4C 营销理论可以采取哪些信息技术？

8.2 酒店网络营销的内容

运用网站、博客与论坛等网络信息技术进行的营销活动都属于网络营销(或称为在线营销，online marketing 或者 e-marketing)。正如刘东明在《网络整合营销兵器谱》中指出，传统营销理论已经难以适用于网络营销界。在传统媒体时代，“教堂式”的信息传播是自上而下、单向线性流动，消费者们只能被动“听”。而在网络媒体时代，“集市式”的信息传播是互动、多向多元流动，借助网站评论、论坛、IM、博客、SNS……每位消费者都能主动“听”和“说”。面对这些在网络媒体时代“起义的长尾”，网络营销必须转变传统“狩猎”方式，改为“垂钓”方式，学会运用“创意”煨炖出诱人“香饵”(有关产品与服务的信息)，选择抛饵地点、聚拢鱼群、愿者上钩、养小鱼挑大鱼。按照 4C 营销理论，酒店网络营销则可以系统概括为四个方面：顾客策略、沟通策略、便利策略与成本策略。

8.2.1 酒店网络营销的顾客策略

在 4C 营销理论中，顾客策略是以消费者为核心，关注顾客内在需求。基于以下三个原因：①顾客需求存在差异性。由于消费者所处地理环境、社会背景、自身消费动机等方面的差异，导致其对产品与服务的类型、质量、品牌，以及价格等方面的需求也存在差异性。②顾客需求也存在相似性。相同地域、社会与文化背景下的人们形成有相对类似价值观的亚文化群，群体内个人的需求特点和消费习惯大致相同，所以市场上绝对差异的消费者按一定标准能够聚合成不同的群体。③企业掌控资源的有限性。无论多么强大的企业都受到自身实力限制，不可能向市场提供能够满足一切需求的产品和服务。因此，制定酒店网络营销的顾客策略必须首先进行市场细分，选择最有利可图的目标细分市场，集中资源制定有效的竞争策略并实现竞争优势。市场细分示意图如图 8.4 所示。

市场细分(Market Segmentation)的定义是：按照某一标准将消费者市场细分为不同类型的消费群体，具体包括标准和相似性两种划分类型。对于顾客需求，市场细分的分析因素包括以下内容。

(1) 地理因素：国家、地区、城市、农村、气候、地形。

(2) 人口因素：年龄、性别、职业、收入、教育、家庭人口、家庭类型、家庭生命周期、国籍、民族、宗教、社会阶层。

(3) 心理因素：认识、情绪、意志、个性。

(4) 行为因素：时机、追求利益、使用者地位、产品使用率、忠诚程度、购买准备阶段、态度。

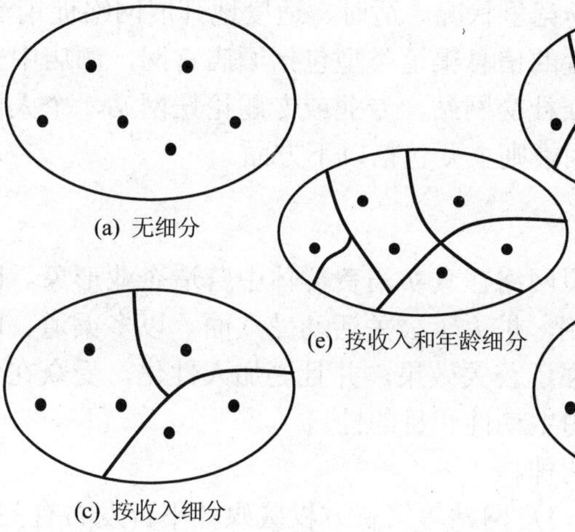

图 8.4 市场细分示意图

市场细分的目的是通过对顾客需求差异予以定位，来取得较大的经济效益。但是对于企业而言，增加产品的差异化必然导致生产成本和推销费用的相应增长。因此，市场细分必须在所得收益与所增成本之间权衡，有效的细分市场必须具备以下特征。

(1) 差异性。各个细分市场确实存在差异，能够被识别并对不同营销方案有不同的反应。

(2) 规模性。各个细分市场具有一定的购买力和规模，其市场容量足以使企业获利。

(3) 可进入性。细分市场之后的目标市场选择必须与企业自身状况相匹配，企业有优势进入目标市场，具体表现在信息进入、产品进入和竞争进入。

常用的市场细分方法包括简单列表、交叉列表，以及多变量分析，多变量分析又分为相依技术(Dependence)与互相依技术(Interdependence)两大类。市场细分调研普遍使用的相依技术包括自动交付检测、卡方自动交互检测、回归分析和判别分析；互相依技术包括系统聚类、分割聚类与 Q 型因子分析。

市场细分调研的结果是企业对目标消费者或目标消费者市场的选择，之后就要进行产品定位(Positioning)。产品定位是对目标市场选择与企业产品结合的过程，也是将市场定位企业化、产品化的工作。产品定位的目标是使产品在潜在顾客心目中占有一定的位置。其重点是对未来潜在顾客心智上所做的努力，为此要从产品特征、包装、服务等多个方面进行研究，并顾及竞争对手的情况。通过市场调研，掌握市场和消费者消费习惯的变化，在必要时对产品进行重新定位(Repositioning)。产品定位中常见的是品牌定位，以独特个性和良好形象凝固于消费者心目中，其核心是要打造品牌价值，其承诺最终通过产品兑现。

8.2.2 酒店网络营销的沟通策略

沟通策略的重点在于与消费者建立“双向”信息渠道，这就要求酒店网络营销的沟通策略以市场调研为手段，了解目标消费者的网络浏览习惯，关注消费者在各种网络渠道发布的有关酒店产品与服务的评论，并对这些评论及时反馈与响应，以及掌握消费者需求变化趋势，结合市场竞争状况，适时、适度地开展网络促销活动。

在酒店网络营销中，消费者的信息渠道类型包括酒店官网，酒店中介预订网站，门户网站、搜索引擎网站与大众社交网站，专业或专题论坛网站，个人博客与微博。酒店网络营销沟通策略的组合因素则主要包括以下方面。

1. 网络公关

网络公关的目标是通过虚拟网络在真实消费群体中营造企业形象。网络信息技术突破了酒店公关活动的时空限制，扩大了公关活动受众面，以多渠道、即时性、娱乐性、个性化和互动性等特点增强了公关效果，并且更加人性化，受众在信息传播中具有平等地位，其参与具有更强的主动性和目的性。

网络公关常用方法有以下几种。

(1) 新闻媒体传播，在大型门户网站等第三方权威媒体平台发布有关酒店、产品与服务的新闻稿，则可以借助门户网站的知名度和强大流量来提升酒店品牌与曝光度。

(2) 论坛社区传播，潜在受众群体在大型论坛社区的相关板块对酒店产品与服务话题进行相互的讨论和分享，其结果往往是相约去体验产品与服务并继续分享心得。因此，通过论坛软文进行引导传播。

(3) 问答平台传播，通过在百度知道、雅虎知识堂、新浪爱问、天涯问答、腾讯问问等问答平台发布相关的信息，将酒店的产品与服务，以及知名度做一个精准营销。

(4) 博客营销，博客已成为展现企业和个人的主要网络平台，从大型门户网站建立并经营博客，有可能成为意见领袖并获得网友关注，从而合理利用博客平台使酒店的产品与服务、知名度更加深入人心。网络公关的示例如图 8.5 所示。

sina新浪科技 | 科技时代 > 业界 > 正文

7天酒店开业门店突破1000家

http://www.sina.com.cn 2012年02月17日 04:14 南方都市报 微博

南都讯 记者田爱丽 7天连锁酒店C IO林粤舟在其微博上披露，该集团开业店数目前突破1000家。上述消息昨天已获7天广州总部证实，其开业酒店数量达到1003家。至此，7天成为中国第二个开业门店数超过1000家的经济型酒店品牌。

截至2011年第三季度，如家快捷、7天、汉庭分别以1002、838、516家酒店数居中国经济型酒店品牌前三位。初步统计，7天去年新开酒店近400家，分别高于如家的300家和汉庭的200家。按照计划，2012年该公司还将新开360家酒店，有望于2014年达到2000家的规模。

分享到:

图 8.5 网络公关的示例

继续细分网络公关技术，还可以分为图片公关、论坛签名档公关、网络即时通信工具公关(如 QQ 群公关)、SNS 社区公关等方式。

2. 网站推广

网站推广的目的是让更多客户知道网站所在位置，吸引尽可能多的潜在用户访问网站，从而实现向用户传递营销信息的作用，并为其最终购买产品与服务的决策提供支持。针对网站筹建期、发布初期、增长期与稳定期的不同特点，有必要制订不同的网站推广计划。网站推广常用方法有以下几种。

1) 搜索引擎优化

面对网络的海量信息，网民习惯使用搜索引擎查找自己所需的信息。因此，如何让 Google、Baidu、Yahoo 等搜索引擎工具顺利地抓取网站的内容，从而在搜索结果中排名靠前，这是网站推广的首要问题。搜索引擎优化是针对搜索引擎对网页的检索特点，让网站建设各项基本要素适合搜索引擎的检索原则，从而使搜索引擎收录尽可能多的网页，并在搜索引擎自然检索结果中排名靠前，最终达到网站推广的目的。

2) 竞价排名

对于搜索引擎优化效果不满意的企业，可以采用竞价排名方式使推广信息出现在搜索结果中(一般是靠前的位置)，并且按点击付费，即如果在检索结果页面中没有被用户点击，则不用支付推广费。因此，在搜索引擎推广中，竞价排名具有以下特点：①出现在搜索结果页面，与用户检索内容高度相关，增加了推广的定位程度；②竞价结果出现在搜索结果靠前的位置，容易引起用户的关注和点击，因而效果比较显著；③按效果付费，费用相对较低。

3) 友情链接

友情链接是网民熟悉的一种网站推广方式。网站通过与一些流量大、信息量大的网站交换链接，从而实现推广自己网站目的。网站推广的示例如图 8.6 所示。

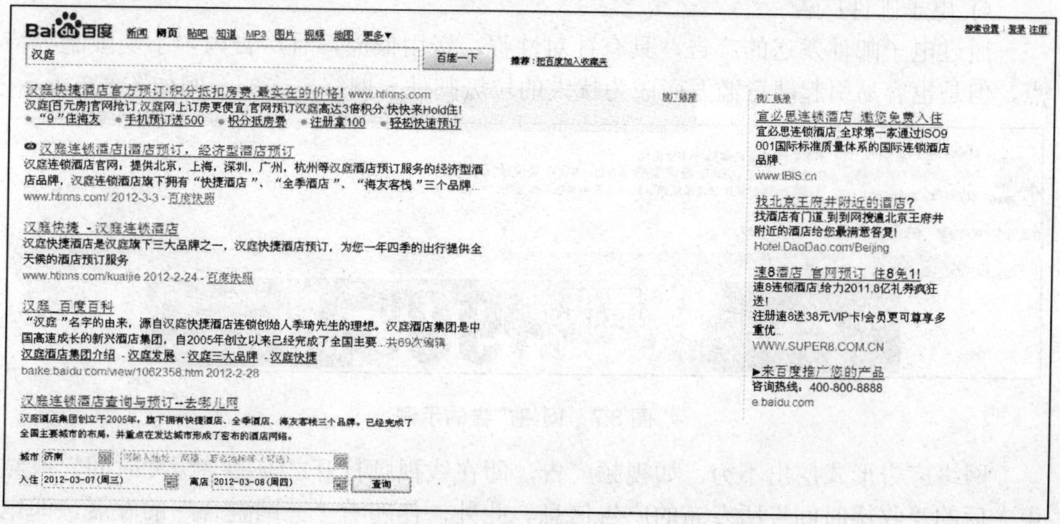

图 8.6 网站推广的示例

除了外部的网站推广，还有必要对网站内部进行整体优化。例如，对网站架构进行优化，包括结构、分类和网站地图等；对网站页面优化，包括页面布局、页面设计和页面用户体验等；以及导航设计、链接整理与标签设计等方面。

3. 网络广告

网络广告一般能够取得品牌宣传、网站推广、促进销售，以及收集市场调研与顾客关系维护数据等方面的效果。与传统媒体(报纸、杂志、电视、广播)广告及户外广告相比较，网络广告具有以下优势。

(1) 覆盖面广，受众群庞大，传播范围最广泛。

(2) 针对性强，直达产品与服务的核心消费群。

(3) 互动性强，通过多种方式实现互动。

(4) 效果可衡量，可以统计受众数量，准确分析、评估广告消费。

(5) 广告费用相对低，多种广告计费方式有利于选择合适方式节省成本。

常见的网络广告形式有以下几种。

1) 网幅广告

发布在网页显著位置(横幅、竖边、按钮、移动等)，使用 GIF、JPG 等格式的图像文件，还可使用 JavaScript 等程序语言产生交互性，用 Shockwave 等插件工具增强表现力。

2) 文本链接广告

发布在网页的首页、重点频道等页面推荐位置，使用文字超链接方式进入相应的广告页面，属于对浏览者干扰最少，但效果较好的网络广告形式。

3) 弹出式广告(插播式广告)

在网页浏览者正常登录网页时，强制弹出的广告窗口或广告页面，虽然可以选择关闭窗口，但这种广告总是打断正常浏览，带有强制观看的性质。

4) 电子邮件广告

通过电子邮件发送的广告，具有针对性强、费用低廉，且广告内容不受限制等特点，但是也容易引起肆意滥发而成为扰人的垃圾邮件。网络广告的示例如图 8.7 所示。

图 8.7 网络广告的示例

网络广告形式层出不穷，如视频广告，即在线视频打开之前的“缓冲时间”或结束之后的“收尾时间”所发布的广告信息。此外，伴随着“三网融合”的发展，即电信网、有线电视网和计算机通信网相互渗透、互相兼容，并逐步整合成为全世界统一的信息通信网络，网络广告的触角也延伸到短信广告的形式。

4. 网络促销

网络促销是对在线顾客购买行为的短程激励活动，属于利益驱动购买刺激，尤其是对冲动性购买的刺激，不以营建品牌为宗旨，而是产品与服务在价格杠杆的“芭蕾舞”，网络促销以成为购买的首要因素为最高目标，或至少成为购买的促动因素为基本目标，可视为一种市场竞争手段。网络促销与网络广告的区别在于，网络广告属于信息传播的形式，网络促销是信息传播的内容(即短程消费激励活动)。网络促销还可以视为各种传统促销方式针对在线消费特征而在网络市场环境中的演化。

常见的网络促销方式有以下几种。

1) 折扣促销

折扣促销是对目标顾客在购买产品与服务时所给予的优惠待遇。例如，优惠券方式，即在券票上印有原价、折价比例、购买数量及有效时间，凭券购买即获得优惠；长期有效的优惠凭证，即会员卡和消费卡，根据会员级别与消费累积总额等给予目标顾客不同程度的优惠；现价折扣，即在现行价格基础上打折销售，如特卖会、清仓甩卖、捆绑销售等形式。此外，还有对目标顾客在购买产品时优惠一定数量赠品的形式，如“买一赠一”的惠赠，“加 1 元送××产品”的换赠，“满 300 元退 100 元”的退赠等，以及无偿附赠(小包装)、无偿试用(试用样品)等优惠方式。

2) 服务促销

服务促销是为顾客提供某种优惠服务，从而便于顾客购买和消费的促销手段。常见的方式有：销售服务，即销售前的咨询与销售后的服务；承诺销售，即对顾客给予某些承诺，如不满意退换货、退款，承诺正品销售等方式促使顾客增加信任感、放心选购；以及信用卡支付、免费送货等增加客户附加值的服务内容。

3) 竞赛促销

竞赛促销是利用人们的好胜心和好奇心，通过举办各种竞赛吸引目标顾客参与。例如，刮卡、摇号、拉环、包装内藏奖等形式的抽奖与摸奖；广告语、商标、体验作文等征集活动或有奖问答的竞赛；猜谜等竞猜活动；选星、形象代言人等竞选活动；印花(商标、标贴、瓶盖、印券、票证、包装物等)积点竞赛。

4) 双赢促销

双赢促销(联合促销)即两个以上的企业为了共同牟利而联合举办的促销活动，如图 8.8 所示。

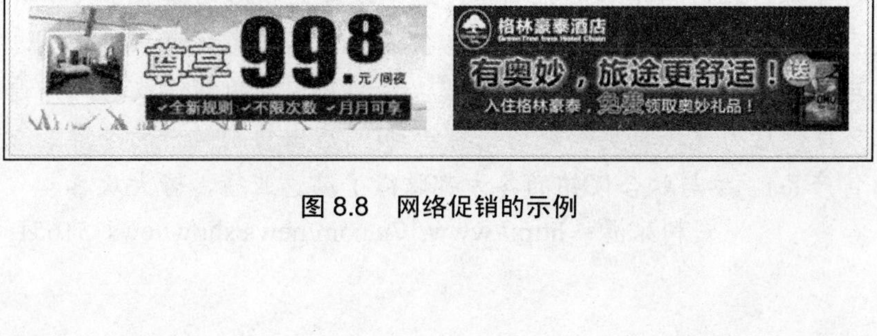

图 8.8 网络促销的示例

课堂案例

酒店的双赢促销

案例一　酒店与超市的失败联合促销

一家新开业的酒店 A 与一家大型超市 B 联合促销：在规定时间内到 A 消费满 100 元送 20 元 B 的代金券；到 B 消费指定商品满 100 元送 10 元 B 的代金券。这次双赢促销活动设计本身没有问题，大多数符合条件的消费者也都领取了代金券，但是经过很长一段时间，双方回收对方开出的代金券非常少，尤其是 A 回收的代金券极少。一场看似力度很大的联合促销活动雷声大雨点小，在花费大量宣传费之后停下来。

事后调查消费者才发现，由于酒店 A 与超市 B 两地距离 8 千米以上，到超市消费的顾客除极个别的有车族外，95%以上的消费者选择步行或公交，并且 80%以上的消费者为居住半径 3 千米以内。大部分消费者认为酒店 A 距离远，为 10 元代金券而前往酒店消费不方便、不划算。

案例二　“浪漫法兰西”联合促销

在“中法文化年”期间，法国成为众多中国游客旅游的首选目的地之一。欧洲最大的旅游及酒店管理集团——法国雅高集团联合法国航空公司推出前所未有的优惠推广“浪漫法兰西”。该项联合促销从 2005 年 10 月 26 日起至 2006 年 2 月底止，中国游客只需花费 8000 元人民币即可享受往返法国的机票以及 5 晚的住宿，在法国旅游期间可入住以豪华著称全球的索菲特品牌酒店，尽享法式风情。“浪漫法兰西”联合促销活动取得极大成功，吸引了大量的中国游客前往法国旅游。

案例三　“教你做大菜”联合促销

某城市一家颇具规模的豪华大酒店开业，但是由于公务消费与商务消费有限，酒店决定开发家庭消费群体和喜宴消费群体，为此策划了一个大型联合促销方案——“教你做大菜”。酒店联合电视台、某新品牌食用油、新品牌鸡精等多个单位进行联合促销，即每周六下午 4～6 时，本市群众可免费参加在酒店大堂举行由酒店名厨师掌勺、电视台主持人主持的《教你做好菜》节目，参加活动者均可获赠精美礼品一份(500 克装鸡精一份)，以及现场抽奖活动(奖品为食用油)，节目由电视台录播(对酒店、食用油和鸡精三家又是一次广告机会，节目播出费三家分摊)。

通过电视字幕、社区传单和海报宣传，这个联合促销活动吸引了大量群众参加。在主持人的引导下，活动现场首先由酒店、食用油、鸡精产品的三家公司进行简短营销推介，之后由酒店厨师现场演示本酒店招牌菜和家常菜的制作技艺，并进行现场答疑和互动，节目最后为现场抽奖和现场销售活动(酒店出售刚做好的冷鲜菜，食用油和鸡精现场出售产品)。参与联合促销的各方都取得了满意业绩，皆大欢喜。

资料来源：http://www.17u.com/news/shownews_51651_0_n.html.

请思考：

1．酒店双赢促销活动的设计关键点是什么？

2．在酒店网络营销中，酒店的产品与服务可与哪些产品展开联合促销？

8.2.3 酒店网络营销的便利策略

酒店可以综合运用多项网络信息技术为顾客提供便利。例如，对应于酒店产品与服务的售前、售中与售后三个销售环节，酒店顾客消费可以划分为搜索评估、购买消费，以及反馈分享三个环节。

1．搜索评估环节的便利

在顾客的搜索评估环节，有研究表明消费者关注酒店的地理位置、交通条件、品牌形象、产品与服务的供给设施及特色，价格及团购优惠、连住优惠、赠代金券、房型免费升级、免费接送、送水果与饮料、免费洗衣、按时计费、延迟退房以及订房中心返现等优惠措施。此外，酒店周边的美食、景点、休闲娱乐设施、重要交通枢纽的条件也是消费者关注的内容。那么，酒店可以运用电子地图、图片与文字点评等网络技术向顾客传播信息或互动沟通。搜索评估环节便利性的示例如图 8.9 所示。

图 8.9 搜索评估环节便利性的示例

2．购买消费环节的便利

越来越多的消费者选择多渠道购买，传统、标准化的预订模式很难吸引年轻一代的新用户。例如，他们喜欢在酒店官网预订、通过酒店免费电话预订、参与网络团购活动，甚至是通过手机在线预订等多种方式。因此，酒店需要为消费者提供多样化的购买消费方式。

3．反馈分享环节的便利

在购买消费完成后，消费者的体验也并未结束。根据马斯洛需求层次理论，消费者在购买消费完成后会产生更高层次的内在需求，期待通过各种网络渠道表达对消费的个人体验，传播对产品与服务质量的个人评价，与其所属网络社群形成更紧密的联系。同时，这种反馈分享不仅是其他消费者搜索评估酒店的重要信息源，还是酒店发现顾客需求、解决消费投诉，以及完善产品与服务质量的互动沟通渠道。因此，酒店网络营销需要在目标消费者常用的信息渠道中构建反馈分享频道。

8.2.4 酒店网络营销的成本策略

随着各种专业垂直搜索引擎网站的发展，消费者的比价门槛进一步降低，产品与服务的在线价格越来越透明。酒店网络营销需要以消费者所愿意支付的成本为定价依据，这种成本除了酒店依据市场定位与品牌战略制定的价格，还包括因为消费而产生的心理压力，以及为化解或降低相关风险而耗费的时间、精力等诸多方面。因此，酒店网络营销的成本策略主要包括两个方面，一是减缓消费者的消费心理压力，二是节约消费者的消费时间成本。

酒店网络营销可以通过口碑效应与专业认证等措施减缓消费者的消费心理压力。

(1) 口碑效应。酒店在专业网站、论坛，或自己官方网站上，关注已有消费者对产品与服务满意度的正负面评价，并对所有评价及时反馈，尤其是对不满意、投诉等负面评价及时反馈、补救与处理。总之，酒店网络营销应对口碑效应的网络渠道进行有效管理，促进产品与服务的质量，提高消费者满意度。

(2) 专业认证。酒店通过国内外行业管理等机构的认证标准，如星级酒店评定标准、绿色旅游饭店评定标准、国际食品安全认证，以及 ISO 9000 质量认证体系等国际通用标准，以此标明酒店产品与服务所处的水平，增强消费者的信心。

酒店网络营销可以通过加快网页打开速度、优化网页内容布局与站内搜索等方式节约消费者的消费时间成本。

1. 网页打开速度

有研究表明，用户最满意的网页打开速度是在 2s 以内，能够忍受的最长等待时间的中位数为 6～8s，如果等待时间超过 12s，那么 99%以上的用户会放弃浏览这个网页。但是，如果在网页载入等待期间能够显示反馈消息，比如一个进度条，那么最长等待时间可以延长到 38s。总之，网页打开速度越快，用户感觉网站质量更高、更可信，反之则会恶化用户的使用体验。

Google 做过一系列试验。例如，显示 10 条搜索结果的页面载入需要 0.4s，显示 30 条搜索结果的页面载入需要 0.9s，结果后者使得 Google 总的流量和收入减少了 20%；Google 地图的首页在上线时大小有 100KB，后来下降到 70～80KB，结果流量在第一个星期上升 10%，三个星期后又再上升了 25%。Amazon 的统计结果也显示，首页打开时间每增加 100ms，网站销售量会减少 1%。

还有研究显示，宽带用户愿意忍受的网页打开最长等待时间往往只有 4～6s，比窄带用户更没有“耐心”，在宽带条件下 3～5s 就能载入的网页在窄带条件下可能需要 20～30s 打开。因此，网站制作有必要控制每个网页的大小。此外，网页打开速度也不宜过快，否则用户会增加在网站的互动频率，这可能加大服务器出现错误的概率。

2. 网页内容布局

杰柯柏 • 尼尔森(Jakob Nielsen)通过测量眼光聚集的热度分析网页浏览者模式，并以四种颜色表示浏览者眼光聚集的热度：红色为最热、黄色为较热、蓝色为不热、灰色为基本不关注，测量结果如图 8.10 所示。

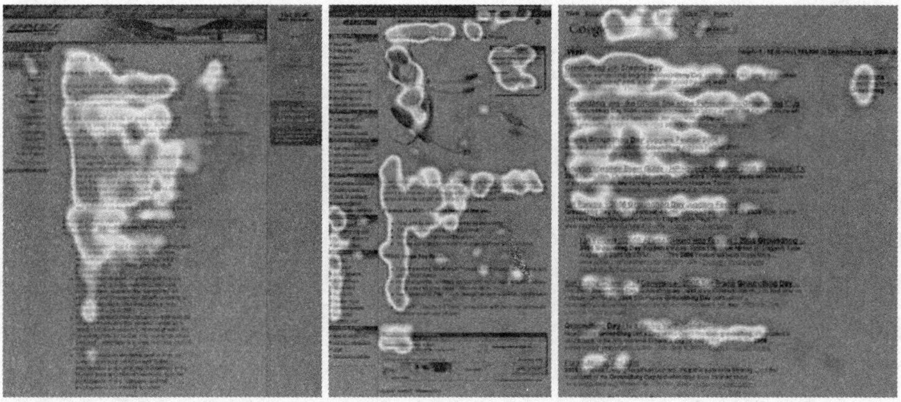

(a) (b) (c)

图 8.10 网页浏览热度测量图

杰柯柏·尼尔森测量了三类网页，图 8.10 中最左边是企业网站“关于我们”网页、中间是电子商务网站的某个产品页面，最右边是搜索引擎结果页面。通过比较上述网页的浏览热度区域，杰柯柏·尼尔森发现网页浏览为 F 模式，即浏览者首先水平浏览网页最上部，其次目光下移，水平浏览更短长度的区域，最后沿网页左侧垂直浏览。在搜索引擎结果页面中，由于网站标题、网页摘要较宽，浏览者第二次水平浏览的区域更长，但是仍然属于 F 模式。

根据网页浏览 F 模式，网页内容布局应遵循最重要信息放置于红色区域，次重要信息放置于黄色区域，其他信息放置于蓝色及灰色区域的原则。这样有利于提高信息发布的效率，以及消费者获取有用信息的效率。此外，还要从网站信息架构角度，设计组织分类和导航结构，从而让用户可以提高浏览网站的效率、有效获取信息内容。上述措施都有助于节约消费者的时间成本。

3. 站内搜索

站内搜索几乎是所有网站不可或缺的功能，尤其是在内容丰富的网站中，当用户无法直接从网站首页或导航页中获得目标信息时，就会求助于站内搜索。用户在站内搜索使用的短语或关键词往往能体现更细节层面的需求，直接体现用户最关注的内容或期望获取的信息。为此，站内搜索需要更好地匹配搜索关键词与网站内容的关系，帮助用户找到相关的内容。

通过分析用户每次搜索的订单转化率、交易完成率，及每次搜索所能获取的收益等指标就可以评估内部搜索对于网站的价值，以及进一步分析哪些关键词带来最大的收益。在站内搜索的分析结果基础上，可以对网站的搜索功能进行针对性的优化。例如，提供搜索结果排序的可选方式有相关性、最高评分、最新发布、最近更新和最热门等，或者组合排序方式。

此外，站内搜索还可以提供搜索结果筛选的功能，以及同义词与结果推荐的功能(当用户在输入搜索关键词时可能出现拼写错误，或者用户输入模糊定义的短语)。总之，站内搜索优化是一项专业的任务，需要专门的团队或者专业的公司来研究和改进站内搜索功能。

8.3 酒店网站搜索引擎优化

有研究表明，90%的购买决定都是从网上信息搜索开始，而受过教育的消费者大都会通过Google等搜索引擎解决问题。搜索结果的点击量统计分析表明，搜索结果的前三位占据了79%的点击量，排名第十的搜索结果点击量只有3%，而位于第二页的搜索结果实际上通常被忽略。还有研究发现，搜索引擎优化(SEO，属于自然搜索)比搜索引擎营销(SEM，属于付费收录)的回报率更高，大约有86%的销售都来自于自然搜索。上述研究都表明，在酒店网络营销中必须重视搜索引擎优化。

8.3.1 搜索引擎的分类及其工作原理

搜索引擎(Search Engine)是万维网环境中的信息检索系统(包括目录服务和关键字检索两种服务方式)。搜索引擎的主要类型有全文搜索引擎、目录索引、垂直搜索引擎，以及元搜索引擎。

1. 全文搜索引擎

全文搜索引擎的国外代表网站有Google，国内代表则有百度。Google和百度拥有各自的网页抓取程序(Indexer)，俗称“蜘蛛”(Spider)程序或“机器人”(Robot)程序，这种程序在互联网中顺着网页的超链接连续抓取网页，被抓取的网页成为“网页快照”。全文搜索引擎每隔一段时间(如Google一般是28天，Baidu一般是10天)主动派出“蜘蛛”或“机器人”程序，对一定IP地址范围内的互联网站进行检索，并自动将提取的网站信息和网址存入数据库，以备用户查询。

当用户以关键词查找信息时，全文搜索引擎首先在数据库中进行搜寻，如果找到与关键词相符的网页，便根据设定的算法(如网页中关键词的匹配程度、出现的位置/频次、链接质量等)计算出网页的相关度及排名等级，然后根据关联度高低与排名先后，按顺序将这些网页链接返回给用户。有的全文搜索引擎是租用其他搜索引擎的数据库，并按自定的算法计算、排列搜索结果，如Lycos搜索引擎。

2. 目录索引

目录索引的代表有Yahoo、新浪分类。目录索引完全依赖手工操作，如果网站想被索引收录，首先需要用户提交网站，然后由目录编辑人员亲自浏览网站，并根据自定的评判标准，甚至是编辑人员的主观印象，决定是否接纳该提交网站。与全文搜索引擎比较，目录索引对网站的要求高得多，要求提交网站时手工填写网站相关信息，同时还有诸多限制，而目录编辑人员则要考虑网站的分类问题，将网站放入最合适的目录(Directory)。

当用户查询信息时，可选择关键词搜索，也可按分类目录逐层查找。使用关键词搜索，则返回结果跟全文搜索引擎类似，也是根据信息关联程度排序，但其中人为因素要多一些。如果按分类目录查找，则某一目录中网站排名由标题字母的先后顺序决定(也有例外)。目前，全文搜索引擎与目录索引有相互融合渗透的趋势。例如，Google就借用 Open Directory 目录提供分类查询，而 Yahoo 则通过与 Google 等搜索引擎合作扩大搜索范围。

3. 垂直搜索引擎

垂直搜索引擎专注于特定的搜索领域和搜索需求(如机票搜索、旅游搜索、生活搜索、小说搜索、视频搜索等)。相对于通用搜索引擎的海量信息无序化、查询不准确、深度不够等问题，垂直搜索引擎针对某一特定领域、某一特定人群或某一特定需求，具有“专、精、深”的特点与行业的色彩，在其特定的搜索信息服务领域提供了更好的用户体验。

4. 元搜索引擎

元搜索引擎(Meta Search Engine)在接受用户查询请求之后，同时在多个搜索引擎上搜索，然后返回结果给用户。搜索结果排序有的直接按照来源排序，如 Dogpile；有的按自定的规则重新排序，如 Vivisimo。著名的元搜索引擎有 InfoSpace、Dogpile、Vivisimo 等，国内元搜索引擎的代表有搜星搜索引擎。

8.3.2　搜索引擎优化的方法与操作

搜索引擎优化(Search Engine Optimization，SEO)是针对搜索引擎的检索特点，在网站建设中让各项基本要素适合搜索引擎的检索原则，从而使搜索引擎尽可能多地收录网页，并使网页在搜索引擎自然检索结果中排名靠前，最终达到网站推广的目的。

SEO 的具体操作又分为站外 SEO 和站内 SEO。因为许多外部因素影响网页在搜索引擎结果中的排名，如最重要的外部站点反向链接，所以站外 SEO 主要解决高质量的反向链接问题。具体操作是：①高质量的网站内容。通过编辑高质量的网站内容，使浏览者产生阅读兴趣，就容易与更高级别的网站交换链接。②向相关内容的网站发邮件。通过邮件告知其他网站此网站新发了一篇有质量的文章，即使没有实现交换链接，也可以通过链接点击产生直接流量，从而为提高网站的搜索引擎结果排名贡献力量。③分类目录。把网址提交到分类目录，尤其是免费的分类目录，围绕分类目录做优化工作，选择合适关键词，提交到相关页面进行链接。

站内 SEO 的具体操作包括以下几方面。

1. 丰富网站关键词

选择关键词首先要站在用户的角度，其次要选择搜索量较大，但是竞争度小的关键词，并且关键词要与网站内容紧密相关。设置和丰富网站关键词可有以下几种方式：在网页的标题、标签里设置关键词；在 URL 里设置关键词，即目录名、文件名中可以设置关键词；在网页导出链接的链接文字中包含关键词；将关键词设置为粗体格式显示(至少试着做一次)；图像 ALT 标签可以设置关键词；在网页文章第一段第一句话就设置关键词；在元标签(meta 标签)中放入关键词。总之，建议网页的关键词密度为 5%～20%。

2. 控制文章的长度

一方面，文章篇幅太短则不太可能获得较高的搜索引擎结果排名，所以文章一般控制为至少 300 字。另一方面，文章篇幅太长也不利于保持关键词的密度，并且过长的文章会急剧减少读者数量。因此，需要编写适宜长度的文章。

3. 明确页面主题

一个页面的主题越紧凑，在搜索引擎结果中的排名就有可能越高。如果页面文章覆盖了多个主题，并且主题间相关性不高，则在搜索引擎结果中的排名也会受到负面影响。因此，如果某篇文章覆盖多个主题，可以把文章分割成几个主题更密切的文章。

4. 设置网站主题

一般而言，具有一个主题的网站比涵盖多个主题的网站在搜索引擎结果中的排名更高。如果建立一个包含上百个页面的网站，所有页面内容都是同一个主题，则这个网站的排名就有可能不断提升，因为该网站在这个主题中被认为具有权威性。

5. 站点结构设计

“蜘蛛”或“机器人”程序更喜欢具有友好网页结构、无误代码和明确导航的站点。因此，需要确保网站页面都是有效的，并且在主流浏览器中可视化。同时，“蜘蛛”或“机器人”程序无法处理网页中过多的 Flash、iframes 和 Java Script 脚本，因此，需要保持网站页面的代码简洁，有助于“蜘蛛”或“机器人”程序顺利爬行到网站索引。

6. 站点内部链接

“蜘蛛”或“机器人”程序通过追踪网页内容和网页链接地址来抽取超链接地址。因此，许多 SEO 专家都建议网站提供网站地图，每个页面之间提供一个或两个的深入链接。具体要求是确保网站导航中包含目录页面，也要确保每个子页面都有链接回到主页面和其他重要页面。

此外，网站空间的速度和稳定性、内容更新量与原创率，以及高质量的外部链接和高权重的友情链接也会影响搜索引擎优化的结果。

8.3.3 酒店搜索引擎优化的示例

在网页 HTML 代码中，网页标题位于<head> </head>标签之间。如果有如下代码：

```
<title>酒店信息化与电子商务</title>
```

那么“酒店信息化与电子商务”就是这一网站首页的标题。在网页标题部分，还可以加入以下代码：

```
<meta name="keywords" content="网页关键词">
<meta name="description" content="网页描述">
```

可以在上述代码中添加网页关键词和对网页的描述。以某个酒店客房介绍的网页标题代码为示范，如下所示：

<title>山东**大酒店官方网站 - 客房介绍</title>

<meta name="keywords" content="山东**大酒店,济南旅游,济南住宿,旅馆,酒店预订,预订酒店,预订宾馆, "/>

<meta name="description" content="山东**大酒店坐落于名胜聚集,古迹众多护城河河畔,与解放阁、泉城广场、黑虎泉、趵突泉、珍珠泉、芙蓉街等自然文化名胜仅几步之遥。入住酒店客房,南望风景秀丽的千佛山,北眺碧波荡漾的大明湖,西靠灯火辉煌的泉城路,东临济南交通枢纽的解放桥。环境优美,交通方便,距济南火车站、飞机场只有十五分钟和四十分钟车程," />

按照搜索引擎优化的具体操作方法，可以改写为：

<title>山东**大酒店房型_客房_豪华标准间_豪华单人间_豪华套房</title>

<meta name="keywords" content="山东**大酒店,房型,客房,标准间预订,豪华单人间预订,豪华套房预订"/>

<meta name="description" content="山东**大酒店豪华标准间、豪华单人间、豪华套房的介绍，也可以查看山东**大酒店各种房型图片，并预订山东**大酒店标准间、豪华单人间、豪华套房等房型。" />

延 伸 案 例

希尔顿酒店网站搜索引擎优化问题分析

希尔顿酒店(Hilton Hotel)目前有15%的订单是由网站带来的，酒店在线预订成本是其电话预订成本的1/3、通过中介预订的1/10，因此酒店经营者很重视网站优化设计。随着网站的深入应用，希尔顿发现顾客群体差别巨大，同一个网站内容和风格难以满足顾客的多样化需求。为了通过网络获得更多订单，希尔顿酒店针对不同的顾客群专门发布了50多个微型子网站。例如，针对政府部门和军队方面的旅行者专门建设一个二级域名网站：gov.hilton.com，子网站有对政府员工的报价和链接指向相关旅游资源，如出差津贴信息等。希尔顿还专门针对婚礼计划者开通了二级域名weddings.hiltonfamily.com，该网站专门介绍希尔顿酒店的婚庆场所和服务等。其他子网站还包括针对美国奥林匹克运动会组织者推出的子站等。

虽然希尔顿酒店网站进行了多项针对性的搜索引擎优化工作，但是分析员发现其网站首页及其多个子站的PR值为0，严重影响了希尔顿酒店的品牌形象和搜索引擎营销的实际效果。目前希尔顿品牌下的酒店网站主要包括doubletree.com， embassysuites.com，hamptoninn.com等。这些子站域名采用了主站下分配二级域名或注册独立域名，为了统一品牌识别，都指向hilton.com主站下的相关页面。

希尔顿网站旗下的所有二级域名都采用自动重定向方式跳转到主站下的相关内容。如gov.hilton.com被指向http://www.hilton.com/en/hi/themes/gov/;jsessionid= DL05A2ANGF3XWCSGBIWM22QKIYFC5UUC，这导致希尔顿专门设计的子站首页PR值均为0，子站内容在Google中收录数量也全部为0。因此，尽管希尔顿投入大量资源到网站搜索引擎优化工作，但是因为域名重新定向问题违背了搜索引擎友好设计原则，结果却事与愿违。

资料来源：http://info.hotel.hc360.com/2006103/14081658042.shtml.

请思考：

1．如何加强酒店网站搜索引擎优化的管理？

2．酒店网站搜索引擎优化具有哪些行业特征？

本章小结

网络营销是酒店电子商务的重要组成部分。本章介绍了市场营销理论的发展，阐述了4P营销理论与4C营销理论的联系与区别，论述了基于4C营销理论的酒店网络营销的顾客策略、沟通策略、便利策略和成本策略，介绍了搜索引擎的分类与工作原理、搜索引擎优化的方法与具体操作，以及酒店网站搜索引擎优化的示例。

练习题

一、选择题

1．提出4P营销理论的是(　　)。

A．博登　B．麦卡锡　C．托夫勒　D．劳特朋

2．不属于4P营销理论的营销要素是(　　)。

A．product　B．price　C．place　D．people

3．提出4C营销理论的是(　　)。

A．博登　B．麦卡锡　C．托夫勒　D．劳特朋

4．互相依技术属于细分市场的(　　)。

A．多变量分析　B．单变量分析　C．简单列表分析　D．交叉列表分析

5．不属于网站推广的技术是(　　)。

A．搜索引擎优化　B．竞价排名　C．博客营销　D．友情链接

二、判断题

1．4P营销理论顺应了以消费者为核心的体验经济。(　　)

2．4C营销理论的成本策略即4P营销理论的价格策略。(　　)

3．4P营销理论的促销策略是“请消费者注意”的模式。(　　)

4．4C营销理论的沟通策略是“请注意消费者”的模式。(　　)

5．有效的细分市场必须具备可进入性的特征。(　　)

6．产品定位是潜在顾客心目中对产品的印象。(　　)

7．网站推广目的是在虚拟网络中营造企业形象。(　　)

8．网络广告能够取得品牌宣传、网站推广、促进销售的效果。(　　)

9．网络促销是产品与服务在价格杠杆的“芭蕾舞”，以营建品牌为宗旨。(　　)

10．双赢促销即两个以上的企业为了共同牟利而联合举办的促销活动。(　　)

三、论述题

1．酒店网络营销需要哪些方面的内部支持？

2．如何开展酒店网站搜索引擎优化的后续工作？

四、实训题

1．分析某个酒店网站的关键词。

2．针对某个酒店网站提出搜索引擎优化的具体建议。

参 考 文 献

[1] 白琳．酒店电子商务[M]．广州：暨南大学出版社，2010.

[2] 谷慧敏，邹益民．饭店管理理论与应用研究[M]．北京：旅游教育出版社，2006.

[3] 国家旅游局人事劳动教育司．饭店计算机信息管理[M]．北京：旅游教育出版社，1999.

[4] 李雯．酒店采购部仓储部精细化管理与服务规范[M]．北京：人民邮电出版社，2011.

[5] 刘东明．网络整合营销兵器谱[M]．沈阳：辽宁科学技术出版社，2009.

[6] 陆均良，杨铭魁，李云鹏．旅游信息化管理[M]．北京：中国人民大学出版社，2010.

[7] 陆均良，等．饭店计算机信息管理[M]．3 版．北京：旅游教育出版社，2006.

[8] 马桂顺．酒店财务管理[M]．2 版．北京：清华大学出版社，2011.

[9] 牟绍波，韩勇．旅游电子商务[M]．成都：西南交通大学出版社，2011.

[10] 石应平，冷奇君．酒店管理信息系统实务[M]．北京：高等教育出版社，2011.

[11] 王起静．现代酒店成本控制[M]．广州：广东旅游出版社，2009.

[12] 巫宁．旅游信息化与电子商务经典案例[M]．北京：旅游教育出版社，2006.

[13] 吴映鹏．饭店信息化管理[M]．北京：旅游教育出版社，2002.

[14] 杨路明，等．旅游电子商务[M]．北京：科学出版社，2010.

[15] 章牧．旅游电子商务[M]．北京：中国水利水电出版社，2008.

[16] 郑向敏．饭店质量控制与管理[M]．北京：科学出版社，2008.

[17] 周贺来，王彬．酒店计算机信息管理[M]．北京：中国水利水电出版社，2010.

北京大学出版社高职高专旅游系列规划教材

序号	标准书号	书　名	主　编	定价	出版年份	配套情况
1	978-7-301-19028-9	客房运行与管理	孙亮，赵伟丽	33	2011	电子课件，习题答案
2	978-7-301-19184-2	酒店情景英语	魏新民，申延子	28	2011	电子课件
3	978-7-301-19034-0	餐饮运行与管理	檀亚芳，王敏	34	2011	电子课件，习题答案
4	978-7-301-19306-8	景区导游	陆霞，郭海胜	32	2011	电子课件
5	978-7-301-18986-3	导游英语	王堃	30	2011	电子课件，光盘
6	987-7-301-19230-6	酒店市场营销	赵伟丽，刘天飞	36	2011	电子课件
7	978-7-301-19029-6	品牌酒店英语面试培训教程	王志玉	22	2011	电子课件
8	978-7-301-18893-4	茶文化与茶艺	檀亚芳，刘学芬	38	2011	电子课件，光盘
9	978-7-301-19337-2	会展概论	崔益红	28	2011	电子课件
10	978-7-301-19963-3	前厅服务与管理	黄志刚	28	2012	电子课件
11	978-7-301-19955-8	酒店经济法律理论与实务	钱丽玲	32	2012	电子课件
12	978-7-301-19932-9	旅游法规案例教程	王志雄	36	2012	电子课件
13	978-7-301-20477-1	旅游资源与开发	冯小叶	37	2012	电子课件
14	978-7-301-20459-7	模拟导游实务	王延君	25	2012	电子课件
15	978-7-301-20478-8	酒店财务管理	左桂谔	41	2012	电子课件
16	978-7-301-20566-2	调酒与酒吧管理	单铭磊	43	2012	电子课件
17	978-7-301-20652-2	导游业务规程与技巧	叶娅丽	31	2012	电子课件
18	978-7-301-21054-3	旅游行业礼仪实训教程	李丽	37	2012	电子课件
19	978-7-301-20884-7	酒店信息化与电子商务	袁宇杰	24	2012	电子课件
20	978-7-301-21137-3	旅游法规实用教程	周崴	31	2012	电子课件
21	978-7-301-21559-3	饭店管理实务	金丽娟	37	2013	电子课件
22	978-7-301-21891-4	酒店情景英语	高文知	36	2013	电子课件，听力光盘
23	978-7-301-22187-7	会展概论	徐静	28	2013	电子课件，习题答案
24	978-7-301-22316-1	旅行社经营实务	吴丽云，刘洁	28	2013	电子课件
25	978-7-301-22349-9	会展英语	李世平	28	2013	电子课件，mp3
26	978-7-301-22777-0	酒店前厅经营与管理	李俊	28	2013	电子课件
27	978-7-301-22416-8	会展营销	谢红芹	25	2013	电子课件
28	978-7-301-22778-7	旅行社计调实务	叶娅丽，陈学春	35	2013	电子课件
29	978-7-301-23013-8	中国旅游地理	于春雨	37	2013	电子课件
30	978-7-301-23072-5	旅游心理学	高跃	30	2013	电子课件
31	978-7-301-23210-1	旅游文学	吉凤娟	28	2013	电子课件
32	978-7-301-23143-2	餐饮经营与管理	钱丽娟	38	2013	电子课件
33	978-7-301-24102-8	中国旅游文化	崔益红，韩宁	32	2014	电子课件
34	978-7-301-24396-1	会展策划	高　跃	28	2014	电子课件，习题答案
35	978-7-301-24441-8	前厅客房部运行与管理	花立明，张艳平	40	2014	电子课件，习题答案
36	978-7-301-24436-4	饭店管理概论	李俊	33	2014	电子课件，习题答案
37	978-7-301-24478-4	旅游行业礼仪实训教程(第2版)	李　丽	40	2014	电子课件
38	978-7-301-24481-4	酒店信息化与电子商务(第2版)	袁宇杰	26	2014	电子课件，习题答案
39	978-7-301-24477-7	酒店市场营销(第2版)	赵伟丽，魏新民	40	2014	电子课件